Tiempo y gozo eterno
en la narrativa medieval

J.F. Filgueira Valverde

Tiempo y gozo eterno
en la narrativa medieval

(La cantiga CIII)

edicións xerais de galicia, s.a.

LA LEYENDA DEL MONJE Y EL PAJARILLO ENTRE LAS NARRACIONES ESCATOLÓGICAS DEL MEDIEVO

ANTONIO LOVSADA DIEGVEZ
PHILOSOPHIAE MAGISTRO
QVI AVDIENDI ARTEM ME EDOCVIT
SACRVM
VT LVSCINIAE CANTVS IN PARADISO
EIVS ANIMVM OBLECTENT

INTRODUCCIÓN

Dirigió el graduando en la realización de este trabajo, el Dr. Cotarelo Valledor, Catedrático de Lengua y Literatura Galaico-Portuguesa en la Facultad de Filosofía y Letras de la Universidad de Madrid.

Formaron el Tribunal que lo juzgó, los catedráticos de dicha Facultad:

Dr. D. Armando Cotarelo Valledor
Dr. D. Juan Hurtado y Jiménez de la Serna
Dr. D. Américo Castro Quesada
Dr. D. Angel González Palencia
Dr. D. Luis Morales Oliver

que otorgaron al graduando en dicho acto la calificación de Sobresaliente.

Madrid, viernes, 15 de Noviembre de 1935

El maestro Cotarelo Valledor que recibió de la Universidad de Madrid el encargo de guiarme en los trabajos para el Doctorado, quiso, al inducirme al estudio de la Cantiga CIII de Alfonso X, que yo rindiese tributo a una narración que viene acompañándome en la vida con rara fidelidad. Oíla contar de niño en el habla de las «Cantigas», salióme al paso en las primeras andanzas de excursionista con el misterio de las ruinas de Armenteira, en la suave tierra de Salnés y con las primeras lecturas en las páginas fragantes del P. Bernardes y de Valle Inclán. Halléla de nuevo en los días universitarios, al trabajar sobre el lenguaje alfonsí en el Seminario de Estudos Galegos que dirigía entonces el Dr. Cotarelo. Con ella hice mi primera salida literaria en la revista «Nós». A pretexto de ella trabé las más firmes amistades de mi vida. Luego quiso Fortuna que sirviera de eje a uno de mis ejercicios de oposición. Y con su análisis dí cima a mis estudios universitarios, esperando volver a hallarla en viajes y lecturas; que el estudio ahora presentado es mero índice o provisional bosquejo.

Pero no han sido sólo razones sentimentales las que han determinado esta elección. Los motivos de nuestra narrativa medieval ofrecen ilimitado campo al estudio comparativo y, particularmente, la magna compilación marial demanda hoy de los investigadores peninsulares máxima atención, estimulada ahora por el estudio apurado de algunas series paralelas a la que yo analizo, aunque siempre más pobres, que han dado ya lugar a interesantísimas investigaciones del tipo de la que intento realizar.

El tema de la Cantiga CIII —un monje pasa extático trescientos años escuchando el canto de un ave celestial— pertenece al acervo de narraciones escatológicas medievales. Este ciclo, quizás el más fecundo en derivaciones trascendentales y aquel en que lo hispánico haya realizado una aportación más original, no ha sido preferido por los investigadores hasta nuestro tiempo. Los estudiosos de las fuentes del Dante —desde Labitte a Pitré (1) — o han desconocido aspectos fundamentales de lo islámico o han permanecido aislados de lo peninsular. Menéndez Pelayo desvió su obra genial de estos temas (2). Y fué preciso que Asín Palacios (3) abriese cauce a nuevas direcciones de la investigación para que entre nosotros cobrase actualidad tal género de estudios. Esta tesis al enfocar un punto señalado por Asín en su obra, intenta cooperar, desde una posición muy modesta y desde luego ajena a los estudios arábisticos, a despertar interés por las manifestaciones de nuestra escatología medieval.

Por esto dedicamos la primera parte del trabajo a estudiar el tema en relación con las visiones y descripciones del Paraíso (I), tributando y recibiendo a la vez elementos del ciclo de viajes (II), situado dentro de las narraciones de supervivencia (III) y particularmente en el grupo de relatos de «durmientes» (IV) que estudiamos en un último capítulo de esta parte.

La segunda, se dedica ya al estudio del tema del monje y el pajarillo en su difusión y manifestaciones. Comienza señalando precedentes y desarrollando algunas hipótesis sobre su transmisión hasta la aparición del ejemplo (I). Después, a base de un grupo de diez versiones que se cotejan, se señalan los núcleos que dan motivo a su extensión en sermones y ejemplarios y a la adaptación marial (II). Un tercer capítulo se consagra a trazar breve esquema de localizaciones folklóricas y derivaciones literarias hasta nuestro tiempo (III). Para terminar la segunda parte con otro consagrado a las localizaciones peninsulares, dando especial importancia a las de Armenteira, en Galicia, y Villar de Frades, en el N. de Portugal, más fecundas en derivaciones (IV).

Finalmente, una tercera parte se dedica a los elementos que entran a formar el tema del monje y el pajarillo desarrollado en la cantiga: elementos ideológicos, como la relatividad de la noción temporal que da lugar a la que denominó Scarlatti «aberración del tiempo» (I) y el empleo del deleite musical para producir esta aberración (II), que se estudian principalmente a la luz de la mentalidad agustiniana, y elementos simbólicos, como el pájaro, agente del prodigio (III) y el bosque, su escenario (IV) que se analizan en relación con lo folklórico.

En apéndices se recogen luego las versiones difusoras estudiadas en el texto (A), otras interpretaciones mencionadas entre las localizaciones y derivaciones (B) y textos de leyendas afines (C).

Ultimamente damos la bibliografía como anotación al texto y procurando reunir bajo epígrafes o indicaciones la correspondiente a cada asunto. Quebrantamos con esto la tradición de dar por adelantado bibliografía crítica del tema. Excúsanla, la abundancia de menciones en libros de carácter general y lo precario de los estudios especiales. Concretamente con relación a la Cantiga CIII aparte de una alusión de Valera y de la acertada nota bibliográfica de Mussafia en la edición Valmar o de las referencias de Hurtado y González Palencia, apenas podemos señalar los artículos de Nunes y Millé y Giménez (4). El resto de la bibliografía vendría dada: Por las obras generales de investigación escatológica arriba indicadas. Por los estudios sobre los autores que han contribuido a la difusión del ejemplo, como Sully (Meyer), Vitry (Frenken), Anónimo del XIII (Hebert), J. Pauli (Oesterley), etc., o las localizaciones folklóricas, por inclusión del relato en colecciones regionales o nacionales: Brueyre, Luzel, Carnoy, Knoop, Hertz, Le Coeur, Grivel, Sebillot, Kennedy, etc. Por las que incluyen el estudio de leyendas afines y se refieren a ella: D' Ancona, Schwarzer, Köhler, Leite de Vasconcellos, Liebrecht, Comparetti, Zapf, Scarlatti... Por las que se refieren brevemente a una localización determinada pero siempre con alusiones a los problemas que plantea en conjunto el estudio del tema (Schell, Balsa, Carré) ó las que agotan una dirección determinada de carácter más amplio, como los estudios sobre la leyenda del monje Felix en Alemania (Van der Hagen, Gering, May...), que representan la mejor aportación a la bibliografía de nuestro asunto y que no hemos llegado a conocer con la debida amplitud porque no ha podido ser satisfecha todavía una petición de intercambio formulada a las bibliotecas alemanas por intermedio de la Biblioteca Nacional.

Para cerrar esta introducción, la manifestación de mi gratitud hacia cuantos cooperaron a la realización de este trabajo: Al Dr. Cotarelo Valledor, mi guía. A los maestros Losada Diéguez, Cabeza de León, Antunes Vieira y J. J. Nunes, llorados colaboradores que no alcanzaron a ver ultimada mi pobre investigación. A los bibliotecarios de las Universidades de Lisboa y Santiago, de los monasterios del Escorial, Samos y Poyo, al del Centro de Estudios Históricos y a mis compañeros los señores Lesteiro y Fernández Villaamil, constantes auxiliares en mis tareas. Y por último a mi madre la Universidad Compostelana que hoy lo acoge y en especial al Decano de la Facultad de Filosofía y Letras, Dr. Pérez Bustamante, que ha tomado la iniciativa de esta edición universitaria. A ellos pertenece lo poco de útil que en estas páginas podáis hallar; quede para mí la responsabilidad de lagunas y errores.

LA CANTIGA CIII

NOCIÓN DEL TIEMPO Y GOZO ETERNO EN LA NARRATIVA MEDIEVAL

Antes de iniciar el estudio de la difusión del tema de la Cantiga CIII en la narrativa medieval, es preciso situarlo en el complejo de las leyendas escatológicas; que, para las direcciones actuales de la literatura comparada, importa más que la continuidad en la transmisión o el proceso genealógico de versiones, la posición de un tema dentro de un determinado grupo ideológico, recibiendo la sugestión de motivos próximos e irradiando a su vez fórmulas que han de influir en la elaboración de narraciones cercanas.

Para la finalidad de este capítulo, hemos distribuído las narraciones escatológicas medievales en cuatro grandes grupos, que obedecen a criterios metodológicos en relación con el tema a estudiar, ya que no a la aspiración demasiado ambiciosa de ensayar nuevas distribuciones.

Estos grupos son los siguientes:

I.   Visiones y Descripciones del Paraíso.
II. Viajes al Paraíso.
III. Supervivencia.
IV. Leyendas de durmientes.

I   VISIONES Y DESCRIPCIONES

En la época en que nuestro «ejemplo» (5) se incorpora a las letras románicas y se difunde, ya con caracteres extrañamente concretos, en ejemplarios, sermones y libros de milagros, las corrientes de la escatología medieval en sus dos núcleos principales, la cristiandad y el islam, y en sus más característicos grupos temáticos van a hallar cauce y exaltación con la obra del Dante. A ella afluirán particularmente las notas dispersas de las visiones y descripciones imaginativas del paraíso, a partir de obras de la cristiandad primitiva y de temas originados en las propias fuentes coránicas.

Recordemos rápidamente, para no separarnos de nuestro tema, el papel que ha representado la Península en el acarreo de estos motivos hacia la obra dantesca. En lo cristiano, aunque generalmente olvidados de los tratadistas, dos autores peninsulares inician importantísimas tendencias: Prudencio, en la «Hamartigenia» y en el himno V del «Cathemerinon» describiendo las penas infernales y el gozo de los elegidos (6); San Valerio, monje berciano del siglo VII, en su compilación hagiográfica al incluir las patéticas revelaciones de ultratumba contadas por los monjes Bonelo y Baldario (7).

Esto en lo cristiano; en lo islámico, el papel de la Península como eslabón entre las corrientes orientales y las occidentales, ha sido anotado por Menéndez Pidal y Asín Palacios; ya tendremos ocasión, en el curso de este estudio, de ver corroboradas sus afirmaciones (8).

La literatura cristiana de visiones ha sido estudiada en conjunto por Fritzsche a partir de la visión de San Antonio en el siglo V, alcanzando hasta la visión de Tnugdalo, conocida también como visión del monasterio de Claraval, relato de un guerrero irlandés muerto aparentemente que, despertando al cabo de tres días, da cuenta de su visita al infierno, al purgatorio y al cielo (9).

Más fértil aún la literatura de descripciones, ha de ser considerada en su doble aspecto monástico y juglaresco (10). La corriente monástica halla sus orígenes en los comentaristas que de una manera doctrinal disertan sobre la felicidad del cielo. Estos comentarios han sido particularmente gratos a la patrística del gran siglo IV. San Ambrosio, San Agustín, San Jerónimo, han dejado, no sólo descripciones de la felicidad del cielo, sino un acervo riquísimo de alusiones aisladas en homilías y comentarios glosando los motivos de la eterna, perfecta y gloriosa felicidad celestial (11). San Gregorio Magno trazó más tarde también en prosa homilética una descripción del paraíso donde, según la general costumbre del medievo, se unen y funden características del cielo y del paraíso terrenal (12). El cuadro de las lecturas medievales se completa con Beda (13), Rabano Mauro (14), San Anselmo (15), Gaufrido (16) y Smaragdo (17) por citar solamente hitos en terreno tan vasto, afirmando aquí únicamente su tendencia a espiritualizar la descripción con apelaciones a lo menos material dentro de lo sensible, a datos suministrados por los sentidos de distancia: ritmo y luz. La visión del paraíso como jardín, dentro de lo que fué ideal en la concepción artística del paisaje del medievo, se alió con las concepciones filosóficas del puro goce espiritual del cielo como posesión de Dios. Al lado de las tendencias filosóficas crecieron las tendencias sensibilizadoras, pintorescas hasta lo novelesco. Si es cierto que la tendencia espiritualista, general en la patrística latina, redime a la literatura monástica de la generalización de D' Ancona, para quien el concepto de la sede celeste era en los monjes adaptación hiperbólica del refectorio o del coro; es cierto también que, al margen de lo doctrinal, mientras se mantenía en lo teológico y en lo ascético la doctrina agustiniana de la eterna felicidad, se difundía en la literatura religiosa que precede de cerca a la concepción dantesca, una estrecha visión materialista de lo celestial, y que aquella visión monástica, piadosa, tenía su paralelo en lo trovadoresco, donde se imaginaba una corte del cielo sobrado inspirada en los ideales de la vida cortés.

Cítanse como ejemplos característicos de esta literatura, a la la vez profana y edificante, desviada de la tradición doctrinal, pero que recibía de ella notas aisladas, el prado «cobdiciadero» en que se halló el Maestro Berceo (19), «Le Vergier de Paradis» que como moralidad contra avaricia escribía un trovador francés, precursor de Rutebeuf (20), la «Cour de Paradis» que a la manera palatina vió reunida otro trovador, occitánico (21), y los sueños caballerescos de Giacomino (22), de la «Visione dei gaudii de ' santi» (23) o de la «Corte Imperial» de anónimo autor lusitano (24). Prado, jardín, palacio, castillo y corte se hallan llenos de la luz de la gloria y de la melodía infinita que supieran, como imágenes casi inmateriales, escoger los primeros comentaristas; pero las escenas que ilumina la luz de la gloria y que anima la melodía de los cielos, deben ya su topografía escénica a inmediatos precedentes islámicos.

En el Islam las descripciones del paraíso —la mención del genial estudio de Asín Palacios (25) no es necesaria sino como justificación de fuente— arrancan de la visión coránica (26), pero en lo islámico se da un proceso inverso al que hemos apuntado para lo cristiano. Mientras allí, desde San Agustín a los trovadores hay un empobrecimiento de espiritualidad que relega la visión beatífica a costa de prolijas evocaciones sensoriales, en lo árabe, y en contacto con lo cristiano, se evoluciona hasta otorgar al sensualismo coránico un mero valor de símbolo. El momento culminante de ambos procesos ha de darse cuando Dante recoja la espiritualidad de los sufíes para infundirla como nuevo aliento, de origen cristiano, en el «Paradiso».

El proceso de espiritualización en lo árabe aparece ya iniciado por tradiciones de las primeras generaciones islámicas, tradiciones atribuídas a Mahoma y escritas como trozos complementarios del famoso primer versículo de la azora XVII, alusiva al viaje nocturno

2

del profeta, al que hemos de dedicar mejor espacio en otro lugar (27). Es en las versiones del «Mirach» a través de los cielos donde la descripción del lugar eternamente gozoso toma un aspecto tanto más espiritual cuanto más avanza la fecha de redacción para culminar en una tercera forma debida a un persa o damasquino del siglo VIII a quien nos atrevemos a suponer en contacto con la tradición cristiana. En esta versión, que los tradicionistas árabes rechazaron como apócrifa, pasan ya a lugar de preferencia los coros angélicos que entonan ininterrumpidos cantos de alabanza (28), y dotados de una luz tal que sea precisa una gracia especial para mirarlos con fijeza (29). La imagen de relación entre lo finito y lo infinito, se logra por la comparación del tiempo de ascensión que invierte el profeta con el que invertiría otro mortal; la visión beatífica no puede referirse sin menosprecio de lo creado; la creación entera es como el anillo de una cota de malla en las arenas ilimitadas del desierto (30). Y aunque el máximo deleite —vivencia de la tradición preeminente de los sentidos de contacto— se produce cuando Dios impone sus manos sobre los hombros de Mahoma, la descripción toda viene impregnada en una hiperbólica luminosidad: la luz (31), fidelidad a lo oriental, es nota dominante en la visión paradisíaca.

Redacciones posteriores conservaron igual carácter espiritualista, que trasciende a las colecciones de hadices sobre el cielo, como la «Corte de Santidad» de Abenabás, que Asín cotejó con la citada «Cour de Paradis» (32). Este carácter se acendra en las imitaciones místico-alegóricas del «Mirach» como el bellísimo «Libro del nocturno viaje» de Abenarabi de Murcia (33), y pierde por completo todo dejo sensual o antropomórfico en la exégesis de los grandes filósofos —Al Ghazel, Averroes y el propio Abenarabi— para quienes más que la letra del Alcorán vale, fecunda, la sentencia paulina que un hadiz atribuye a Mahoma:

«Yo he preparado para mis siervos santos lo que ni ojo vió, ni oído oyó, ni al corazón del hombre se le ocurrió imaginar» (34).

Así el «Paradiso» dantesco va a ser síntesis de elementos que imaginara el hombre medieval en la cristiandad y en el Islam para representar la celestial Jerusalem. Lulio (35) y R. Martín penetraron directamente la metáfora islámica. La «Summa», al sintetizar la doctrina de la visión beatífica, en una altísima superación teológica, opera sobre alusiones a los autores árabes. En los tercetos del Dante, como en la Gloria de las catedrales, supremas realizaciones artísticas en la imaginación de lo celestial, se fundirán las tradiciones metafóricas orientales con las cristianas, lejos de la precaria sensibilización juglaresca que viera la vida, incluso en su último fin, en un guiño burlesco. Arquivoltas y tercetos buscan en los símbolos inmateriales, ejes de representación. La mejor idealización, la del ritmo:

> «Perpetualemente osanna sverna
> Con tre melode, che suonnano in tree
> Ordine di letizia, onde s'interna...»
> («Paradiso», XXVIII, 118)

El ejemplo del monje y el pajarillo es ideológicamente una explicación de la «insatiabilis satietas» del goce de Dios en lo eterno. En el ejemplo, la visión, la descripción, han cedido ante la nota simbólica única de la armonía, nota no ausente de la literatura que acabamos de recorrer, pero allí más humanizada. Así llega el ejemplario, por una depuración de las imaginaciones de beatitud celeste, a encontrar una fórmula anecdótica que señale la diferencia entre lo temporal y lo eterno, que responda a la pregunta de quienes, hallándose con una mezquina visión de lo eterno como traducción dignificada de lo temporal, demandaban ansiosamente una explicación del «gozo sin tedio» o, desde el ángulo sarcástico de la vaya juglaresca, preguntaban si el cielo con su perenne gozo ofrecería monotonía comparado con la vida agitada, prolijamente diversa, del infierno, donde se reunía toda la gente divertida de la tierra.

Por qué el ejemplo para responder? A la cuestión fundamental de la diferencia entre lo temporal y lo eterno, el medievo ha formulado una triple respuesta: por boca de los teólogos, por experiencia de los místicos, por obra de los artistas. Será entre éstos donde hallemos en su profunda simplicidad una fórmula tan justa y perdurable como la que da tema para la Cantiga CIII. Sus elementos maravillosos no implicarán creencia en lo narrado, sino simple adhesión a la doctrina que el ejemplo esclarece —recuérdese la tesis de Bedier— por parte del narrador y de su público. Allí donde el teólogo no ha sabido hallar una fórmula adecuada a la vez a la doctrina del clérigo y a la mentalidad lega, allí donde el relato autobiográfico o imaginativo ha perdido su eficacia, allí donde la propia expresión filosófica y artística se halla torpe y trabada, acudirá el ejemplo a llenar con su fuerza representativa la general interrogación.

Así surge el «exemplum» con su carácter didáctico, de predicación, dando paso a un triple juego: teológico, moral e imaginativo. El orador expone una doctrina, saca la conclusión práctica e ilustra, con una narración o fábula, doctrina y conclusión. Así entendiera el ejemplo la retórica clásica, en su utilidad a la comprensión, a la persuasión y al recuerdo, apelando a la vez a la inteligencia, a la voluntad y a la memoria; así lo utilizó la cristiandad desde los orígenes de la predicación evangélica.

El medievo despliega sobre la narrativa menor una doble actividad: en lo eclesiástico y en lo profano. Así el ejemplo es instrumento de predicación o «color» poético. En la predicación, Beda nos relata su aplicación a la conversión de los ingleses, Alain de Lille preconiza su uso en final de exposición, Etienne de Beçançón y Guilbert de Nogent sientan teóricamente la utilidad del ejemplo en la predicación, y Juan de Salisbury la confirma apelando a los antiguos retóricos. En lo poético, el paradigma de las «Leys d' amor» trae referencia a la predicación eclesiástica: «Aquesta figura se fay tostemps qu' om reconte alqum yssemple o alquna hystoria de la Scriptura a nostra estructio... aysse quo dizo soen li religios en lors sermons». El medievo proclama pues con carácter de generalidad:

> «Cil ki sevent de letreüre
> devreient bien metre lur cure
> es bons livres e esescriz
> e es essamples e es diz,
> que li philosophe troverent
> e escristent e remembrerent» (35).

Ante el desdén del místico que verá en el ejemplo algo como una disipación, el predicador práctico, aquél para quien fué escrita la «Summa de arte predicatoria» o el «Liber quo ordine sermo fieri debeat» preferirá el ejemplo para la instrucción de los fieles (36). Y cuántas veces, como en nuestro caso, el ejemplo superará, aún para nuestro criterio actual, a las largas exposiciones doctrinales, cuántas veces brotará de la entraña viva de la tradición utilizando elementos cuyo sentido no es plenamente conocido al propio narrador!

Así en nuestro estudio vamos a hallarnos, no con un motivo de «visión› celestial, ni con un «tema descriptivo», sino con una breve, simple y honda narración ejemplar, aunque en esta narración aparezca, aislada y deshumanizada en cuanto que es posible, la nota, común a tantas visiones y descripciones, de lo musical. Lo musical, que actuará como agente de un fenómeno de relatividad temporal ante lo eterno. Estas dos notas —tiempo y ritmo— juntamente con los motivos accidentales —pájaro, árbol, bosque— que presenta la Cantiga, han de ser anotados en el último capítulo de este trabajo, dedicado al cotejo de los elementos que informan el ejemplo del monje y el pajarillo. Ahora cumple seguir otros caminos de la narrativa escatológica medieval, para buscar en ellos apelaciones a lo musical y muestras de la relatividad en la noción del tiempo, hasta hallar el núcleo de narraciones de este tipo en que deba situarse nuestro tema.

II VIAJES AL PARAISO

Predominan en este segundo grupo piezas literarias exentas, no pasajes accidentales articulados en capítulos de teología o apologética. Aquí la base idealista del grupo anterior ha sido reemplazada por un origen netamente realista: las migraciones en busca de la tierra que ofrezca en vida aquella felicidad plena que la fe promete para después del tránsito de la muerte. Esta tendencia a realizar en vida la felicidad eterna, halla campo propicio en las notas del Génesis sobre el paraíso terrenal, en las fábulas occidentales sobre el nido del Sol, o en el mito clásico de los Campos Elíseos y del Huerto de las Hespérides, y hace perdurar en lo literario, individualizándolas, las migraciones orientales en busca de la Tierra de Promisión y las occidentales hacia una mítica Hesperia (37). Para que la aventura halle sugestión bastante, será preciso que el viajero retorne a morir entre sus hermanos los mortales, una vez gustados los goces paradisíacos. Bajo el dominio de lo escatológico será el cielo, no la tierra del paraíso, el objeto de la peregrinación, y surgirá una literatura no ya de visiones sino de viajes al más allá, e incluso en lo folklórico de entradas fraudulentas en el cielo. El grupo en conjunto ofrecerá una fecundidad incomparable dentro de la novelística románica.

Debemos a Graf (38) una enumeración variada, sino completa, de leyendas de este tipo. Nosotros intentaremos una sistematización ajustada al objeto de esta tesis y que por fuerza ha de quebrar los límites del estudio de Graf, que dejó al margen, no sólo todo lo islámico, sino preciosas muestras de la materia bretona o de los relatos mediolatinos.

Haremos una cuádruple división de estas narraciones:

    A)   Viajes al paraíso terrenal.
    B)   Viajes occidentales.
    C)   Viajes a un paraíso subterráneo.
    D)   Viajes al cielo,

asignando al primer grupo las leyendas cristianas del paraíso bíblico; al segundo, las narraciones nórdicas e irlandesas sobre un paraíso occidental y sus derivaciones y relaciones; al tercero, las curiosas muestras de viajes a un paraíso interior en relación con las creencias del mundo subterráneo, y al último, las derivaciones de viajes al paraíso en forma de peregrinación al cielo y su transformación en un nuevo motivo literario dentro de lo piadoso.

A) Viajes al Paraíso Terrenal

La descripción del paraíso terrenal en el cap. II del Génesis, dió motivo a numerosas variaciones como evocación o como construcción doctrinal. Así lo hacíamos ver al aludir a la interferencia ejercida sobre las visiones y descripciones del cielo por las ideas difundidas en torno al paraíso. Después surgió toda una literatura de viajes y aventuras en busca de esta mansión originaria de la especie humana. Dieron fundamento a estas búsquedas las afirmaciones de los escritores cristianos de los primeros siglos sobre la subsistencia del paraíso, la supervivencia en él de Elías y de Enoch y la imposibilidad de encontrarlo, doctrina que sirve de arranque a toda una prolija literatura sobre su situación y delicias, escrita no con aire novelesco, sino con espíritu de tratado.

Pero la aventura del viaje al paraíso había de interferirse también con la del viaje al cielo, hallando fácil entronque en lo judeocristiano. Por su parte lo oriental, especialmente lo persa —recuérdese el viaje o rapto de Ardâ Virâf— daría numerosos elementos, vertidos sobre todo en lo occidental a través del citado viaje de Mahoma, tópico del grupo y en sus comentarios y adaptaciones, especialmente los de Abulalá y Abenarabi, en los episodios del paraíso que se introducen en los viajes al Cielo y en viajes maravillosos como los de Boluquía y Dulcarnain.

Nos referimos aquí solamente, por vía de ejemplo, a tres leyendas cristianas:

1.— *Viaje de Seth*. Contado en una Apocalipsis griega, en alguna de las vidas de Adam, en el Evangelio de Nicodemo y otros apócrifos. Eva y Seth caminan al paraíso para buscar un óleo que cure las dolencias de Adam en su senectud, pero no logran trasponer los umbrales del vergel originario. Esta leyenda tiene una graciosa representación en la iconografía catalana, en el claustro de la catedral de Barcelona (39), y ofrece variaciones tan curiosas como la del viaje de un hijo de Noé. A esta segunda variación pertenece un relato de Godofredo de Viterbo (40).

2.— *Derivaciones de la leyenda de Alejandro: Viajes de monjes.* La historia fabulosa de Alejandro cuenta entre sus derivaciones con varios relatos de monjes que peregrinaron al paraíso, como los tres monjes de Mesopotamia, que tampoco lograron penetrar. Dentro de este grupo ofrecen mayor relación con nuestro estudio, hasta el punto que hemos de incluirlas entre las leyendas de durmientes, otras visiones en que los viajeros, como los monjes armoricanos, o los monjes del monasterio de Ghihon, que peregrinaron con el ramo maravilloso, no sólo penetran sino que pasan allí 300 o 700 años, según las versiones, creyendo estar solamente 3 o 7 horas respectivamente, y se disuelven en ceniza a los cuarenta días del retorno (41).

Las interferencias de estas derivaciones con las de los viajes al paraíso en occidente, producen una nueva serie de narraciones, entre las cuales hallaremos como tópico, en el grupo inmediato, el viaje de San Amaro (42).

3.— *Viaje del príncipe mozo.* Igual relación guarda este relato que los últimamente citados con las leyendas de durmientes, pero en éste los detalles coinciden hasta el punto de que la leyenda haya de ser considerada como una variante del «ejemplo» que estudiamos en esta tesis. Relata el viaje de un príncipe joven, que logrando penetrar en el paraíso y demorándose allí trescientos años que le asemejan tres horas, retorna para hallar su castillo trocado en convento y morir al probar el pan de los hombres, circunstancia que relaciona a la narración con las derivaciones del «festín de inmortalidad».

Las versiones más antiguas de esta leyenda datan del siglo XII. Mussafia, Schwarzer y Köhler la han estudiado en relación con la aberración temporal. Nosotros hemos de insistir sobre ella en otros puntos de nuestro estudio (43).

B) Viajes occidentales

Comprendemos en este grupo, con amplísimo criterio, no sólo las narraciones derivadas de los viajes marítimos escandinavos o del ciclo gaélico, que representa una cristianización del mito de la

tierra de eterna juventud, conjugada con elementos orientales, sino
también la prolongación de esta extraña y fecunda interferencia en
la «materia de Bretaña». Así se ofrece reunida a nuestro recuerdo
toda una gran familia occidental de narraciones escatológicas en
cuyo desarrollo ha de admitirse la presencia de elementos orientales, aunque en muchos casos no esté precisado el vehículo cultural
que la motive. Forzoso es reconocerlo así, presentes los cotejos de
De Goeje, entre la «Visio Brandanis» y las navegaciones de Simbad
el Marino y los de von Suhtscheck, entre la leyenda de Parsifal y
la «Pârsîwalnâmä» irania. Pero también ha de aceptarse la existencia de un sentimiento colectivo de «hiraet» o saudade, lo que desde el punto de vista literario analizó en la poesía gallega Plácido
R. Castro y diagnosticaron, desde el punto de vista de la patología
racial, Nóvoa Santos y Javier Andrade.

Abarca este ciclo:
a) Navegaciones nórdicas.
b) «Imramha» irlandesas.
c) Derivaciones de ambas en la literatura caballeresca.

a) *Navegaciones nórdicas*

Este grupo, dependiente de la tradición literaria de las sagas,
representa el conjunto más realista y por lo tanto menos relacionado con el tema que motiva nuestro estudio. El origen historicista de estas relaciones ofrece un rumbo secular menos propicio a la
idealización escatológica. Sólo tardíamente la interferencia, tanto
de lo irlandés como de las derivaciones del viaje de Alejandro, han
de motivar un cambio de dirección y ya dentro de las grandes idea-
lizaciones medievales, su proyección en lo caballeresco. El recuerdo de la «Heimskrigla» de Snorri Sturluson (1178-1241) suscitará
la sugestión de un tipo de esta literatura progresiva en idealización (44). Ejemplo de este proceso es la serie: Sirgud Jorsalafar,
Arnoldo de Noruega, Gormo de Dinamarca (45).

b) *«Imramha». Grupo de las navegaciones irlandesas*

Entre ellas existen las aventuras de tipo guerrero, la peregrinación aventurera y religiosa, y la gran odisea monástica: viva en to-

das la presencia de la tierra paradisíaca. He aquí la enumeración de Graf (46):

1) Navegación de Malduino.
2) Viaje de los hijos de Conall Dearg Ua-Corra.
3) Viaje de Snedgus y Mac-Riaghla.
4) Viaje de Merlín.
5) Viaje de los Monjes de San Columbano.
6) Odisea monástica de San Brandán.

Dedicaremos breve atención a una de estas narraciones, a la leyenda tópico del ciclo: la *Navigatio Stí. Brandanis*, que Renán consideraba como «expresión la más completa del ideal céltico, como una de las más admirables creaciones del espíritu humano». La redacción más antigua que se conoce data del siglo XI, pero busca la personificación del protagonista en el Abad Brandán de Cluaimfort, que vivió en el siglo VI. En 1121, un monje dedicó a la reina Aelis de Louvain un poema sobre la leyenda, en versos octosilábicos de gracia arcaica. Otra traducción francesa data del XIII. Llena de ensueño místico y espíritu de aventura esta narración suscitó bien pronto la desconfianza de la crítica: a sus aventuras se refieren Beauvaís y los bolandistas llamándolas «apocripha deliramenta». Publicada en 1836 por Jubinal, halló un aura romántica de celtismo. Estudiada por los investigadores de la escatología dantesca —Labitte, D' Ancona, Graf—, incluída en la relación de visiones de Fritzsche y en los estudios de literatura comparada de Wahlund, cotejada por De Goeje con la relación del viaje de Simbad y por Asín Palacios con las narraciones del Boluquía y Dulcarnain, reconocidos sus elementos orientales por Schröder y Palgen, la leyenda de San Brandán el navegante ha cobrado nuevo interés ante el problema de los influjos islámicos (47). Aceptando la existencia de un núcleo originario gaélico, nada resta a la intensidad de su sentido occidental el reconocimiento de cuanto hay de oriental entre los motivos que colige, aunque, como decíamos antes, perviva el problema de la trasmisión; que lo folklórico se acendra por contraste y da a vida maravillosos híbridos por polinización a distancia.

Relata esta «navigatio» el viaje del abad irlandés San Brandán, que habiendo partido en su embarcación con catorce monjes y con rumbo al W. para buscar la tierra de promisión, erró sobre el océano siete años, descubrió maravillosas islas y halló el paradero de los condenados y el paraíso de la bienaventuranza.

Interesan particularmente en conexión con el tema de nuestro ejemplo algunos episodios como el de la estancia del santo navegante en la isla del castillo deshabitado, donde encuentra preparado un celestial banquete; el de la isla-pez; el de la isla grata, con fuente, árbol y pájaros, uno de los cuales dice al santo ser las aves habitadoras de las isla, ángeles neutrales en el día de la caída de Lucifer, que vagan todo el año como espíritus sobre la tierra y se reúnen durante la semana de resurrección, para alabar con sus cánticos al Señor; el de la isla de los eremitas; el de las vides monstruosas; la visión de la columna cristalina y, tras la visita a las islas de los condenados y a otra habitada por un ermitaño que recibe su pan cotidiano traído desde el cielo por una alondra, a vuelta de un mar de tinieblas, la entrada del paraíso donde perpetuamente es de día, el hallazgo de la tierra prometida, descrita ya con los caracteres comunes a todas las visiones paradisíacas y celestiales del medievo.

c) *Derivaciones en la literatura caballeresca*

1.—*Derivaciones hagiográfico-novelescas.*—Entre las narraciones derivadas del viaje de San Brandán y mezcladas con nuevos elementos nórdicos y orientales, hallamos un grupo de narraciones hagiográficas. Entre ellas las de San Barinto, San Mernoc y Saint Malo en Bretaña, y, en la Península, la de *San Amaro el Peregrino.*

Esta leyenda, que nos interesa más directamente, se aplica a un santo, denominado como el San Amaro del siglo XV venido de Francia a Burgos. Conocemos tres versiones peninsulares de esta historia. La más antigua, portuguesa, del siglo XIV, se halla en uno de los códices alcobacenses bajo el título de «Canto de Amaro» y de ella damos un fragmento en los apéndices (48). La versión castellana fué impresa en Burgos por Junta, en 1552, bajo el título: «La vida del bienaventurado Sant Amaro y de los peligros que passó hasta que llegó al Parayso terrenal» (49). Y por último la gallega, recogida de la tradición oral en Abegondo por Carré Aldao y publicada en 1925 (50). Esta última versión revela una construcción tan erudita que más bien que versión folklórica semeja adaptación popular de alguno de los pliegos de cordel que con la historia de San Amaro corrieron por la Península. De la lectura de los apéndices que dedicamos a esta leyenda, puede deducirse la importancia que ofrece en el estudio de la evolución de nuestro tema. Porque quizá deba considerarse como interferencia entre la «Navigatio Brandanis» y el ejemplo del monje y el pajarillo, o simplemente como enriquecimiento de aquella narración con el elemento de aberración temporal que hemos de hallar en casi todas las leyendas de durmientes. Aberración que se combina con el desarrollo de elementos ópticos y rítmicos ya existentes en la «Navigatio» y que se acrecienta con las aventuras de retorno y sus curiosas notas imaginativas.

2. — *Derivaciones caballerescas.* — Con mayor alejamiento de los temas originarios, mezclados los elementos de las navegaciones nórdicas y de la odisea monástica de San Brandán con nuevas aportaciones de la «materia bretona», surgen los viajes maravillosos y de aventuras seculares de Auberon, Hugo de Bordeaux, Baudouin de Serbourg, Guingamor, Ogier le Danois, Hugo de Alvernia, el Caballero Senno... Pero el influjo de las navegaciones al paraíso occidental no se reduce a estos personajes, sino que adquiere un carácter axial con respecto a la literatura caballeresca, en forma que podemos considerarla como prolongación de aquella otra literatura nórdica. No interesa a nuestro objeto el problema de la oriundez del ciclo desde la posición insular (Gaston Paris), continental (Foerster) o ecléctica (Lot); pártase del cotejo con lo persa (Suhtscheck) o con lo islámico (Asín); lo trascendental será destacar aquí la situación de continuidad que ofrece la materia de Bretaña con respecto al ciclo de leyendas escatológicas que acabamos de estudiar (51). Esta continuidad se pone de manifiesto en el hecho de que lo caballeresco mantenga inalterados, aunque con leve desplazamiento, los dos ejes psicológicos —busca y retorno— de la literatura nórdica de viajes y navegaciones. La «queste» ha variado su objetivo: de la descubierta de un paraíso occidental en los mares ignotos se pasa a la «demanda» del Grial que se guarda en la tierra sagrada. El «retour» sigue manteniendo viva la tensión psicológica del relato: la espera del regreso de los caballeros es la espera de la vuelta de los navegantes, caudillos o monjes. Y en tanto no suena la hora del regreso, se crea la ilusión de que, en una aberración temporal, el héroe permanece encantado en la tierra sagrada. No es otra la causa de que pueda prolongarse indefinidamente la esperanza en el retorno de Arthús.

Tampoco la escenografía ha variado. Lo topográfico en la novelística caballeresca es simplemente una acumulación de variaciones sobre los motivos de descripción paradisiaca en visiones y viajes cotejados en lo cristiano con lo islámico y en lo islámico con lo persa. Sería prolijo y abrumador adentrarse en la selva de las novelas caballerescas, para hacer catálogo de bosques encantados, de árboles del paraíso, de aves que desde estos árboles avisan o encantan, de fuentes mágicas que corriendo a sus pies albergan hadas que han de ofrecer manjares de inmortalidad o colocar sobre la frente de los héroes la corona del olvido...

Creemos más ajustado al método propuesto escoger una sola leyenda situada dentro de la gran genealogía de nuestro ejemplo y perfectamente incluída en el núcleo que ahora estudiamos, para que se destaquen sus coincidencias con los temas que acabamos de indicar y con el ejemplo del monje, al que hemos de referir todo el material acopiado en este estudio. Nos referimos a la *leyenda de Guingamor*, estudiada por Gaston Paris, Weston y Hoepffner (52).

Basada en las tradiciones célticas sobre la tierra afortunada donde no se muere, lugar de eterna juventud, la leyenda de Guingamor ofrece vivo paralelismo con otras del ciclo caballeresco que hemos de analizar en el grupo inmediato, especialmente con la de Tannhäuser. La conocemos primariamente por un bellísimo «lays de Bretaigne» de fines del siglo XIII, hallado entre los Ms. de la Biblioteca Nacional francesa y publicado por primera vez en la «Romania» en 1879. Localizada en la propia Bretaña, cuenta como Guingamor, sobrino de un rey, estando de cacería en un bosque, fué requerido de amóres por la reina, y, dejando abandonada su capa en manos de la enamorada adúltera —interferencia de la historia de José— huyó decidido a entregarse a mortales aventuras. Aquí, mediante una nueva intromisión, surge el episodio de la cacería del «porc blanc», cacería que ocasionara ya la muerte de diez caballeros. Participa en ella Guingamor, obtenido permiso del rey su tío, y logra lo que los demás caballeros no han podido conseguir, pero se pierde en la selva y después de tocar su cuerno de caza en demanda de auxilio, va a encontrarse en una ribera aventurosa sobre un prado verde y florido en las proximidades de un castillo encantado. En el prado, bajo un olivo, hay una fuente y en la fuente se baña una doncella. Como en otras historias caballerescas, el héroe retiene las vestiduras de la doncella —recuerdo de tantas leyendas de hadas— y ella a trueque de la devolución lo conduce consigo a una corte encantada, muy semejante al paraíso de los «fabliaux». Allí pasa tres días Guingamor, tres días que son trescientos años para los demás mortales. El hada se lo advierte así y le recomienda que no coma ni beba al retornar. El caballero abandona la corte encantada y sale de la selva. Unos carboneros, a quienes pregunta por el rey, le informan de que murió hace trescientos años y de que un sobrino suyo se perdió cazando en la selva para no retornar jamás —aquí el paralelismo con el ejemplo del monje es bien evidente: los carboneros son los porteros de la selva—. Guingamor, admirado, prosigue su camino, siente hambre y hallando un manzano salvaje

«Un pomier sauvage
»De grosses pomes fu chargiez».

come tres manzanas y de súbito envejece y muere (repárese en el prestigio, bíblico, del manzano como árbol de la muerte).

Esta nota de aberración temporal, mezclada con otros elementos novelescos, más o menos amplificada la visión deleitable de tierras maravillosas, suele darse en muchas leyendas caballerescas relacionadas con este ciclo. La intervención de la doncella ha de tener una serie de derivaciones en las narraciones sobre la Dama del Lago (53). En muchas de estas leyendas ha de darse también, en relación con los «manjares de inmortalidad» —recuérdese la aventura de Baudouin de Serbourg— el banquete en el castillo aventuroso. Pero, sobre todo, hemos de hacer notar los diferentes matices que presentan las narraciones con referencia a la muerte del héroe después del retorno: El Príncipe Mozo morirá como Guingamor al probar el pan de los hombres; el Caballero Senno, cuando su pie toque la tierra de los mortales; Ogier de Dannemarcke, cuando sea arrancada de su cabeza la corona que el hada le pusiera. Como una responsión al mito de Perséphone que por comer el fruto del jardín de los muertos queda para siempre en su compañía, nuestros héroes mueren al probar de nuevo el fruto de la tierra de los mortales o al despojarse del talismán de inmortalidad.

C) Viajes a un paraíso subterráneo

Sin salir de la literatura caballeresca, nos hallamos ahora en presencia de un nuevo motivo para las expediciones religiosas y novelescas: un paraíso subterráneo que tenga su entrada en alguna famosa cueva. La idea inicial es de puro acento celticista y entroncada con los mitos de la supervivencia de habitadores primitivos o de dioses suplantados, a que hemos de referirnos al estudiar las leyendas de supervivencia colectiva (I, III, A). El mito del paraíso subterráneo ofrece oposición a lo cristiano, no sólo en lo doctrinal sino en la tradición imaginativa. En la literatura mediolatina se asigna a lo superior, a lo excelso, la localización de la mansión de bienaventuranza, mientras que «in inferis», en el abismo ígneo y subterráneo se sitúan los limbos y la mansión del eterno dolor. No se trata meramente —pensemos en la mentalidad y en el momento histórico medieval— de que los viajes y las exploraciones vayan agotando posibles localizaciones del paraíso; por el contrario, el mar ignoto y el misterioso Oriente, siguen ofreciendo sus tinieblas a los ensueños. Es simplemente una derivación de los mitos de supervivencia subterránea, lo que este nuevo grupo de aventuras escatológicas nos ha de presentar.

Al hablar del acento céltico de esta modalidad entre las narraciones de viajes al paraíso, aludimos al arraigo gaélico de las creencias de una vida subterránea o submarina, como en las leyendas de ciudades sumergidas, desarrollada también en la materia bretona, en los finisterres, especialmente en Irlanda y en el noroeste hispánico. Esto no excluye el que mitos semejantes tengan una enorme extensión. Basta recordar los reinos subterráneos de todas las mitologías: el Kuvera indio; el Plutón clásico; el Kotschei eslavo; el Kovlad de la literatura popular bohemia, señor del reino mineral; los Uldra escandinavos; el reinado de los Nibelungos germánicos, hasta las narraciones infantiles europeas con su Juan del Hierro, derivadas de un cuento recogido por los hermanos Grimm (54). A este conjunto de vida interior hemos de referir también todos los bosques, las ciudades, los palacios que, como en la narración de Aladino, se sitúan bajo tierra, y las leyendas en que los visitantes del más allá, situados en territorios de vida subterránea, se hallan, al despertar, en la boca de una caverna, como el protagonista de una bellísima leyenda del Turquestán, recogida por Basset (55). Hasta en América, estos mitos tienen una exaltación en las leyendas cosmogónicas sobre el origen subterráneo de la especie humana, estudiadas por Charencey (56).

Pero en lo céltico, se da además una íntima relación entre estas narraciones y el culto de las cavernas y de los montes, muchas veces relacionado con el «Baumkultus» (57), y tan arraigado en el noroeste de la Península que incluso tuvo una manifestación en el priscilianismo cuando la oración en los montes fué objeto de una mención especial en el Concilio de Zaragoza del 380 (58).

Vamos a estudiar en este grupo tres narraciones referentes a estos paraísos subterráneos: el Purgatorio de San Patricio, el Paraíso de la Reina Sibyla y la Leyenda de Tannhäuser. La primera dependiente de la escatología cristiana, las otras dos en relación con lo cristiano, pero como paraísos de goces paganos, casi demoníacos.

1.º *Purgatorio de San Patricio.*—Relata esta leyenda que, reacios los irlandeses a cambiar sus creencias por el Evangelio que predicaba San Patricio, el apóstol pidió a Dios una prueba que ofrecerles. El Señor, le mostró entonces la entrada de una cueva por donde los hombres pudiesen penetrar a presenciar el destino que les aguarda tras la muerte: las penas y los goces del más allá. Cerca de la cueva, que es la del Lough Derg, en Donegal, Irlanda del Norte, se funda un monasterio donde los que quieran visitar en vida Infierno, Purgatorio y Cielo, son primero sometidos a una serie de pruebas y después introducidos en una cueva de la cual retornarán después de presenciar tormentos y gozos en el término de un día o habrán quedado por siempre en poder de los espíritus infernales (59).

Bajo el reinado del rey Esteban, el caballero Owein penetra por penitencia en la cueva y al salir relata su triple visión que abarca sólo hasta el Paraíso terrenal, donde en una suerte de lugar intermedio entre Purgatorio y Cielo esperan las almas purificadas el momento en que Dios las lleve a su visión beatífica. Este relato, recogido por el monje H. de Saltrey, se difunde por toda Europa bajo el título de «Tractatus de Purgatorio Sancti Patricii» (60).

La redacción más antigua de esta visión, data de la segunda mitad del XII y fué bien pronto imitada en distintos géneros y lenguas. En francés, Marie de France (61) introduce el tema en sus lays, Bérol le dedica una deliciosa serie de alejandrinos monorrimos, Geoffroi de Paris la canta en verso francés octosilábico. En Italia realizan las primeras versiones Stefano di Bourbon y Uberto de Romains. En España se conocen versiones latinas en el siglo XIII (Bibl. Nac.) y en el XIV (Escorial) (62).

El primer texto castellano conocido fué publicado recientemente por A. G. Solalinde, que hizo con tal motivo un primoroso estudio de la leyenda. Este texto procede seguramente del grupo de colaboradores de Alfonso X (63). En Cataluña, y aparte una primera versión realizada al catalán por Fr. Ramón Ros de Tarrega en 1320, versión independiente del texto castellano, existe una de las visiones que surgieron en torno a la famosa cueva del Ulster con carácter de nueva visita al más allá. Ramón de Perellós supuso penetrar por la cueva de San Patricio en tiempo de Ricardo I de Inglaterra (1397) y creó una narración sobre el fondo del «Tractatus». La reconstrucción de esta nueva redacción, que tiene pródiga descendencia, fué realizada en un estudio general sobre leyendas escatológicas catalanas por Míquel y Planas (64).

Entre los fondos de la Bib. Nac. de Madrid, he registrado dos versiones: una del viaje de Ramón de Perellós, del siglo XVI (65), y otra del lemosín, del XVII (66), versiones castellanas que deben todavía ser aprovechadas en el estudio de la leyenda en la Península.

El irlandés O' Sullivan, introduciendo la versión al latín en su «Historiae Catholicae Iberniae Compendium» en el siglo XVII, dió nueva popularidad a esta leyenda. El Dr. Cotarelo ha indicado la trascendencia de que esta obra fuese redactada en Compostela para investigar la posterior difusión hispánica de la narración.

En las letras castellanas el «Purgatorio» tiene una famosa descendencia: la «Vida y Purgatorio de San Patricio», de Pérez de Montalbán, fuente directa de «El Mayor Prodigio y el Purgatorio de San Patricio», de Lope de Vega, y de «El Purgatorio de San Patricio», de Calderón.

En la erudición del siglo XVIII, Feijóo traza un sagaz estudio sobre esta leyenda en su «Theatro Crítico» (67).

En las notas incluímos breve bibliografía de tema tan fecundo en derivaciones y tan pródigo a la investigación. A partir de la obra de Wright (1844) no ha cesado de ser estudiado en relación con las leyendas del ciclo que nos ocupa: Mall trazó en 1891 la historia de la leyenda, Krapp particularizó sus derivaciones literarias, Felice acumuló sobre ella precedentes próximos y remotos, y, últimamente, Foulet, Mörner, Mulertt, Slover y Van der Zanden, aparte de otros autores arriba citados, han estudiado versiones o derivaciones especiales.

2. *El Paraíso de la Reina Sibyla.*—La leyenda que ahora nos ocupa —estudiada detenidamente por Gaston Paris— tiene su origen en un mito de supervivencia muy característico: el de la Sibyla que vivirá hasta el fin de los tiempos, conocedora del presente y del pasado. Se localiza en las cumbres del Apenino central, entre Norcia y Ascoli, no lejos del lago de Pilatos, que guarda recuerdos de magia pagana. La leyenda tiene, por tanto, un sabor clásico en su localización y ha sido considerada como aculturación cristiana del episodio de la caverna de la Eneida, donde se señala la vieja creencia en el reinado subterráneo de diosas o de hadas (68).

Pero aquí se ha sustituído el carácter de la potencia femenina, primero diosa, profetisa luego, que ahora se ha trocado en seductora. El episodio puede tener un origen directo en Guingamor y leyendas afines, donde aparece el hada de las fuentes, de los lagos o de los bosques, y un paralelismo por demás hiriente con las narraciones laponas de la Soogsra, que atrae con su canto de pájaro a los viajeros en los bosques, y con las «mouras» que sacan a «asoellar» sus tesoros en los castros del macizo galaicoduriense. Una posible interferencia con mitos germánicos, defendida por Söderhjelm, añade interés a la trasmisión de este tema (69).

En el Paraíso de la Reina Sibyla, cuando un viajero que llega a gozar de los placeres de este reinado inferior no resiste durante un año a las seducciones de la potencia femenina, permanecerá en el antro hasta el fin del mundo y será más tarde condenado eternamente: interferencia bien clara de la condición de entrada al Purgatorio de San Patricio, que da al mito un carácter marcadamente apologético.

En 1391, Andrea da Barberino compuso su famosísima novela «Guerino il Meschino», donde este aventurero logra acceder a la caverna del Monti Sibillini, resiste durante un año a la seducción y al salir, lograda la absolución papal, narra las maravillas de aquel jardín subterráneo, donde todos los frutos de la tierra maduran a un tiempo y cuyos habitantes toman los sábados formas animales.

La leyenda, unida al prestigio de las prácticas mágicas del lago de Pilatos, que motivaron viajes de iniciación de Pulci y de Cellini, perduró en viajeros, geógrafos y aventureros. Así fué recogida por Alberti y por Ranzano y utilizada por los geógrafos holandeses del seiscientos.

En Alemania se extendió notablemente bajo la denominación del Monte de Venus y en conexión con las tradiciones preexistentes, nórdicas. Pero es preciso recordar que entrado el Renacimiento se tiende a rodear de prestigio clásico los mitos novelescos. Eneas Silvio Piccolomini, después Pío II, fué un día consultado desde Alemania sobre la situación del famoso monte. En 1497 Arnold de Harff lo buscaba observando las grutas cercanas al lago, comprobando las viejas prácticas mágicas. La leyenda de Tannhäuser que ahora estudiaremos, ofrece en lo germánico un vivo paralelismo con la leyenda italiana y dió pretexto a que los alemanes realizasen esta localización de la tradición de la Venusberg en el Monte Sibilino. Otra leyenda germánica, la de la guerra de la Wartburg, recibió elementos del mito de la Sibylla. Ambas formaciones han logrado exaltación artística en la obra wagneriana.

En Francia, Antonio de la Sale, dedicó entre 1438 y 1442 el cuarto libro de su «Salade» a tratar «Du mont de la Sibylle et de son lac et des choses que j' y ai vues et ouï dire aux gents du pays», descripción autobiográfica del viaje y de la visita a la caverna, de acuerdo con las informaciones de un clérigo y unos jóvenes de Monte Mónaco. Pero lo que más nos interesa de su información es

3

que recoge, según se transmite «par commune renommé et par vois générale» la leyenda del caballero que habiendo permanecido un año en la gruta, entregado a las delicias sibilinas, creyó haber estado un solo día —ejemplo de pérdida de la noción del tiempo como en la leyenda de Guingamor— y habiendo logrado salir y dilatándose la concesión de la absolución papal para mayor ejemplaridad contra aventureros, se lanzó de nuevo a la caverna a entregarse a los goces vitandos de aquel paraíso demoníaco.

En lo folklórico esta última narración tiene una derivación importante recogida por Carnoy, «La montagne noire» (70). En la novela caballeresca, el episodio de la Dama del Lago y el Caballero Atrevido en el primer libro de «El Caballero Cifar», afirma la curiosa confluencia de estas narraciones y la de Guingamor. Ultimas derivaciones en nuestro tiempo: en lo novelesco la Antinea de la «Atlántida», de Pierre Benoit; en lo cinematográfico, «La Diosa del Fuego».

En España no faltan otras derivaciones directas de estas narraciones. Han sido estudiadas por Bonilla y San Martín. El libro de Andrea da Barberino tuvo a comienzos del siglo XVI una traducción de Alonso Hernández Alemán, impresa por primera vez en Sevilla en 1512 y que llevó el título de «Corónica del noble caballero Guarino Mesquino. En la qual trata de las Hazañas y aventuras que le acontecieron por todas las ptes. del mundo y en el Purgatorio de San Patricio y en 'l monte de Norça donde está la Sibila» (71). Sin multiplicar la anotación a referencias —Valdés, Hurtado de la Vega— o a derivaciones peninsulares de estas tradiciones —aventura navarra de Cristóbal de Villalón, romance de Troco, Cueva de Salamanca— citaremos solamente, recordando el estudio de Barto (72), el episodio de la cueva de Montesinos, donde Cervantes utilizó con fuerza evocativa los elementos de encanto, supervivencia y vida subterránea que le proporcionaban, no sólo los libros de caballerías, sino el folklore. Dándose la particularidad de que por obra de humor se trocase la aberración de tiempo, y una hora semejase a D. Quijote como tres días. Y es curioso destacar esta nota, pues generalmente al señalar la posibilidad de inversión en la relatividad del tiempo, apenas se citan ejemplos de visiones de tormentos infernales o testimonios como el de De Quincey sobre el alargamiento del tiempo en los fumaderos de opio (73).

3. *Tannhäuser.*—Ha sido estudiado este nuevo tema por Cassel, Söderhjelm, Gaston Paris, Desonay y Bonilla (74). Es el mito del mortal que logra por amor de una diosa penetrar en vida en una región paradisíaca donde el curso de las estaciones se ha dete-

nido en perenne primavera, donde el cuerpo se ha purificado del dolor y donde un año se asemeja a un día, según un viejo lied suizo. Más tarde este hombre sentirá de nuevo la atracción de la tierra y se reintegrará a la compañía de sus hermanos los mortales; pero tampoco aquí hallará la paz y habrá de rendirse a la atracción del paraíso vedado y de su diosa o quizás, en la cristianización de la leyenda, abandone el mundo por el propio horror que le inspira su demoníaca caída.

En cuanto a los orígenes del tema: o se trata de un viejo mito germánico cristianizado y aculturado más tarde en el «Monte della Sibila» (Söderhjelm) o de la propia leyenda italiana de precedentes clásicos y célticos, transformada al contacto de los mitos germánicos (Gaston Paris).

Esta leyenda fué escrita por primera vez en Alemania, a lo que conocemos, hacia 1453, por Hermann de Sachsenheim. Utilizada en la poesía dialogada del siglo XV, se extendió en formas narrativas escritas del XVI y del XVII por todos los pueblos de habla germánica pudiendo hoy comprobarse en el folklore oral de Austria y de Suiza.

Precisamente la derivación wagneriana tiene origen folklórico: un viejo volkslied, alabado por Heine en comparación con el «Cantar de los Cantares». Wagner al utilizarlo supo añadirle, exaltado, el sentimiento de redención que le era tan grato, y encarnó en una mujer, Isabel, este sentimiento mezclando la tradición de la Venusberg con la de la guerra poética de la Wartburg, donde Enrique de Ofterdingen, que vencido en el torneo literario llamara de Hungría en auxilio suyo a Klingsor el mago —recuérdese también la novela de Hoffman— se representa como dotado de un carácter satánico (75).

Tal es, brevemente, la historia de una de las más famosas leyendas del ciclo que estudiamos.

D) Viajes al Cielo

Correspóndenos ahora, para completar el cuadro trazado, aludir a los viajes en que el punto de destino no es ya el paraíso terrenal ni un paraíso sensual demoníaco, sino el cielo, y donde se da como la más trascendental aventura la visita a la mansión de los bienaventurados sin la crisis de la muerte; la permanencia allí en cuerpo y alma mediante una entrada milagrosa o fraudulenta —como en las narraciones populares— en el gozo eterno, sin que el alma se desprenda de la envoltura carnal; anticipación, en fin, de la resurrección de la carne, o posesión de las propiedades de los cuerpos gloriosos (76).

Pero aquí hemos de limitarnos a trazar un mero esquema de dogmas, leyendas y derivaciones literarias, sin analizar de manera especial los elementos que se trasmiten a la leyenda que estudiamos. En el primer capítulo de esta parte hemos debido hacerlo al referirnos a las visiones y descripciones del cielo y estas ascensiones han de presentársenos bajo aquel mismo carácter, salvo en motivos episódicos y derivaciones alegóricas de que cumple hacer ahora sencillo índice rehuyendo la pormenorización a fin de no alejarnos de los hitos que limitan nuestro estudio. He aquí una enumeración de estos temas:

1. *Grupo judeocristiano.*—Está enlazado con las creencias de supervivencia «en cuerpo y alma» que hemos de estudiar en el próximo apartado. Parte de lo bíblico y se desarrolla en una serie de apócrifos sobre las ascensiones de Moisés, Enoch, Baruch, Isaías y Elías. En lo cristiano tiende a rodear de elementos imaginativos la bajada de Jesucristo al seno de Abraham, la resurrección y la ascensión a los cielos, la asunción de la Virgen o el rapto de San Pablo al tercer cielo (77).

2. *Grupo islámico.*—Enlazado con las visiones y descripciones del paraíso a que hemos ya aludido. Arranca principalmente del viaje nocturno de Mahoma (78), como ampliación del primer versículo de la azora décimoséptima del Alcorán. Se narra en las distintas redacciones del Isrá y del Mirach, donde el profeta visita el cielo y llega al goce del Señor (79). Tiene una amplia derivación en comentarios teológicos (80), adaptaciones alogórico-místicas —ascensión del alma, ascensiones de teólogos como Abuyezid el Bistamí, «Libro del nocturno viaje» de Abenarabi (81)— e imitaciones puramente literarias con idea satírica, como la epístola «Risálat Algofrán» de Abulalá el Maarrí (82).

3. *Derivaciones cristianas alegóricas.*—Surgen sobre el módulo de las visiones, leyendas de peregrinos, obras piadosas y cientifistas sobre el paraíso, ascensiones y raptos al cielo (83). Reciben influjo de las narraciones históricas de viajes y de la literatura de peregrinación. Se trazan como visión alegórica de la vida humana en forma de viaje al cielo: «Este mundo es el camino-para el otro, que es morada-sin pesar...» Inauguró la tendencia en 1180 un anónimo de Lorena y la desarrollaron Rutebeuf y Baudouin de

Condé en sus «Voie au Paradis». Tuvo su apogeo en el cisterciense Guillaume de Diguleville (1360) que bajo el influjo del «Roman de la Rose» compuso su «Pelerinage de la Vie Humaine» (84). El magno viaje dantesco, recogiendo los elementos orientales a través de lo islámico, dió nuevo rumbo a esta imaginación. Los imitadores peninsulares de la «Comedia» se aproximaron a veces a ella, como Padilla en sus «Triunfos de los Doce Apóstoles» (85) y Bernat de Rocabertí, cuya «Comedia de la Gloria del Amor» (86) es a lo dantesco lo que la «Risálat» de Abulalá a lo coránico. La mística ha de adoptar estas metáforas considerando la vida como «escala» (Eximeno), «subida» (Laredo, S. Juan de la Cruz) o verdadero «camino real» (Fr. Juan de los Ángeles). Los «Exercitia» introducirán a la visita imaginativa del Cielo. La ascética ha de concebirse también como «guía» en este camino (Pablo de León, Fr. Luis de Granada, P. La Puente). El tema entrará en la dramática con el «Auto del alma» de Gil de Vicente (87) y hallará eco en «El viaje del alma» de Lope (88). Y, tardíamente, tendrá también en lo didáctico una renovación, representada en el Portugal del seiscientos por la «Historia do Predestinado Peregrino e seu irmão Precito» del jesuíta Alexandre de Gusmão (89); en la Inglaterra puritana por el «The Pilgrim's Progress fron this World to that which is to come» del calderero John Bunyan (1678) (90), y en la España barroca por el «Libro del Peregrino en la Triunfante Jerusalem» de Fr. Luis de la Santísima Trinidad, cuyo manuscrito hemos consultado entre los fondos Gayangos de la Biblioteca Nacional (91) y del cual hemos de ocuparnos con detención en próximas publicaciones.

4. *Derivaciones folklóricas.*—Como muestra de la trascendencia folklórica de este grupo vamos a recoger una leyenda bretona cuyas variantes, como las de otras leyendas afines —«El pastorcillo que llevó la carta al cielo» (92), «Petit-Jean de Corlay» (93), etc.— suelen interferirse con las leyendas de durmientes, tomando la nota de relatividad temporal como meramente episódica. En cambio, hemos de hallar entre las leyendas de durmientes propiamente dichas, y precisamente al lado de aquellas que tienen como motivo de la aberración temporal un placer simbólico de tipo sensorial pero espiritualista, otras versiones donde predomina ya, absorbiendo todo lo demás, la nota de relatividad del tiempo.

La narración a que aludimos como ejemplo es «El viaje de Iannik» y su variante, el delicioso cuento «El cojo y su cuñado el ángel», ambos recogidos por Anatole le Braz (94). En el segundo, el motivo de la peregrinación es el casamiento de la hermana de Louizik, una chica que siempre rehusa casarse pretextando que no encuentra ningún mozo tan galán como los ángeles que ve en las estampas de los libros. Un día aparece un pretendiente vestido de blanco que la pide por mujer y la boda se celebra con fiesta para todos los pobres de la parroquia, a quienes el novio convida en ausencia de su familia. Pero a pocos días del matrimonio, el marido se ausenta repetidamente de la casa familiar. Un día Louizik lo sigue. Toma un camino desconocido donde encuentra sucesivamente —aquí esta narración es idéntica al viaje de Iannik— campos verdes con vacas flacas y, estériles con vacas gruesas, perros furiosos atados con cadenas de hierro, una cisterna que pasa el novio sirviéndose como puente de uno de sus cabellos, un mar de fuego y por último un magnífico castillo en el cual el novio entra por el ojo de la cerradura, no sin que Louizik el cojo intente seguirlo sin resultado. Espera fuera escuchando cánticos deliciosos que llegan hasta él desde el interior, y viendo pájaros de encantador plumaje. Sale el novio y le pregunta si se aburrió, y ante la respuesta negativa de Louizik, le hace saber que ha estado cien años escuchando aquellos cantos y viendo aquellas aves. Después le explica lo que vió en el curso del viaje: las vacas gruesas simbolizan los pobres que han vivido de poco en el mundo sin quejarse... Así va explicando uno a uno los símbolos del viaje hasta decirle que el castillo es el paraíso y él, su cuñado, un ángel, y lo invita a penetrar para encontrarse allí con su familia, muerta hace ya mucho tiempo.

En el viaje del «pastorcillo que lleva una carta al cielo» por encargo de un viejo, que en algunas versiones es Dios, el camino no aparece lleno de esta serie de símbolos que recuerdan tan vivamente los viajes occidentales con sus islas llenas de variadísimos motivos escatológicos, sino como un camino trabajoso que ha de ser andado dolorosamente. Al final hay también la visión de lo paradisíaco concebido, no como castillo, sino como jardín: avenidas floridas, pájaros de cantos armoniosos, ángeles blancos que se acompañan con arpas de oro, la visión de los viejos santos del país bretón y de los profetas que se pasean en medio de bellos macizos de flores bajo árboles cargados de frutos, el cuadro, en fin, del ideal paisajístico trovadoresco.

Con la anotación de estas piezas folklóricas hemos terminado nuestra enumeración de leyendas escatológicas en torno a los ciclos de «viajes». En estas narraciones hemos podido comprobar los elementos simbólicos que trascienden al ejemplo del monje y el pajarillo, elementos espirituales de índole descriptiva y cuyo profundo arraigo literario y simbólico hemos de contrastar en la última parte de nuestra tesis. Al lado de ellos hemos recogido frecuentemente notas de aberración temporal qué concuerdan ya de una manera clara con el motivo central de nuestro ejemplo o que se interfieren en él con el desarrollo de las versiones populares. Al clasificar las leyendas de durmientes que tienen comúnmente esta nota de relatividad como tema y entre las cuales se halla el ejemplo del monje, situaremos cada una de las narraciones citadas en conexión con un grupo de determinadas características. Pero aparte de estas notas simbólicas y del motivo tantas veces repetido de la aberración, hay algo que hemos de destacar aquí finalmente, trascendiendo a nuestro ejemplo, siquiera sea en simplísimo esquema simbólico: la idea misma del viaje, que se reduce en algunas versiones a la salida al bosque o al huerto, que se extiende en otras a la persecución del pájaro a través de la selva, pero que siempre recuerda este paso de la compañía de los mortales a la compañía de la naturaleza, donde los héroes de las leyendas del ciclo que acabamos de estudiar hallan su transcendental aventura.

III SUPERVIVENCIA

Gravita este nuevo núcleo, uno de los más fecundos en la literatura universal, entre la aspiración del espíritu a la eternidad y la tendencia corporal a la longevidad, entre los dogmas de inmortalidad del alma y de resurrección de la carne y el anhelo de la presencia del héroe o del retorno del perdido. Ciclo amplísimo, sustentado por los más fuertes deseos que puedan dominar lo vital y estimulado por las más altas concepciones en lo filosófico; caracterizador de pueblos, de épocas, de religiones, estimulante de lo imaginativo y de lo artístico. Vamos a adentrarnos en la selva vastísima donde vaga Ahasverus y donde Fausto pacta su inmortalidad, donde se han perdido Arthús y Don Sebastián. Pisamos la tierra que guarda, vivo aún, al Imperante de la barba florida y, si levantamos los ojos, veremos romper el puro aire, la nubecilla de la Ascensión. Una vez más hemos de intentar aprisionar en las ásperas mallas de una clasificación este mar de melodías espirituales. Al intentar ejercer esta ardua tarea sobre las creencias basadas en el sobrevivirse, es fuerza confesar temor, aquel respetuoso temor que sintie-

ron los conquistadores al quebrar el secreto de los templos antiguos, el temor de todo investigador que se siente en contacto con
los temas eternos.

Estamos ahora ante un nuevo conjunto de creencias, mitos y
leyendas reunidas bajo un solo criterio: el de que asienten sobre la
idea de sobrevivencia humana «en cuerpo y alma» fuera de las lindes normales de la vida. Algunos elementos de este grupo, po-
seen un realismo tan acendrado que semejan situarse en plena independencia con respecto a lo escatológico; pero el conjunto se
sitúa claramente dentro de las creencias relativas al más allá. Aquí,
contrariamente al método que hemos seguido en otros apartados,
daremos primacía a la clasificación temática sobre la distribución
por ciclos culturales; tal distribución ha de llevarnos al estudio del
núcleo donde se sitúa la leyenda que es objeto de esta tesis, núcleo
al que hemos de dedicar un nuevo capítulo.

Dividimos estas creencias en dos grandes grupos:

A) Supervivencia colectiva

B) Supervivencia individual

reuniendo en el primer grupo los mitos referentes a sobrevivencia
de razas míticas, habitadores primitivos, dioses suplantados, etc.,
que tienen un carácter de generalización distinto de las creencias
relativas a la supervivencia de determinados individuos, trátese de
una supervivencia glorificada o de una mera supervivencia terrenal.

A) Supervivencia colectiva

Mitos de supervivencia localizados en bosques, cuevas, ruinas,
fuentes o viejas sepulturas y particularmente estudiados entre los
pueblos célticos y germánicos, es decir, en la cultura nórdica. Hemos aludido a ellos al hablar de los paraísos subterráneos, refi-
riéndonos a los habitadores de castros y dólmenes, en los finisterres europeos y particularmente en el noroeste hispánico (95).
Podemos establecer los siguientes grupos:

1. *Supervivencia de razas míticas.*—Creencias relativas a los
Elfos, Korrigan, Uldra, Kobolds, Ogros, Urcos, Gnomos, Hadas,
Gigantes, Enanos, Genios, Xanas, etc., siguiendo la enumeración
del Prof. Risco que estudió todas estas creencias relativas a la supervivencia colectiva en la zona galaicoduriense. Particularmente
hemos visto a las hadas jugar un papel importantísimo en relación
con las leyendas de aberración temporal, v. gr. en la leyenda de

Guingamor y en sus paralelos. La propia reina Sibyla no es más que un hada revestida de poderes demoníacos.

2. *Habitadores primitivos.* — La identificación de estas razas míticas con el recuerdo de poblaciones primitivas, data ya del Romanticismo y fué defendida particularmente por Walter Scott. Así los Elfos se identificarían con los lapones; la raza céltica de los Tualha-de-Danand, con los pobladores precélticos de Irlanda; en los castros del noroeste hispánico, los «mouros», sus legendarios habitadores cuya vida continúa aún bajo tierra y que a veces son vistos u oídos por las gentes, recordarán también una población primitiva. El copioso legendario a que da origen esta última manifestación de los mitos de supervivencia, ha sido estudiado a partir de Martíns Sarmento, por Leite de Vasconcellos, Cuevillas y Bouza Brey. El catálogo de los castros de Galicia, del Seminario de Estudos Galegos, ofrece la más amplia anotación de creencias referentes a este grupo realizada en la Península (96).

3. *Dioses suplantados.* — Pero otras veces, los habitantes de aquellos lugares de preferencia mágica, especialmente montes o bosques, son los viejos dioses que sobreviven a la extensión de las nuevas religiones. Para proseguir citando ejemplos que nos afecten directamente, los recuerdos de culto ofiolátrico del Pico Sagro en la leyenda jacobea, y del castro de Morgade, en el folklore gallego actual, ofrecen esta tendencia al refugio de la sierpe totémica expulsada por la cristianización, en lugares de antigua habitación o de viejos cultos (97).

4. *Ciudades o ejércitos.* — Por último, y como exaltación del carácter colectivo de estas creencias, hallamos mitos de ciudades o de ejércitos que sobreviven a un cataclismo o a una derrota. Así en lo céltico, la ciudad de Is que, sumergida bajo las aguas, emerge hasta hacerse visible en todo el esplendor de su vida para sumirse de nuevo; como inversamente en lo oriental la ciudad de Kiteg, que se hace invisible a los enemigos; y en los ciclos caballerescos la ciudad de Lucerna, en Valverde. Entre los ejemplos de ejércitos que sobreviven sobre el campo de batalla, el del rey Arthús, localizado en una serie de lagunas del norte de Europa, dentro de la materia bretona, y, en la literatura monástica, las visiones de ejércitos sobre el campo de batalla como la del monasterio limbergense, que dió origen a una serie de variantes interesantísimas, hasta las visiones de Graciano Punzoni (98).

B) SUPERVIVENCIA INDIVIDUAL

Creencias que se vinculan a personalidades determinadas, que por su santidad hayan merecido el don excepcional de ser o trasladadas a la mansión del eterno gozo, sin pasar por la crisis dolorosa de la muerte, o premiadas con extraordinaria longevidad. Pero también referida, por el contrario, a réprobos cuya maldad extrema haya atraído la condena de errar por el mundo hasta el fin de los siglos. Leyendas de los que por maleficios lograron sobrevivirse en una eterna juventud o de los caudillos de incierta muerte que retornarán algún día. Mitos de héroes y de precitos, que tienen una prolongación apologética, ajena a estas vinculaciones, pero siempre individualizante, en las narraciones que utilizan el sueño como causa mediata de la sobrevivencia o el gozo como motivo de pérdida de la noción temporal. He aquí el contenido de esta materia que hemos distribuído previamente en tres grandes grupos (supervivencia glorificada, supervivencia terrenal y leyendas de durmientes), dedicando al último un capítulo especial. Seguiremos esta clasificación anotándola dentro de lo posible con ejemplos cercanos por su carácter religioso al tema que motiva nuestra tesis.

a) *Supervivencia glorificada.* —Hemos aludido a este grupo al tratar de los viajes al Paraíso, al enumerar las menciones relativas a un paraíso occidental y al recordar la sobrevivencia de los héroes en las islas afortunadas, tal como a ellas se refirió Hesiodo (99), y las creencias judeocristianas de raptos y ascensiones al Paraíso. A este propósito habíamos mencionado la supervivencia de Enoch, que, alcanzando los 365 años de su edad «ambulavitque cum Deo et non aparuit: quia tulit eum Deus» (100) «translatus est ne videret mortem et non inveniebatur: quia transtulit illum Deus» (101) y a quien comentaristas y videntes sitúan en el paraíso terrenal. Su rapto se detalla en el apócrifo «Libro de Enoch», abundante en motivos escatológicos, publicado por Dillmann (102). A su lado citábamos la supervivencia de Elías que, arrebatado en un ígneo carro (103) «quasi in coelum» (104), permanecerá también hasta el fin de los siglos en el paraíso terrenal o en una tierra ignorada. Ambos volverán antes del Juicio Final para anunciar la segunda venida del Hijo del Hombre y para realizar la conversión de los judíos. Esta creencia se basa en la profecía de Malaquías (105) y en un texto del Eclesiástico (106). Por ambas alusiones, Elías y Enoch se ven simbolizados en los dos olivos o en los dos candeleros que sitúa ante el trono de Dios el Apocalipsis de San Juan (107). Por último, nos referíamos también a la Asunción de la Virgen María, que ha motivado interesantísimos estudios patrísticos con motivo del reciente propósito de declaración dogmática.

b) *Supervivencia terrenal.*—Comprende este grupo las creencias referentes a la sobrevivencia corporal y terrena, sea concebida como mera longevidad, como gracia o como castigo, y también las narraciones referentes a la espera del héroe perdido, a los hechizos de eterna juventud y a los sobrevivientes encantados.

1. *Supervivencia como gracia.*—Al lado de los tópicos de longevidad, como el de Matusalén (108), y de vida dilatada como premio a una conducta ejemplar, Job (109), existen las creencias de supervivencia terrenal otorgada por gracia especial a un ser, dadas las extraordinarias condiciones de su vida o de su nacimiento. Al primero de estos dos grupos debe adherirse la leyenda de la Sibyla de Cumas, que predijo la venida del Salvador y que por este hecho, situada entre lo pagano y lo cristiano, había de requerir también una situación especial en el más allá, situación que se evita imaginando como premio a su supuesta profecía la supervivencia hasta el fin de los tiempos. Esta leyenda, pronto mezclada con los mitos de hadas de los bosques, había de dar derivaciones tan interesantes a nuestro estudio como las que acabamos de anotar con referencia al «Monte Sibilini» (110). Al segundo grupo se reduce el ciclo, tan grato al folklore eslavo, de «Imperecedero». Pero aquí el premio no es ya al héroe, sino a sus padres que logran en la vejez un hijo nacido en circunstancias maravillosas y dotado de condiciones casi sobrenaturales. En «Imperecedero» encontramos también una nota muy pintoresca de relatividad temporal con referencia a su crecimiento, pues en cada hora crece como los demás mortales durante seis semanas, y con arreglo a esta aberración ha de desarrollarse toda su vida.

Otras leyendas del ciclo de supervivencia en sus distintas manifestaciones, recogen esta misma nota de recompensa o de gracia. En el folklore norteamericano, e interferida con las leyendas del ciclo de supervivencia colectiva, pero aplicada más tarde literariamente a enriquecer el ciclo de durmientes, existe la tradición de la supervivencia de Hendrick Hudson que, con la tripulación holandesa del «Mediodía›, vive en las montañas de Kaatskill como premio a su descubrimiento del río (112).

2. *Supervivencia terrenal como castigo.*—Frente a la afirmación calderoniana de que «el mayor bien es pequeño», afirmación latente en nuestro apego a la vida, crece la paradoja de que la pro-

longación de la vida puede ser el mayor castigo. Así, vivir sobre la tierra hasta el fin de los tiempos, será una atroz condena. Las leyendas de errantes pretenden ponerlo de manifiesto desarrollando al mismo tiempo los elementos pintorescos y simbólicos que de esta supervivencia pueden derivarse. He aquí algunos tipos de este grupo.

Caín.—La leyenda de su supervivencia se ha tejido sobre los versículos 14, 15 y 16 del cap. IV del Génesis. El primer homicida «vagus et profugus in terra», señalado por Dios —«an tremor corporis, an animi dejectio» suponen los comentaristas (113)— para evitar que fuese muerto por los hombres, aparece sobre todo en las narraciones árabes en islas abandonadas, como nuevo Prometeo, expiando, sin morir, su pecado. El tema de sus sufrimientos ha recibido también motivos del mito de Tántalo y de la visión de las penas infernales de Judas. He aquí el texto de la leyenda islámica de Caín transmitida por Abubeker Benabildonia y traducida por Asín Palacios:

«Un hombre del Yemen, llamado Abdalá, emprendió con unos cuantos compañeros un viaje marítimo, y he aquí que fueron a parar a un mar tenebroso, por el cual navegaron varios días a la ventura, hasta que la oscuridad se disipó y se encontraron cerca de un poblado. Salí —dijo Abdalá— del barco a buscar agua, pero encontré todas las puertas cerradas; llamé y nadie me respondió. En esto se presentaron dos jinetes, montados sobre blancos corceles, que me dijeron: Abdalá! marcha por ese camino y llegarás a una alberca con agua; bebe de ella y no te asustes de lo que allí veas. Les pregunté por aquellas casas cerradas, en las que el viento silbaba y me dijeron: Son las casas en que están las almas de los muertos. Marché después hasta llegar a la alberca, y he aquí que allí había un hombre inclinado sobre ella con la cabeza abajo tratando de alcanzar el agua con su mano, sin conseguirlo. Cuando me vió, me llamó diciendo: Abdalá! dame de beber. Cogí agua con el vaso para dársela; pero alguien agarró mi mano. Yo le dije: Oh siervo de Dios! bien has visto lo que acabo de hacer, pero mi mano ha sido sujetada. Dime, pues, quién eres tú. Y él me respondió: Yo soy un hijo de Adán. Yo soy el primero que derramó sangre en la tierra» (114).

Samiri.—El autor material del becerro de oro, Samiri, maldito por Moisés, fué también condenado a vagar como bestia salvaje por el mundo hasta el fin de los tiempos. Una leyenda árabe, refiere esta condena. A ella alude la azora 20 del Corán:

«Huye lejos de aquí. Dirás a todos los que te encuentren: «No me toquéis». Este es el castigo al cual estarás sometido hasta el fin de tus días...» (115).

Ahasverus.—Entre las leyendas locales hierosolimitanas surgidas en torno a la Pasión, y como derivación directa del relato apócrifo referido a Malco el Médico, aparece la figura de un sobreviviente, testigo perenne de las torturas de Jesús: el José o Cartaphilus de quien habló en Inglaterra y en Alemania cierto obispo armenio, según testimonian Matthieu Paris de Saint Alban y Philipe Mosket de Tournai. La leyenda de supervivencia de este personaje, está relacionada en lo islámico con la del Zerib, hijo de Elías, de quien hablara Fadilah, y se interfiere con la de *Juan Devotus Deus* o *Johannis de Temporibus*, escudero de Carlomagno que legendariamente viviera hasta el siglo XII y de quien hablaron Vicente de Beauvais y más tarde Sigismondo Tizio; el Juan de los Tiempos del drama calderoniano. Difundidas estas creencias y relacionadas preferentemente con la Pasión, surge en todo el folklore europeo, la figura del judío errante que, por haber afrentado a Cristo o gozarse en sus tormentos, fué condenado a vagar por el mundo hasta el fin de los tiempos, cual otro Caín. Este es el tipo de Ahasverus en Alemania, de Isaac Laquedem en Flandes, de Booutedieu en Francia, de Boudedeo en un famoso gwerz bretón, Bedeus en Transilvania, Butadeo en Italia, Arributadeo en Sicilia, Votadeus en Portugal y Juan Espera-en-Dios en España.

La historia de Ahasverus, impresa por primera vez en Leipzig a principios del siglo XVII, inauguró una serie de escritos eruditos y supercherías literarias que se desarrollaron en torno a esta leyenda, contribuyendo a su difusión. Desde entonces, en la biografía de los aventureros y en la historia de las letras figura este tipo, bien utilizado en su sentido folklórico, bien como símbolo del género humano o como representación del pueblo judío. Así lo ha hecho entrar Schiller en su «Geisterseher», y lo han utilizado Schubart, Köhler y Müller en la tendencia germánica, Lewis y Shelley en Inglaterra, Caigniez, Grenier, Eugenio Sué y Edgar Quinet, en Francia. En lo científico ha motivado también una serie de estudios eruditos, algunos de los cuales recogemos en las notas bibliográficas considerando que esta leyenda es una de las más fecundas e importantes de todo el grupo (116).

Otras leyendas de errantes.—Otro tipo de leyendas, también claramente individualizadas, pero interferidas o por el temor de los «revénants» o por las creencias de supervivencia colectiva, o también, a veces, por la situación de poderes demoníacos en determinados lugares —mar, estepa, bosque, ruinas— hace sobrevivir y aparecer o actuar diabólicamente a ciertos condenados. Tal es, por ejemplo, la leyenda del monje de Saire, en la Baja Normandía, que purga en el mar sus juramentos falsos y surge en los días de tempestad para hacer perecer a los navegantes (117). La sola mención de esta leyenda hace recordar el tema, tan difundido en todas las costas de Europa, que motivó el Lorelei de Heine. Este errante marítimo, como el viejo del mar, del viaje de Simbad, aparece a veces interferido con la leyenda de Caín (118) y otras veces con la de los buques fantasmas estudiada por Supero (119). En la literatura castellana hay un maravilloso ejemplo poético, entroncado indirectamente con estas narraciones, en el romance fragmentario del infante Arnáldos (120). En el arte integral, Wagner ha realizado otra creación maravillosa con el «Buque fantasma».

No faltan personajes errantes en otras circunstancias, por ejemplo: las enamoradas condenadas a vagar en torno a los lugares donde amaron, así: la Demoiselle de Tonneville (121), la Condesa Floralba en las ruinas del castillo de Sobroso (122), las Tres Doncellas en la leyenda recogida por Kuppen en la Prusia Oriental (123), etcétera. Y los caballeros condenados a vagar eternamente, como el mal cazador y el Conte Arnau de la literatura catalana (124).

3. *La espera del héroe.*—En un diálogo del «Prometeo» de Esquilo, el protagonista dice a las Oceánidas: «He liberado a los hombres de la previsión de la muerte... he puesto en ellos la esperanza que, si es preciso, los ciega». Sobre esta esperanza que ciega, asientan las construcciones literarias de este nuevo grupo. El héroe no puede morir. Si se acerca su tránsito, confiaremos en que de nuevo será su vida prolongada; muerto, creeremos que alienta en la fosa y que se erguirá algún día; ausente, aguardaremos indefinidamente su regreso por encima de los límites naturales de su posible vida.

Así se aguarda la nueva predicación de Enoch y de Elías (125). Así espera San Juan en una caverna de Éfeso que suene la hora de librar la última batalla de la fe y de presenciar la venida apocalíptica de Cristo (126). Así vive San Macario llevando una vida anacorética, tal como lo hallaron los tres monjes de Mesopotamia en su viaje al Paraíso (127). Pero esta creencia tiene su exaltación en lo céltico: Arthús, «rex quondam rexque futurus», vive en la isla mítica de Avalon desde la trágica batalla de Camlam, mientras los pueblos gaélicos aguardan por siglos su regreso (128). Así se han sobrevivido también Carlomagno y el Cid, que ganó batallas tras la muerte; el Emperador Barbarroja, que habita en los subterráneos de Knyffhäuser esperando la hora de salir de su palacio de piedra (129); como Ogier el Danés permanece dormido en el castillo de Cromberg, en cuyos subterráneos fué hallado por un esclavo condenado a muerte: «la larga barba de Ogier había echado raíces en las piedras» (130).

Aun espera así Lusitania a su señor el rey Don Sebastião, «o piadoso e desejado», a quien se cree superviviente de la batalla de Alkazar-Kivir. El profetismo mesiánico de su retorno comienza con el zapatero Gonzalo Annes Bandarra (m. 1556), influído por la leyenda española del «encubierto», y se desarrolla a través de personalidades tan firmes como D. Juan de Castro y Manuel Bocarro, para rebasar el barroco y el romanticismo y, aliando lo mesiánico con lo nacionalista, llegar hasta nosotros dejando una amplia estela más interesante en lo poético y en lo político que en lo novelesco y en lo dramático (131).

Estas creencias de sobrevivencia del héroe y de espera de su retorno, se producen todavía más cerca de nosotros. Baste recordar para dar fin a este apartado, no ya el ejemplo de Napoleón, sino, más cercano aún, el de Lawrence de Arabia, a quien no se cree muerto.

4. *La eterna juventud.*—Hemos visto a héroes como Ogier el Danés, a aventureros y a poetas —Guingamor, Tannhäuser, Guerino il Meschino— vivir por encanto de amor o por haber probado el manjar de inmortalidad un ensueño que hace breve el tiempo sin vejez, un sueño a veces secular. El mito de la eterna juventud, aparece supeditado a los medios para lograrla, medios que pueden ser no sólo de origen sobrenatural, sino materiales, como el agua de la vida, que encontramos en la tradición brahmánica y en lo semítico, tomando ya como agua de inmortalidad la de los ríos del paraíso. Estas creencias pasan al folklore europeo —fr. «La fontaine de Jovent», al. «Jungbrunnen»— aplicándose frecuentemente a manantiales curativos (132). Una anécdota curiosísima que debe insertarse en este grupo, es la del descubrimiento de la Florida, realizada en 1512 por Ponce de León buscando el manantial de agua milagrosa que hacía rejuvenecer a los hombres (133). Otro medio para el logro de la eterna juventud, o por mejor decir, de la supervivencia es, en muchas manifestaciones folklóricas, determinada hierba que se halla en las selvas. Esta creencia aparece a su vez en relación con los mitos sobre la «hierba del olvido», estudiados por Sebillot, Noelas y Perron (134).

Pero al lado de estos medios hallamos los de origen sobrenatural y primordialmente el del pacto demoníaco, que da origen a una obra como el «Fausto». Los motivos del «Fausto» han sido historiados por Faligan y Bianqui (135) y rebasan la tarea de esta tesis. Originariamente la leyenda se basa en las tradiciones medievales de pacto diabólico: recuérdense el Teófilo de Berceo, una cantiga de Alfonso X, y la leyenda de San Gil de Santarem. Pero en estos pactos medievales, como el mismo de la leyenda de San Cipriano que dió origen a «El Esclavo del Demonio» de Mira de Amescua, y a «El Mágico Prodigioso» de Calderón y otras obras de Alarcón y de Moreto no se busca la eterna juventud, sinó la satisfacción inmediata de un deseo erótico. La leyenda de «Fausto» se concentró en torno a un personaje que vivía a fin del siglo XV o primera mitad del XVI. La primera versión impresa fué publicada por Spies en Francfort, en 1587, y en 1595 aparece la versión sermonaria de Hamburgo, ambas obras de clérigos. Este «Fausto» creado en la tradición del pueblo y elevado a la lectura ejemplar presenta los motivos del pacto pero no aun muy acusadamente los de eterna juventud, y menos el de redención que habían de caracterizar la formidable creación goethiana (136).

5. *Los supervivientes encantados.* —Eco de los mitos de transmigración o individualización de las creencias de supervivencia colectiva, hallamos, sobre todo en el folklore, narraciones cuyos protagonistas sobreviven bajo diversas apariencias. Así podemos anotar un *pseudomorfismo mineral* (137) como el del ejército que se transforma en campo de menhires en Bretaña o las tres hermanas convertidas en peñas en la costa pontevedresa; *vegetal*, como el mito de Dafnae trocada en laurel, el de los príncipes convertidos en árboles en la leyenda eslava del pájaro de fuego o en el romance de la Infantina encantada, el de Merlín encantado en un espino —el tema en «Merlín et le boucheron» presenta una interferencia con el ejemplo del monje y el pajarillo (139)— o *animal* en la leyenda de los cisnes blancos que son los hijos de Lir en la estirpe mítica gaélica de los Bove-Derg, en los siete hijos de la infanta Isomberta, que da origen al «Caballero del Cisne», en los siete hermanos convertidos en cuervos en el cuento que recogieron los hermanos Grimm, etc., etc. (140).

Estas individualidades encantadas pueden tornar a recobrar su figura humana en un momento determinado mediante la intervención de un héroe que practica ciertos requisitos mágicos. Entonces la leyenda se aproxima al grupo de las narraciones de durmientes, con las notas características del retorno. Núcleo, pues, cuyas narraciones afectan no sólo ya, como las demás del grupo de supervivencia al eje de nuestro «ejemplo», sino incluso a pormenores tan interesantes como el de la localización en la selva, que da el olvido y a la intervención del pájaro, o el ángel en forma de pájaro, según detallamos en la última parte de esta tesis.

C) Leyendas de durmientes

Constituye el tercer núcleo de este conjunto narrativo sobre la supervivencia terrenal, el grupo de leyendas que vienen llamándose generalmente en la historia del folklore y de la literatura comparada «leyendas de durmientes», porque aparecen unidas por la idea del sueño productor de una aberración temporal. Como dentro de estas leyendas se halla el tema difundidísimo que da motivo a este estudio, debemos dedicarles una atención preferente, y para ello les consagramos íntegramente el apartado que sigue.

IV LEYENDAS DE DURMIENTES

Ensayaremos pues una ordenación en el contenido del último núcleo de narraciones individualizadas de supervivencia temporal, narraciones cuyas características propias han motivado la consideración como grupo aparte dentro de lo escatológico, y que de una manera especial atraen nuestra atención porque, como acabamos de decir, se sitúa entre ellas el tema ejemplar del monje y el pajarillo.

Cuando en la Introducción aludíamos al contenido ideológico del tema de la cantiga CIII, afirmábamos —y ello implicaba ya una rectificación en los límites tradicionales del grupo— que las leyendas de durmientes, aun partiendo todas del mismo punto de la relatividad de lo temporal y de su comparación con lo eterno, presentaban dos ejes distintos de formación. Sueño y goce hacen corto el tiempo: el sueño como suspensión de la conciencia, imagen de la muerte; el goce, como enajenación de los sentidos, en progresión hacia lo espiritual, hasta llegar al rapto. Graf, al aludir a las leyendas occidentales de durmientes, ha empleado un solo criterio de selección (141), su cuadro de características vale para un matiz determinado y deja al margen aspectos vitalísimos del ciclo. Para nosotros los dos ejes que acabamos de indicar dan trazado el camino de la clasificación:

I Abreviación del tiempo por sueño
II Abreviación del tiempo por goce

discriminando en el primer grupo las narraciones según la causa física o sobrenatural provocadora del sueño, y en el segundo, dis-

4

tinguiendo los precedentes orientales, de las leyendas cristianas y, dentro de éstas, separando tres grandes grupos: el de los placeres del cielo, el núcleo novelesco y las últimas derivaciones secularizadas.

I ABREVIACIÓN DEL TIEMPO POR SUEÑO

Característica: Los personajes sufren aparentemente la muerte. Se produce una debilitación de conciencia. No se anota actividad del psiquismo superior. Pasado un lapso de años o de siglos, despertarán para encontrarlo todo cambiado. Entretanto, han dormido.

A) EL SUEÑO ES PROVOCADO POR CAUSA FÍSICA —v. gr. una manzana envenenada— con recuerdos mágicos de maleficio.

Narración tipo: «*La bella durmiente del bosque*».

Un hada enojada predice la muerte de una princesa cuando llegue a la juventud. Otra hada, buena, al ver que no puede librar a la princesa de la muerte, corrige la predicción diciendo que será solamente aparente y durará cien años, al cabo de los cuales la joven despertará de su letargo. Llegada a la juventud, la princesa halla la muerte bien por el pinchazo de una aguja envenenada, bien por haber injerido un manjar previamente dispuesto por el hada enojada. Entonces el hada buena encanta todo el palacio con sus habitantes. A los cien años un príncipe en sus correrías lo descubrirá y penetrará hasta la cámara de la princesa. Un beso del príncipe a la durmiente deshará el encanto, el palacio comenzará a vivir de nuevo y habrá bodas reales. El tránsito del tiempo se señalará por el anacronismo de los vestidos de la durmiente y de su séquito.

Relaciones: Es fácil anotar la conexión con el ciclo de la supervivencia colectiva. El influjo del grupo que sigue (II) habrá de determinar versiones en que la princesa pase los cien años soñando con el príncipe prometido.

Derivaciones: *La bella durmiente y las razas mágicas* (gigantes, enanos...). Por conexión con el ciclo de la falsa muerte de José por sus hermanos, y en relación también con la supervivencia de razas míticas, surge el bellísimo cuento de la princesa abandonada en el bosque y acogida a la mansión de los gigantes o de los enanos, que llegan a quererla como una hermana. Quien provocó su muerte —madrastra o rival envidiosa— sabe por ciertas señales su supervivencia, y hará que llegue hasta ella un hechizo: la manzana envenenada. Pero no morirá. Muerta sólo aparentemente y colocada en un ataúd de cristal balanceado por el viento, aguardará cien años al príncipe que ha de desposarla y que, avisado por el mismo viento, llegará un día y la despertará, al caer sobre su frágil caja.

Versiones y estudios: Las versiones del cuento de «La bella durmiente» y de «Rosa silvestre» en los Grimm y Perrault determinaron una redifusión de este ciclo que hoy domina toda la literatura infantil popular de Europa. Algo semejante ha sucedido con la derivación conocida con el nombre de «Blanca Nieves», que lleva la protagonista en la colección Grimm, derivación que tiene deliciosas versiones eslavas.

Spiller defendió el origen indio de este tema; Vogt, el clásico, tomando como intermediaria la leyenda siciliana de Thalía bajo una interpretación realista muy curiosa. La monografía de Vogt, que data de 1896, sigue manteniendo su gran interés (142).

B) El sueño es provocado por disposición divina

Narraciones que deben adherirse a este grupo:

a) **Ciclo oriental.**—Tipo: *Leyenda del Príncipe Mutchucunda*. Recogida en el «Harivansa» y publicada por Langlois (143). El príncipe Mutchucunda obtuvo el privilegio de dormir durante siglos como recompensa a sus virtudes. El dios Krisnha lo despierta para comunicarle que su sueño ha durado una revolución de tiempo. Cuando el príncipe sale de la caverna donde había quedado dormido, lo encuentra todo cambiado.

Esta narración está difundidísima bajo diversas formas en las literaturas orientales, incluso en el lejano Oriente, y aparece relacionada con las narraciones de supervivencia secular de los «yoghis».

A este respecto es menester aquí una observación de carácter metodológico. Toda clasificación entraña cierta falsedad, y más si se ejerce en terreno donde no hay lindes sino caminos, y caminos que se cruzan constantemente. No hemos querido rendir tributo a la tradición orientalizante de situar aparte y como núcleo inicial de un proceso genealógico, lo indio. Ello nos obliga a establecer distinciones en una materia tan llena de unidad y tan varia en matices como la de los relatos orientales de supervivencia. Pero queremos salvar el posible error a que estas distinciones pudieran llevar, advirtiendo el reflejo de esa unidad narrativa —pulida en múltiples facetas individualizadas— en toda una serie de relatos a base del sobrevivirse de los fakires, relatos que van desde la penitencia al éxtasis y del sueño al gozo, desde la prolongación expiatoria del dolor a la aberración del tiempo por deleite y al sueño definitivo de la muerte, y entre los cuales alguno como el cuento de Buda que espera inmóvil a que nazca el polluelo en un huevo que un pájaro ha dejado sobre su cabeza, reune todos los motivos accidentales de la narración del monje y el pajarillo.

La supervivencia del yoghi, extático o penitente, es casi hecho natural en consideración de la narrativa hindú. Estos fakires que observó Estrabón con incredulidad y de quienes se comentaron los prodigios en torno a los viajes de Alejandro, pueden asignarse la edad que deseen, porque son un hecho ancestral incorporado, por así decirlo, al paisaje. Así presenta Matalí uno de estos «yoghis» al rey Duchmanta en el «Reconocimiento de Sakuntala»:

«El cuerpo recubierto casi por un montículo que forman enjambres de termites, ceñido el talle por una piel de serpiente, apretado el cuello por secas lianas, hasta los hombros los cabellos que dan nido a los pájaros, inmóvil en su puesto, el penitente solitario se mantiene vuelto hacia el disco del sol» (144).

Así estuvo el santo rey Bhagiratha en penitencia, mil años, hasta lograr que el Ganges bajase a la superficie de la Tierra para purificarla, consagrado al dolor en la cumbre del monte Saukarna, con los brazos abiertos, rodeado por las aguas del invierno y con cien hogueras en torno en los calores del estío. Hasta que al cabo de los mil años bajó Brahma y le concedió lo prometido.

b) **Ciclo clásico.**—Tipo: *Leyenda de Epiménides Cretense*. Contada por Diógenes. Epiménides, contemporáneo de Solón, habiendo salido al campo a buscar una res, se extravió. Perdido el camino e internándose en una cueva, se recostó a dormir. Creyendo haber dormido algún tiempo, se levantó para retornar a su casa, donde lo halló todo cambiado. Las gentes no lo reconocían. Un hermanillo suyo era ahora anciano y gracias a él pudo comprender que había dormido 57 años que le habían parecido un breve rato. La fama de este sueño atrae sobre Epiménides prestigio de médico y mago. Consultado por Atenas en la peste de la Olimpiada XLVI, da famoso remedio. Se le atribuyen obras cosmogónicas de otros autores. Su nombre es citado como tópico de longevidad — viviría hasta los 250 años— y añadido a veces al de los siete sabios de Grecia.

La leyenda de Epiménides ha sido estudiada especialmente por Delmoulin. En la bibliografía antigua hay curiosos libros, más bien que sobre esta narración en particular sobre los supuestos es-

critos del sabio durmiente y sobre su actividad médica. Así la
«Disputatio de Epimenide Propheta», de Gottschalck, impresa en
1714 y la curiosa composición de Heinrich, «Epiménide de Crète»,
Leipzig, 1801 (145).

c) **Ciclo rabínico.**—1. *Leyenda del rabino Choni Hameaghel.* Tiene, como otra de este mismo ciclo que recogeremos inmediatamente, un origen explicativo, y habrá surgido como ejemplo
aplicado a la exposición del mismo versículo que se menciona en
su iniciación. Por este hecho conviene destacarla como un precedente muy cercano de la leyenda del monje y el pajarillo.

El rabino Choni Hameaghel, a quien se atribuyen muchos prodigios, no pudiendo comprender el significado de las palabras del
salmista: «Cuando Dios libertó de las prisiones a Sión, nosotros
éramos tal como hombres que sueñan» (146), se sumió en una profunda meditación y fué milagrosamente envuelto en un sueño
que duró setenta años. Al despertar, no era reconocido ya por
nadie.

Esta narración ha sido anotada por Ehrmann, Guidi, Nöldeke
y Graf (147). Cabe suponer, dada la comunidad de tema con la que
sigue, que existiese una versión anterior que reuniese los motivos
de ambas y de la cual hayan partido por un sencillo proceso de di-
ferenciación.

2. *Leyenda de Abimelech el Etíope.* – Jeremías, advertido por
Dios de la destrucción de Jerusalem, implora en favor de Abimelech, el Etíope. Entonces el profeta recibe la inspiración de man-
darlo a llenar un cestillo de frutas a la montaña. En el camino, el
Etíope reposa a la sombra de un árbol. Su sueño, sin despertar,
dura 66 años. Entretanto Nabucodonosor lleva al cautiverio a los
judíos. En despertando —los higos del cestillo están aún frescos—
Abimelech retorna a Jerusalem. La ciudad ha sido destruida. Ni la
reconoce ni halla su casa. Por fin la encuentra y recibe la noticia
de la cautividad de Babilonia. Los higos del cestillo atestiguan el
milagro, pues ha despertado en primavera. Un ángel lo conduce al
lado de Baruch, que está oculto en un cementerio.

Acabamos de indicar la comunidad de origen de la leyenda de
Choni Hameaghel con ésta de Abimelech el Etíope. Si en aquélla la
meditación de un texto oscuro, donde se alude al sueño, sume al
protagonista en un dormir sobrenatural, aquí, sin mencionar el
texto, se relaciona un ejemplo basado en el sueño con el hecho de
la cautividad de los judíos a que alude el mismo versículo. Podemos, por tanto, suponer holgadamente la existencia de un texto
que, partiendo de la cita del salmo, realice una ejemplificación

exegética mediante la anécdota del hombre que duerme en tiempo de la cautividad.

Esta segunda leyenda reune características muy cercanas a la del monje y el pajarillo, tal como la mención del árbol y los incidentes del retorno. En ambas leyendas rabínicas se da el mismo caso de inspiración sobre un texto del salterio y de aplicación ejemplar. No de otra suerte han nacido grandes ciclos escatológicos como el del viaje de Mahoma.

Tanto la narración de Choni Hameaghel como la de Abimelech son, en opinión de Guidi y de Nöldeke, anteriores al siglo III. La segunda aparece en un apócrifo que hemos citado ya anteriormente: el «Libro de Baruch», cuya versión etiópica fué publicada por Dillmann y corresponde al primer período de esta literatura (148).

De esta narración, aparte de las versiones literarias árabes que inmediatamente anotaremos, existe una versión popular que se ajusta a la tradición etiópica y fué recogida por Basset en la tribu de los Ulad Bu Sliman (149). En las literaturas romances, la única derivación popular conocida es una adaptación folklórica rumana recogida por Gaster en 1883 (150).

d) **Ciclo cristiano.**—*Leyenda de los Siete Durmientes.*—Se trata del conocidísimo relato de los siete nobles de Éfeso que durante la persecución de Decio se refugian en una caverna, que es tapiada por orden del Emperador y en cuya entrada se pone una placa señalando el nuevo género de martirio a que han sido sometidos los refugiados, condenados a morir de hambre en su interior. Entretanto los siete fugitivos han quedado dormidos y su sueño dura trescientos años. Creyendo que apenas ha transcurrido un día, al despertar envían al más joven de entre ellos a que se informe sobre la marcha de la persecución. Pero el joven desconoce los senderos, ve que en la ciudad ondea una bandera cristiana y es también desconocido de todos. Como entregue a un mercader una moneda de Decio, se hace sospechoso de haber hallado un tesoro y es denunciado. Cuenta su historia y no es creído. Aparecen viejos familiares de los mártires y la antigua placa en que consta la historia de su martirio. Las gentes se dirigen hacia la cueva de los durmientes, que mueren devotamente. No faltan versiones en que se prescinda de los motivos de la persecución o en que el despertar se verifique cuando unos pastores arrancan piedras de la entrada y hallan vivos a los siete nobles, que creen haber estado dormidos.

Esta narración tiene una amplia bibliografía crítica. Primero motivada por sus características de obra imaginativa y su sometimiento a posibles influjos novelescos. En esta fase deben anotarse principalmente los trabajos de los Bolandistas y de los eruditos del XVIII: Reinecio (1704), Celsius (1718), Victorio (1739), Bottari (1741), Bidermann (1752). La segunda etapa adviene con la crítica en la historia de la literatura comparada, a fines del XIX, y está motivada no sólo por la manifiesta perfección novelesca de la narración, sino por su especial situación en el problema de la transmisión de temas orientales a occidente. En esta segunda etapa de estudios deben anotarse como fundamentales los de Koch (1883), Guidi (1884), Nöldeke (1886), Krusch (1893), De Goeje (1900) y Huber (1902-1903) (151).

La versión primaria de esta leyenda se perdió, y no es fácil que pueda hallarse; su pérdida está relacionada con la de las formas primitivas de los textos cristianos. Pero en este caso el problema es más arduo por las dificultades de reconstrucción. Abundan los textos siriacos, estudiados por Koch y Russel (152) a partir de una homilía de Jacobo de Sarug (cuya edición crítica debemos a Huber), el más antiguo de los narradores; pero esta abundancia no basta para afirmar la existencia de un prototipo siriaco ya que muchas veces lo sirio es transformación de lo griego. Lo que sí puede afirmarse es que la redacción primitiva siriaca, forjada en el siglo VI, es apropiación de lo apócrifo bíblico (Leyenda de Abimelech) y de lo maravilloso hagiográfico (derivación de los libros populares). Esta redacción primitiva recibe un doble trato: de un lado la forma poética, más libre, litúrgica, sencilla y apropiada al culto; de otro, la forma popularizante, monacal, fantasista, pero más trabada en cuanto se entrega a lo docente (153). Hecho curioso ya que la leyenda de los Siete Durmientes ha de considerarse, por tanto, como acomodación hagiográfica de un relato piadoso y novelesco que abandona lo literario para entrar en el campo de lo litúrgico, y cuyos héroes adquieren honores de santidad siendo honrado su sepulcro con la construcción de un templo y buscadas sus reliquias, pero cuya historia, una vez difundida, vuelve a dejar el campo hagiográfico para fecundar el terreno de lo imaginativo, de lo novelesco, por el cual había ya pasado.

Pero una nueva particularidad nos ofrece este relato: su transmisión, realizada directamente por obra de San Gregorio de Tours que, verificada la traducción latina con ayuda de un sirio, la difundió en Occidente por medio de la epístola «Ad Sulpicium Bituricensem Archiepiscopum in Vitam Sanctorum Septem Dormientium» y con la inclusión en el «De Gloria Martyrum» entre sus libros hagiográficos, tan extendidos como la narración de los milagros del propio San Gregorio (154).

Así pudo verificarse una difusión occidental del relato, vinculada a la corriente ascética oriental de que forman parte las Vidas de los Padres del Desierto. Esta difusión tuvo tres puntos de apoyo: en Inglaterra, Guillermo de Malmesbury (155); en Francia, el poema en verso corto de Chardri, trovador normando de principios del siglo XIII (156); en Italia, la versión de Jacobo de Voragine en la Legenda Aurea (157).

En la literatura barroca tiene el tema una renovación representada en la literatura española por el libro «Septem Dormientes, sive vera et tractabilis mortuorum resurrectio metro et prosa declarata», de Alejandro Luzón de Millares, impreso en Bruselas en 1666, y por el desacertado drama de Moreto «Los Siete Santos Durmientes o los más Dichosos Hermanos» (158).

Por último, es menester anotar la existencia de curiosas aculturaciones en Occidente, pese a que la fama de la localización en Éfeso y las características concretísimas de la leyenda, parecerían destinadas a esterilizar todo intento de acomodación. Las más curiosas de entre estas derivaciones son: la leyenda de los Siete Santos de Bretaña, estudiada por Luzel, Renan y Barthélemy (159); la que se localizó en una cueva de Noruega y que recogió por primera vez Pablo Warnefride, y, por último, la de los Siete Durmientes de Marmoutier, que no pasa de una mera aplicación de la denominación, sin transcendencia literaria, a siete hermanos eremitas muertos en el mismo día y cuyos cuerpos se conservaron sin señales de descomposición.

e) **Ciclo islámico.**—1. *Derivaciones de la Leyenda de Abimelech el Etíope.* En la azora segunda, versículo 261, del Korán, aparece una narración de origen talmúdico derivada de la leyenda de Abimelech el Etíope, de la de Choni Hameaghel o quizá del prototipo de ambas. Dice así:

«O [es que tú no has oído hablar de] aquel que, pasando un día cerca de una ciudad arruinada y desierta, exclamó: Cómo hará Dios revivir esta ciudad muerta? Dios hizo morir durante cien años [a este hombre] y después lo resucitó y le preguntó: Cuánto tiempo has permanecido aquí? —Un día o algunas horas, respondió. —No, replicó Dios; tú has permanecido aquí durante cien años. Mira tu comida y tu bebida: todavía no se han echado a perder. Y mira tu asno. Nosotros hémoste propuesto a las gentes como un signo [prodigioso]. Mira a los huesos, cómo los resucitamos y los cubrimos de carne. Y cuando [este prodigio] se le hizo evidente, exclamó [aquel hombre]: Yo reconozco que Dios es omnipotente» (160).

En torno a este texto se desarrollan las versiones islámicas de la leyenda de Abimelech el Etíope. En la versión de Mohamed Benishac, redactada en el siglo VIII, el protagonista, Jeremías o Esdras, duerme cinco años y al despertar halla ya reconstruída la ciudad de Jerusalem. El asno que llevaba y que había muerto, resucita, como en el texto coránico, para que se complete el prodigio.

En la redacción de Abenfathuya, atribuída a Wahab Benmonabih, como redactada en el siglo VII, Esdras, libertado siendo adolescente de la cautividad y regresando a su patria montado en un asno, ve una aldea desierta y duda de que Dios pueda reconstruirla. Come del fruto de sus árboles y bebe el jugo de sus uvas hasta la saciedad. Ata el asno y se duerme. De allí a cien años el ángel Gabriel le pregunta cuánto cree haber dormido. Responde el Profeta que un día o menos. Gabriel le hace saber que durmió cien años y le enseña intactos el asno, los higos y el vino. Esdras vuelve a su patria. Todos han envejecido, pero él conserva aún su juventud.

Por último, en otra versión atribuída a Abenabás, tío de Mahoma, hallan desarrollo los detalles anecdóticos del retorno: Esdras, al volver, ni reconoce su pueblo ni encuentra gentes que den crédito a sus palabras. Halla una criada ciega y paralítica de ciento veinte años que sirviera a sus padres. Para que Esdras la reconozca ha de mediar la prueba de un milagro que le vuelva la vista y cure su parálisis. Ella lo conducirá a la casa de su hijo. Esdras es reconocido, no sólo por el testimonio de la vieja, sino por algunos signos personales.

En otras redacciones de esta misma versión, para identificar su personalidad, Esdras ha de repetir y poner por escrito un texto de la Tora, que coincide con el de un ejemplar que se halló enterrado en una viña (161).

2. *Derivaciones de la Leyenda de los Siete Durmientes.—* Otro texto coránico, contenido en los versículos 8 a 25 de la azora XVIII, relata la leyenda de los Siete Durmientes con curiosas variaciones sobre los textos más antiguos, relato que tiene, a su vez, una serie de versiones islámicas.

Las cuatro redacciones que conservó Tsalabi, traducidas por Guidi y extractadas por Asín Palacios, tienen los siguientes rasgos característicos (162): Los siete cristianos de Éfeso se refugian en la cueva durante la persecución de Daciano. Su sueño dura trescientos años y su memoria ha sido conservada por una placa en que la familia de los desaparecidos, después de inútiles pesquisas, hizo escribir sus nombres y recordar las circunstancias de su desaparición. Al despertar, uno de los durmientes se dirige a Éfeso para comprar víveres e informarse secretamente de la persecución. Sobre la puerta de la ciudad ve ondear una bandera verde con la inscripción: «No hay más que un solo Dios y Jesús es su espíritu». Se da, como en otras versiones que hemos anotado ya, el incidente de la moneda, y el reconocimiento se realiza mediante un nieto del durmiente, anciano, ciego y enfermo, que atestigua su veracidad. La antigua lápida confirma el milagro, los resucitados mueren inmediatamente y son sepultados con gran veneración, levantándose sobre su sepulcro un magnífico templo.

En general, el estudio de estas versiones islámicas plantea el problema de la transmisión del tema a la literatura de occidente, problema estudiado por Guidi, por Nöldeke, por el propio Asín Palacios (163), al cual hemos de referirnos al iniciar el capítulo que sigue.

II ABREVIACIÓN DEL TIEMPO POR GOZO

Características: Los protagonistas ven abreviado su tiempo por deleites cuya escala va desde lo sensible a lo espiritual pasando por lo sensible simbólico —manjar celestial, música...— y por el goce amoroso, a veces con origen satánico. Esta escala tiene su culminación en la visión extática de Dios. No se trata, pues, de un salto en el tiempo a través del sueño, sino de una conversión de las medidas del tiempo ampliando la unidad (cien años iguales a un día o a una hora) por contacto fugaz, real o simbólico, con lo eterno. No se duerme, se sueña. Y aun pudiéramos decir que no hay propiamente sueño, sino rapto, vivencia celestial o egregio gozo.

A) PRECEDENTES ORIENTALES

Leyenda tipo: *Madakarni y las cinco Apsaras*. Las temibles penitencias legendariamente seculares de los yoghis, son premiadas con un éxtasis lleno de gozos. Hemos citado al eremita que en el drama de Kalidasa aparece convertido en una suerte de árbol centenario, sometido a todos los rigores de los tiempos y de cuanto vive sobre la tierra. Pero poco después, el propio Matalí declara que a la ermita le dan sombra árboles celestiales y que en aquellos parajes el aire basta a sostener el soplo vital.

Así se cuenta que cuando Vishnú, encarnado en Rama, peregrinaba por la tierra juntamente con Sita, su esposa, oyó al borde de un lago una divina armonía musical y allegándose a un solitario que encontró allí próximo, le preguntó qué era aquel sutil sonido. Y dijo así el solitario:

—«Cuéntase —oh Rama!— que el anacoreta Madakarni hizo este lago llamado de las cinco Apsaras con su penitencia, pues permaneció sentado en una piedra y alimentado sólo del viento diez mil años, en dolorosa penitencia. Dijeron entonces los dioses, incluso Indra: «Ese anacoreta tiene ambición de nuestros puestos!» Cinco Apsaras bajaron entonces del cielo para distraer al anacoreta de su penitencia, danzaron y cantaron en torno suyo. Y el gran anacoreta, que veía igual el pasado que el porvenir, cayó bajo el poder del amor. Las cinco Apsaras son sus esposas, ahí está su palacio invisible y esa armonía que se escucha son los juegos, las canciones con que lo enajenan en éxtasis divino...»

Es preciso destacar en esta narración la aparición del elemento musical que hemos de encontrar mucho más tarde como motivo central en el tema de la cantiga CIII. En la leyenda de Madakarni, las Apsaras, con su amor, sus juegos y sus cánticos, desarrollan un papel bien distinto al del pajarillo con su melodía en nuestros ejemplos: evitan que el anacoreta alcance el lugar de los dioses, pero llenan, es cierto, su éxtasis con celestiales armonías. Son también ellas aun en lo oriental, resonancia de eternidad que eterniza (164).

B) NARRACIONES CRISTIANAS

Formamos tres grandes grupos con las leyendas cristianas para cuyos héroes transcurren fugazmente, como instantes, las horas, entregados a un supremo goce. La clasificación responde al origen y a la causa inmediata del deleite. Una primera división separa las narraciones donde el goce tiene un origen celestial, de aquellas donde existe un deleite erótico, muchas veces mágico o demoníaco. Dentro del primer grupo tenemos aún que discriminar las narraciones donde el manantial del deleite, símbolo del placer eterno, esté representado por alguna percepción sensorial; y aquellas en que el goce provenga de un avance de los deleites celestiales por visita furtiva al cielo o por entrada en el paraíso terrenal. En esta forma, el primero de los dos núcleos aparecerá como dependiente en cierta manera del ciclo escatológico de las visiones y los dos últimos dependerán de los ciclos de viajes, presentándose en éstos la aberración temporal como un detalle más en el conjunto, pero como un detalle que va ganando motivos hasta centrar la composición, tendiendo al acrecimiento de la tensión novelesca; mientras que en el grupo primero, entroncado con el ciclo de las visiones, se mantendrá el carácter piadoso, de tipo ascético, fundamentalmente eclesiástico y aun pedagógico si se quiere, pero al margen de las grandes creaciones de carácter imaginativo. La serie, así, adquirirá cierto sentido de genealogía, en cuanto todo el ciclo semeje irradiar de las leyendas que encabezan el grupo inicial.

La segunda división, que denominamos ya grupo novelesco, en oposición al grupo de los placeres del cielo, que acabamos de esbozar, es como la entrega del tema en plenitud a los ciclos imaginativos, la pérdida del sentido apologético, eclesiástico, para buscar nuevas formas dentro de lo prodigioso en lo folklórico por contacto con diversas creencias tradicionales. El grupo, enteramente, tendrá desarrollo bajo el signo de lo caballeresco y, particularmente, dentro de la materia bretona.

Por último, un núcleo final recogerá las últimas derivaciones novelescas donde se acendre la tendencia secularizadora y, perdido por completo el matiz de religiosidad, se tienda a humanizar el tema relacionándolo con la narrativa realista o con la historia civil, desposeído de nuevo de la noción de deleite que lo caracterizara en los dos grupos anteriores.

I. — *Grupo de los placeres del cielo.*

a) *En relación con el ciclo de visiones.* — Podemos afirmar que todo el conjunto de las leyendas que alían la idea de supervivencia con la de subjetividad en la medida de lo temporal semejan como cristalizadas en torno a los temas de esta primera división, aunque a veces hayan perdido sus notas escatológicas o éstas aparezcan debilitadas. Es más, este grupo parece representar no sólo lo primordial en el orden cronológico y en la genealogía de las leyendas, comparadas las fechas de sus versiones más antiguas, sino que alcanza también superioridad en la concepción ideológica dentro de las narraciones de durmientes y aún, en cierto sentido, dentro de todo el ejemplario medieval. Esta superioridad culmina en las narraciones que utilizan el elemento musical —y dentro de ellas se incluye el tema de la cantiga CIII de Alfonso X— por la fuerza representativa del motivo, por la concisa expresión de sus elementos y por el aspecto concluyente de su «similitud».

Desde el punto de vista poético nos encontramos ante un tema fecundo y artístico, pese a su trascendencia docente, dentro del ejemplario; fecundo, hasta alcanzar en plena vitalidad las letras actuales; artístico, como para atraer a poetas de todos los tiempos.

Pero cuanto más nos alejemos de este tema con que iniciamos el grupo relacionado con el ciclo de visiones, más lejos nos hallaremos de la creación perfecta y más cerca de lo trivial o de lo accesorio, de lo superfluo muchas veces, que, por recuerdo del tema que adquirió superioridad, sobrevive bien en un pseudomorfismo, bien parasitariamente sobre otra narración.

Dentro de estas leyendas que entroncamos con el ciclo de visiones, aunque en ellas debamos reconocer también notas procedentes de las narraciones de viajes, hemos hecho notar la existencia de una apelación a lo sensorial, muy particularizada, como fuente del goce de origen celeste. Esta particularización se hace patente por el hecho de que el héroe no precise estar en el cielo; le basta para sustraerse a lo temporal el participar por vía de algún sentido en los goces eternos. No estamos, pues, ante un puro éxtasis; sino en presencia de un arrobamiento por la acción de un «eco» de lo eterno, siempre menos temporal que las sombras de eternidad que nos rodean. El protagonista no puede sustraerse totalmente al tiempo sin que el ejemplo caiga por tierra, pero lo sensorial alcanza valor simbólico y se espiritualiza por apelación a los sentidos menos materiales y dentro de los símbolos a aquello que tiene una relación más directa con la diferencia entre lo temporal y lo eterno, como lo musical, ya que la música es la mejor llamada que pueden sentir los hombres hacia la eternidad, por sus sentidos; como el símbolo del banquete celestial, recuerdo del convivio eucarístico, que es festín de eternidad...

Trazaremos, pues, la subdivisión de acuerdo con las impresiones sensoriales a que apelen estas narraciones para el arrobo del protagonista. Así encontraremos tres tipos, todos de carácter ejemplar: Los que apelen a una sensación auditiva y busquen en la percepción de una melodía el origen del rapto; los que busquen en una impresión visual fugacísima, del cielo, aquel origen, y, por último, los que se agrupan en el ciclo del banquete celestial. Dentro de estos grupos, la gradación se señalará ya de lo real a lo simbólico, de lo espiritual realista a lo material idealizado. La percepción de la armonía que suspende, es realidad; el banquete con manjares del cielo es símbolo eucarístico. He aquí estos tipos de narraciones:

1.º *Grupo del monje y el pajarillo.* —Este ejemplo, tema de la cantiga CIII y objeto de nuestro estudio, no puede ser estudiado en sus precedentes y difusión dentro de este capítulo, que tiende meramente a situarlo en el cuadro de las narraciones escatológicas. En los capítulos que restan se estudian esos distintos aspectos. Baste aquí indicar el carácter primario de este tema, como núcleo de difusión de las narraciones que siguen, por su fijeza y por la belleza de sus motivos.

2.º *Grupo de la visión del cielo.*—La leyenda tipo en este núcleo está relacionada con el grupo de los viajes al cielo. Es una de las piezas folklóricas recogidas por Luzel (165) bajo el título de «El pastorcillo que llevó la carta al Cielo». En esta versión, recogida en Pouaret y revestida de una suerte de humorismo «paisano», mientras San Pedro toma la carta que le entrega el pastor para llevar a su destino, Joll coge de sobre una mesa los anteojos del Santo Portero y jugando se los pone un instante. A través de sus cristales entrevé la gloria del paraíso. San Pedro al retornar de su encargo le advierte: «Ne craignez rien mon garçon... voici cingt cents ans que vous regardez avez mes lunnetes».

La versión aparece desprovista de anécdotas de regreso. El exagerado número de años no brinda a los narradores ocasión a motivos de reconocimiento, típicos en el resto del grupo. En cambio la narración así truncada adquiere cierto encanto por fragmentarismo.

La última parte de esta tesis, al cotejar el ejemplo del monje y el pajarillo con estas variantes, señalará el sentido que tienen en lo cristiano las nociones visuales en la descripción de las delicias del Cielo, frente a la tendencia casi exclusivamente luminosa de lo oriental, «revelación por la luz», tendencia que llega a través del Islam a Santo Tomás y al Dante. Pero, aun huyendo de la materialización de la luz celestial, el deleite de la vista abunda en las descripciones del cielo y del paraíso, en las visiones y en las leyendas de viajes. Así es la visión del paraíso la que según Joinville entretuvo tres meses, como si fuesen una tarde, a un príncipe tártaro (166). En la materia bretona, la visión del Graal, en el relato de Roberto de Boron (167), sustenta a José de Arimatea durante catorce años de cárcel, e incluso en algunas versiones del monje y el pajarillo (168) es la visión del pájaro de hermoso plumaje la que arroba al monje y no la melodía del canto, como en la narración tipo.

3.º *Grupo del banquete celestial.*—Dentro de este grupo encontramos dos leyendas muy características, dependientes una de otra: la del Príncipe Mozo (169), de que ya hemos hablado, y la del Banquete Celestial, que vamos a recoger ahora tal como aparece narrada en el «Magnum Speculum Exemplorum» (170), de donde la tomaron los autores que como Barón y Arín verificaron su difusión en la literatura piadosa de la Península. Ambas leyendas representan una conexión entre la leyenda de durmientes y el viaje al paraíso. He aquí el argumento de la segunda:

Dos caballeros muy amigos convienen la celebración de fiestas en sus respectivos castillos y señalan los días en que han de verificarse. Antes de que tenga lugar la primera, muere uno de los dos que, sin embargo, acude a la cita y participa en el banquete que organiza el otro amigo en el día señalado, y, al final, convida a su compañero, comprometiéndose a cumplir la palabra dada en vida.

El día señalado, encuentra el caballero un caballo y unos galgos según le había prometido el amigo difunto. Monta el caballo y sigue a los galgos atravesando velozmente campos y desiertos hasta llegar a un bosque donde, ante la casa de un ermitaño, se detiene el caballo. Allí se confiesa el caballero y sigue hasta detenerse a la puerta de un gran palacio. Entra. El banquete está ya terminando, pero el convidado toma parte todavía, en el último plato.

Se le presenta el amigo difunto y le dice que debe volver inmediatamente a su casa. Quéjase entonces el convidado de la brevedad de la comida, pero el muerto le asegura que ya se ha demorado muchísimo tiempo. Retorna montado en el caballo, de nuevo siguiendo a los galgos, y encuentra todo cambiado. En lugar de su palacio halla un monasterio cuyo portero no lo reconoce por señor. Viene el abad, el caballero inquiere la fundación del convento, que tiene ya más de doscientos años de existencia, y un viejo testimonia que cierto señor de aquella tierra, según las tradiciones, había partido una tarde en un caballo velocísimo sin que hubiese jamás tornado. Doscientos años habían semejado una hora al caballero que participó en el banquete celestial (171).

Conexiones.—En general todo este grupo de leyendas depende de las narraciones sobre el festín de la inmortalidad que ha estudiado Dumézil (172). La narración del Príncipe Mozo, que anima la idea del festín con una serie de notas accidentales sobre la permanencia en el paraíso, fué recogida por Eduardo de Bamberg y es una de las más antiguas narraciones relacionadas de cerca con nuestro ejemplo, pues data, seguramente, de fines del siglo XII o comienzos del XIII. Posterior el ejemplo de los dos amigos, pero más difundido en el folklore, sobre todo en el eslavo y en el de los países escandinavos (Col. Ralston y Absjörnsen), tiene el mismo sello de «ejemplo sacramental». La marcha hacia el paraíso se relaciona con las leyendas caballerescas, especialmente con la de Guingamor. El tema de los perros y el del caballo encantado se hallan también en los cuentos del mal cazador. Numerosas notas accidentales parecen provenir directamente del ejemplo del monje y el pajarillo: el lapso de la aberración, el incidente del portero y la comprobación de la personalidad se cuentan entre ellas. El motivo de la cruz en lugar del pendón familiar que aparece en el Príncipe Mozo viene de alguna versión de los Siete Durmientes, mientras que la muerte al probar el pan de los hombres ha sido ya contrastada en sus diversos paralelismos (173).

No faltan precedentes de esta idea del banquete maravilloso en las narraciones de viajes. Así en la «Navigatio Brandanis» —y como recuerdo del viaje de Boluquía que halla preparado bajo un árbol el banquete paradisíaco que Dios depara en la isla desierta a todo extranjero peregrino servidor suyo— el monje navegante halla también dispuesto su banquete en un castillo deshabitado y en una de las maravillosas islas que encuentra antes del paraíso (174).

Este tema ha de reaparecer en la literatura caballeresca, bien en forma de fiesta cortesana a que es conducido el héroe por un hada (Guingamor), como manjar de inmortalidad (Baudouin de Serbourg), o, más frecuentemente, como refrigerio que es servido en el castillo deshabitado que espera inopinadamente al héroe en medio de la selva (175).

Como envés de la leyenda, y siguiendo fielmente sus notas iniciales, surgen las narraciones en torno al festín infernal que han de culminar en «El Burlador de Sevilla y convidado de piedra» de Tirso de Molina (176).

b) *En relación con el ciclo de viajes.*—En el curso de los capítulos anteriores, hemos aludido con frecuencia a las narraciones que vamos a reunir bajo este epígrafe. Seguimos dentro de las leyendas de durmientes en que el gozo reduce los siglos a horas, pero ya no es la misma la causa del gozo. Antes, la melodía de un canto, la visión deleitosa, los manjares de un festín producían el arrobo secular; aquí será principalmente la estancia en un lugar que reune todos los goces. Hemos pasado de la prueba de los deleites divinos a la penetración en la mansión del deleite. Pero el ciclo que ahora estudiamos tendrá nuevas derivaciones, y bajo la tónica del amor cortés se desviará plenamente de lo piadoso a lo novelesco en una mágica aventura de amor prohibido. Para caer más tarde en la trivial anécdota infantil o palatina sin apartarse, sin embargo, de lo maravilloso, adquirido en las narraciones escatológicas de viajes, y manteniendo también el contenido filosófico de relatividad temporal legado por los temas de ejemplario. Tendremos, pues, tres nuevos núcleos dentro de este apartado:

1.º **Leyendas piadosas.**

1. *Derivaciones de los viajes al paraíso terrenal.*—Leyenda tipo: «Viaje de los Monjes de Ghihón» (pág. 23) que visitan el paraíso terrenal con el ramo maravilloso y permanecen tres días, que son tres siglos para el resto de los mortales, gozando de las delicias de aquel lugar. Al regresar al monasterio, los monjes no son reconocidos. Su personalidad ha de probarse con los libros del archivo. A los cuarenta días mueren, convirtiéndose inmediatamente en ceniza (177).

Conexiones.—Se trata de una derivación italiana, muy tardía (siglo XIV) del ejemplo del monje y el pajarillo, de una de cuyas versiones provienen: la proporción de siglos a días; el cambio en los monjes y la falta de reconocimiento; el auxilio de los códices para la identificación, y la muerte de los protagonistas. No falta tampoco el influjo muy cercano de la narración del Príncipe Mozo, que pudiera incluirse en este mismo grupo. El resto procede de las leyendas de viajes y, particularmente, del éxodo de los monjes de Mesopotamia, que no llegan a entrar en el Paraíso. La elaboración se reduce, por lo tanto, a completar este viaje bajo la idea del ejemplo del pajarillo. En cuanto a las variantes que rehacen la proporción del tiempo para elevarla a siete siglos que parecen siete días, tratan de buscar otro «número de poridat», acrecentando la tónica maravillosa del relato.

2. *Derivaciones de la «Navigatio Brandanis».*—En las piadosas narraciones de aventuras, derivadas de la navegación de San Brandán, hemos reconocido (pág. 25) nuevas interferencias entre la leyenda del monje y el pajarillo y las narraciones de viajes. Así, en la narración del viaje de los monjes de Armórica y en la leyenda de San Amaro.

En la primera, el cambio de los tiempos viene señalado por el trueque de pueblos y reyes sobre el territorio que los monjes abandonaron al viajar hacia la isla de Occidente (178). En la segunda, la descripción del paraíso aparece muy pormenorizada. Como en la narración del pastorcillo que llevó la carta al cielo, cuando Amaro pide al portero que le retenga dentro, es éste quien le advierte su aberración del tiempo. El viajero ha comido a la hora de tertia, clara interferencia con el ejemplo del monje. Pero en esta narración de San Amaro, que damos fragmentariamente en los apéndices según su redacción portuguesa, el regreso vendrá acompañado por la más maravillosa anécdota de retorno imaginada en todo el

5

ciclo. Ya no es la puerta del monasterio cambiada, ni el nuevo pendón, ni el nuevo pueblo siquiera; es la iglesia dedicada al propio San Amaro y en una ciudad que lleva el nombre del viajero, del santo que partiera sin retornar, la que advierte al que vuelve, venerado en vida, la mudanza de los tiempos. Amaro muere ante el altar como el monje de la cantiga, pero aquí es ante el altar que le fué dedicado donde narra antes de morir su aventura celestial (179). Admirable hipérbole novelesca de las sencillas anécdotas de retorno en los ejemplarios.

II° Grupo novelesco.

Hemos detallado ya cumplidamente (pág. 27) como las notas características de las leyendas de durmientes se transfieren a lo novelesco y enriquecen los episodios de caballeros que hallan al hada del bosque y visitan su castillo encantado, que llegan a paraísos vedados y casi demoníacos y que se entregan a deleites de amor que también hacen fugaz el tiempo. Ahora traeremos aquí, con algún incremento, los ejemplos ya citados en otros lugares a fin de que su recuerdo en conjunto justifique la idea de derivación del núcleo inicial como enriquecimiento novelesco.

1. *Ogier de Dannemarcke* (pág. 27) que visita el país del hada Morgana. El medio mágico de la aberración temporal es la corona del olvido que impone el hada sobre su cabeza. Al retornar del país de los mortales, donde ya no es conocido, cuando saquen la corona de la cabeza del héroe, éste recobrará la noción del tiempo y morirá inmediatamente. He aquí el pasaje de imposición de la corona:

«Puis Morgue la fae lui mist sur son chief une couronne riche et tres precieuse que nul vivant ne la scauroit priser et avecques ce elle avoit une vertu en elle merveilleuse, car tout homme qui la portoit sur son chef il oublioit tout dueil, tristesse et melencholie, ne jamais luy souvenoit des pays ne de parent qu'il eut...» (180).

2. *Guingamor li Breton* (pág. 28). Hemos visto también que en un famoso lay vive trescientos años con el hada de los bosques, creyendo que son tres días:

«N' i cuida que deus jors ester,
El au tierz s' en cuida raler;
Son chien et son porc volt avoir,
Et son oncle fere savoir

L' aventure qu' il ot venue;
Puis reperera a su drue.
Autrement li fu trestorné:
Car trois cenz anz í ot esté.
Mors fu li rois et sa mesnie,
Et toz iceus de sa lingnie,
Et les citez qu' il ot venues
Furen destruites et cheues».

3. **Thomas de Erceldoune,** que en las tradiciones escocesas vivió siete siglos en el país de los Elfos en compañía de la reina de las hadas, perdida la noción del tiempo. En una antigua balada inglesa, el bardo sostiene este diálogo con el hada:

«...Lowely ladye lat me be,
For I sai ye certenly here
Half I ben bot the space of dayes theere.
Sothly.—(Replica ella) Thomas as I telle ye
You hat ben there here yeres,
And here you may no longer be...» (181).

4. **Ossian.** También el protagonista de los admirables apócrifos de Macpherson, de hecho basados en el tradicionismo gaélico, tiene su leyenda de sobrevivencia, la «Vejez de Ossian», recogida por Kennedy. El bardo vive con el hada Nyard y cree pasar solamente algunos días con ella; al retornar a su patria lo halla todo cambiado. Han pasado ciento cincuenta años (182).

5. **El caballero y la reina Sibyla,** (pág. 32). Hemos anotado que entre los visitantes del paraíso de la Reina Sibyla se daba esta misma aberración. Antonio de La Sale recogió, por ejemplo, la leyenda del caballero que, entregado un año a las delicias sibilinas, creyó haber estado un solo día (183).

6. **Tannhäuser** (pág. 34) penetra en la Venusberg donde un año se asemeja a un día. Más tarde, después de tornar a la tierra de los mortales, sentirá la atracción de la diosa para reintegrarse al paraíso erótico o se redimirá de su pecado, en la cristianización de la leyenda (184).

7. **La isla de la felicidad.** En relación con los viajes al paraíso. Esta isla de la novelística popular italiana, es la «Raíz del paraíso» que veíamos citada por Juan de Hesse. Aquí, en la secularización alegórica al gusto renacentista, el hijo de una pobre viuda se desposa con la Fortuna, que lo abandona al poco tiempo para irse a la isla de la Felicidad. El joven logra reunirse con ella de nuevo

y pasar dos meses en la isla; pero en realidad su estancia se ha prolongado hasta doscientos años (185).

III° Ultimas derivaciones novelescas.

En clasificación rigurosa, las narraciones que ahora damos debieran situarse dentro de la primera división que abarcó las leyendas de durmientes, donde la pérdida de la noción del tiempo se da por sueño y aun por maleficio, pero no por la exaltación del deleite. Pero si es cierto que el elemento «gozo» ha desaparecido en las narraciones que ahora vamos a anotar, es preciso observar también que sus características coinciden tanto con las que figuran en los grupos precedentes que conviene darlas como últimas derivaciones suyas, como prolongación del ciclo que patentiza su perpetuación y es aun promesa de fecundidad. Anotamos dos ejemplos:

1. *Cuento del herrador.* Recogido por Zapf. Un herrador es invitado a trabajar en un castillo misterioso. Apenas hierra un caballo retorna a su hogar. Han pasado diez años y su mujer está casada con otro marido.

Son de notar en la elaboración de este cuento con respecto al tema inicial, de ejemplario, las siguientes características: 1) la secularización: el tema ha perdido todo su carácter religioso; 2) la ausencia de carácter ejemplar, equivalente a la incorporación a lo «novelesco puro»; 3) la permanencia de lo maravilloso, el castillo, en relación con las leyendas del Príncipe Mozo y de los Dos Amigos; 4) en el paso de lo maravilloso religioso a lo maravilloso profano se produce la reducción del tiempo como acomodación racional; 5) la interferencia con el tema del «retorno del marido».

En esta forma ha podido transferirse este motivo a la novelística romántica para ser utilizado, por ejemplo, en «Le Beau Pecopin», por Víctor Hugo (186).

2. *Rip Van Winkle.* El cuento de Peter Klaus, que durmió 20 años en el local de un juego de «boule», ha sido utilizado por Washington Irving en su «Rip Van Winkle», enlazándolo con las leyendas de supervivencia de los holandeses en las montañas de Kaatskill, en Hudson. En los apéndices damos la parte esencial de este relato, cuyas características de derivación coinciden con las del anterior: secularización, ausencia de ejemplaridad, limitación del tiempo. Pero además podemos hacer sobre la creación de Washington Irving nuevas observaciones. El tema entronca con la narración de Abimelech el Etíope y con la de los Siete Durmientes,

que el autor conocería por lo islámico, aunque no le fuera desconocido el tema del monje Félix, reelaborado por Longfellow. Este entronque se patentiza en motivos como el de la escopeta y el perro —el cestillo de frutas y el asno en lo rabínico— y en los incidentes del retorno, que Irving aprovecha ingeniosamente enlazándolos con lo político y que implican un cambio paralelo al de la cautividad de Babilonia y la reconstrucción de Jerusalem. No falta la apelación a las crónicas, recibida de la versión del monje Félix. No se hace constar la muerte del protagonista, pues es aquí detalle curioso el que se reintegre a la vida normal. Por último, conviene hacer notar que, al pasar de lo religioso a lo histórico, viene a utilizarse la narración, entroncada como decíamos antes con los mitos de sobrevivencia, en conexión con los cambios fundamentales de la historia nacional —colonización, independencia— como en el ejemplo del monje fueran referidos a la historia del monasterio: fundación y cambio de comunidad (187).

Situada ya la narración que nos proponemos estudiar en esta tesis dentro de las narraciones escatológicas, trataremos en el próximo capítulo de su difusión y derivaciones.

II

EL EJEMPLO DEL MONJE Y EL PAJARILLO
DIFUSIÓN LITERARIA Y FOLKLÓRICA

Situado ya el tema de la cantiga CIII entre las narraciones escatológicas del medievo, conocidos sus precedentes y conexiones,
hemos de dedicar esta segunda parte de nuestra tesis al estudio de
su difusión en lo literario y en lo folklórico. Partiendo de aquellos
precedentes, tenemos que plantear el problema de la transmisión
del tema de Oriente a Occidente. Y desde las primeras versiones
que en su forma definitiva nos ofrece la literatura románica, del
siglo XII, con la localización en Afflighem y la redacción de Mauricio de Sully, seguir el proceso de su utilización en los ejemplarios, de sus adaptaciones mariales y hagiográficas, de sus localizaciones folklóricas y derivaciones literarias hasta llegar a la narrativa
y a la poesía actuales. Para dedicar luego una última parte de nuestro trabajo al análisis de los pormenores, al estudio de los motivos
fundamentales que, con extraordinaria fijeza, figuran tradicionalmente en el ejemplo del monje y el pajarillo.

I LOS PRECEDENTES DEL EJEMPLO Y SU TRANSMISIÓN

Separando de entre las leyendas de durmientes aquellas que por su antigüedad y por sus características se presentan como núcleos de difusión en diversos ciclos culturales, pudiéramos establecer una línea de precedencias en la siguiente forma:

a) **Cultura oriental:**
   1) Leyenda del Príncipe Mutchucunda (pág. 51).
   2) Narraciones de yoghis (pág. 52).
   3) Lago de las cinco Apsaras (pág. 58).
b) **Cultura clásica:**
   Mito de Epiménides Cretense (pág. 52).
c) **Cultura rabínica:**
   1) Leyenda de Choni Hameaghel (pág. 52).
   2) Leyenda de Abimelech el Etíope (pág. 53).
d) **Cultura cristiano-oriental:**
   Leyenda de los Siete Durmientes (pág. 54).
e) **Cultura islámica:** Derivaciones de las leyendas de:
   1) Choni Hameaghel (pág. 56)
   2) Abimelech el Etíope (pág. 56)
   3) Siete Durmientes, (pág. 57)

hasta hallar en la cultura cristiano occidental el ejemplo del monje y el pajarillo y sus narraciones afines.

He aquí las consideraciones que con respecto a la transmisión ofrece esta serie:

Dentro de la línea trazada, la leyenda del lago de las cinco Apsaras es la que en el viejo Oriente ofrece mejor motivo a la comparación con el ejemplo del monje y el pajarillo en cuanto ambas narraciones se nos presentan como pertenecientes a un mismo grupo, donde el gozo producido por elementos rítmicos y musicales lleva a la aberración temporal. Sin embargo, es preciso rechazar la tendencia que busca en la leyenda india algo más que un precedente del ejemplo medieval. El motivo del retorno, esencial en el ejemplo, no aparece en la leyenda, y aun en las notas accidentales, las dos narraciones no ofrecen pretexto a un riguroso cotejo que revele relación genealógica.

En cambio, entre el cuento del príncipe Mutchucunda, el mito de Epiménides y las leyendas rabínicas extendidas a lo islámico y a lo cristiano oriental, existe ya una relación más clara. En los motivos: intervención divina, sueño, despertar. En el destino de la narración puede reconocerse una nueva afinidad: el carácter explicativo, acendrado en la leyenda talmúdica de Choni Hameaghel y en nuestro ejemplo, donde la duda surge de la interpretación de un texto, del texto mismo que da base filosófica al prodigio que se relata.

Pero entre estas narraciones y lo cristiano aparece una separación demasiado profunda, señalada, en lo temático, por el tránsito del sueño al gozo, y, en el proceso literario, por un hueco entre el siglo VII y el XII, en que no se halla narración que sirva para explicar de una manera precisa la transmisión.

El paso del sueño al gozo que explicaría la doctrina orientalista como recesividad a lo indio, ha de interpretarse como aculturación de lo rabínico a la mentalidad mediolatina, poderosamente influída por la doctrina agustiniana sobre el tiempo y la eternidad. Pero queda un problema arduo: el de discutir las posibles vías de transmisión llenando el vacío que existe entre lo rabínico y lo mediolatino, buscando bién las narraciones que hayan podido servir de intermediarias, bién la vía cultural de la migración temática. Y en este sentido pueden formularse diversas hipótesis que responden a las tesis que dominan la interpretación general de los fenómenos de aportación literaria de Oriente a Occidente: la de una transmisión a través del contacto de lo oriental con lo cristiano, y la de una mediación islámica.

a) **Transmisión cristiana.**

Esta hipótesis puede justificarse, tanto partiendo de la idea de la importación directa del tema que anotamos en las narraciones rabínicas, a las letras de la iglesia occidental, tanto buscando una narración cristiana forjada en Oriente, que sirva de intermediaria. En ambos casos, se da preferencia a la vía que ofrece la propia cultura cristiana, valorizando el papel de la transmisión oral en lo bizantino y apreciando las relaciones de Oriente y Occidente en el medievo, a través de lo eclesiástico, e incluso el papel cultural de las comunidades judaicas.

1. *Sin narración intermedia.* La exposición de esta hipótesis es novedad con referencia a la difusión del tema de la cantiga CIII, pero, a nuestro juicio, ofrece probabilidades. Se trata de que por una transmisión directa, las leyendas rabínicas hayan motivado la aparición del ejemplo cristiano del monje y del pajarillo o de una narración similar en Occidente. El problema de la transmisión se viene planteando como disyuntiva entre una transmisión cristiana indirecta, a través de la leyenda de los Siete Durmientes, o la transmisión islámica mediante los textos coránicos y demás derivaciones de lo hebraico en lo árabe. Pero nosotros queremos agotar las posibilidades de tránsito, dando amplitud a la exposición de esta nueva hipótesis.

Si los precedentes cercanos del ejemplo están en lo rabínico, hasta el punto de que el relato occidental puede considerarse como mera cristianización, la posibilidad de esta cristianización hubo de darse allí donde hubieran llegado las narraciones judaicas, no sólo en sus originales sino en sus derivaciones, escritas, como en lo islámico, u orales, como en la tradición palestiniana. Baste recordar que el mismo proceso de difusión que llevó los elementos rabínicos a lo árabe, sirvió para transmitirlos en el Oriente Próximo y en la Europa Oriental. Así, la redacción del «Libro de Baruch» que conocemos por la versión siriaca, no excluye la posible preexistencia de textos populares perdidos, que se difundirían tanto en las comunidades judaicas como en las cristianas. Y si las narraciones talmúdicas originaron en lo cristiano la leyenda de los Siete Durmientes, tenían sin duda vitalidad suficiente para perdurar hasta dar origen a una nueva familia de narraciones pertenecientes al mismo grupo.

Acendrando estas posibilidades, es preciso buscar la ocasión de la transmisión de las tradiciones orientales a Occidente, o el testimonio de una pieza que acredite la difusión romance.

¿Ocasiones de transmisión? Peregrinaciones y cruzadas. Un obispo oriental importó tardíamente a las iglesias de Occidente, en el siglo XII, una tradición local hierosolimitana, la de Ahasverus, que hemos incluído entre las narraciones de supervivencia (188), y entre los primeros redactores conocidos del ejemplo del monje y el pajarillo, Jacobo de Vitry anotó, de manera expresa, los relatos que había recogido personalmente en Palestina: «Dicunt sarraceni...», «Dicunt hebrei...» (189).

Precisamente, la aparición del tema de la cantiga CIII en el ejemplario, coincide con este momento en que la ruta de Palestina abre nuevos temas de Oriente a la narrativa occidental, y Jacobo de Vitry es un intermediario más en este nuevo curso de influjos. Claro está que nuestro ejemplo fué contado antes por otros narradores y que la tesis de Clouston sobre la participación de Vitry en la transmisión de los temas orientales, no puede aceptarse en conjunto. Pero es preciso hacer notar aquí la forma que se da en los ejemplos del Obispo de Acre para comprobar que a veces, en contraste con el complicadísimo camino que suelen seguir en su difusión los temas narrativos, se ofrecen sencillos casos de mediación personal (190).

Cabe pues imaginar un proceso de transmisión, por el cual la narración talmúdica, recogida directamente o en sus perduraciones orales, sería difundida en Occidente por un narrador que, al aculturarla, le añadiría, con los motivos cristianos, el sentido filosófico que aun mantiene. Este narrador sería el autor desconocido de que arrancan, como veremos, los relatos medievales.

Falta la pieza testigo de esta difusión. El que exista, y muy temprana, para la leyenda de los Siete Durmientes es excepcional y sirve sólo para reforzar la probabilidad de que tardíamente se haya dado un proceso semejante en nuestro ejemplo.

Sin embargo, es preciso señalar un hecho que tampoco hasta ahora ha sido puesto en valor —a lo que conocemos— por los estudiosos de este género de préstamos narrativos: la existencia de una versión romance de las leyendas talmúdicas, que pudo dar base a la migración. La hemos citado ya, aunque de pasada. Se trata de una pieza folklórica: la versión rumana de la leyenda de Abimelech el Etíope recogida por Gaster, que hemos anotado (página 54) al hablar de las narraciones de durmientes. La constancia de esta versión abre una nueva posibilidad a la divulgación de las narraciones rabínicas en Occidente. Asín Palacios, conocedor de la insuficiencia del relato de los Siete Durmientes para explicar el problema de la transmisión en nuestro ejemplo, observando la afinidad entre lo rabínico y el ejemplo cristiano, tuvo que basarse en la falta de pruebas de que aquellos textos pasasen a la Europa cristiana, para dejar sin resolver tan curiosa cuestión (191). Hoy, ante la mención de este texto, el problema presenta un aspecto distinto. No sólo en cuanto se afirma la posibilidad de transmisión directa a través de la peregrinación a Santiago de rumanos y armenios (192), sino porque se atestigua la supervivencia oral de las narraciones citadas, supervivencia que ofrece otras posibilidades a la migración, no sólo ya por vía de peregrinación o de cruzada, sino incluso por contacto tardío con lo judaico.

Aceptando estas posibilidades, cabía sólo discutir si la leyenda primero aparecida sería la del monje y el pajarillo o alguna de las otras narraciones de aberración temporal que le son afines. Ciertos elementos —el cestillo de higos, el odre con jugo de vid— que parecen acercar los relatos rabínicos al grupo del festín celestial, y aun los detalles del retorno, pudieran presentar a la leyenda italiana del Príncipe Mozo, redactada en el doscientos (193), como intermedio entre las versiones orales de lo hebraico en el Oriente europeo, y la leyenda del monje y el pajarillo, que representaría una nueva espiritualización.

Pero el tema de este ejemplo aparece dominando en tal forma todo el grupo de leyendas de durmientes en que se sitúa, que se hace difícil considerarlo como última idealización y no, tal como hemos hecho, como núcleo de irradiación, cuyas derivaciones se humanizan tanto más cuanto más se alejan de la leyenda tipo. Sin embargo, sería conveniente un estudio pormenorizado de las fuentes y derivaciones de la leyenda del Príncipe Mozo que pusiese en claro su verdadera relación con la genealogía del tema de nuestra cantiga.

2. *Por medio de la Leyenda de los Siete Durmientes.* A falta de otra narración que pueda servir de intermediaria, se viene apelando, para justificar la transmisión cristiana, a esta leyenda. Así, el ejemplo del monje y el pajarillo sería derivación del relato de los Siete Durmientes, que a su vez se origina, como adaptación hagiográfica de las narraciones rabínicas. La difusión de este relato en Occidente es bien clara y se debe a la tradución de una versión siriaca que realizó, como hemos dicho, San Gregorio de Tours. El conocimiento de este relato determinaría la aparición del tema de la cantiga CIII, llevada tardíamente, a lo que conocemos, a la crónica y al ejemplario. Como las redacciones de este tema ofrecen un carácter erudito y monacal muy marcado, no sería extraño que su primera y desconocida redacción fuese obra individual de un monje conocedor de la historia de los Siete Durmientes y muy versado en lo teológico. El tema aparecería ya como ejemplo y tal como nos lo legó Vitry que, con seguridad, transmite un texto primitivo más fielmente que Mauricio de Sully, muy personal en sus narraciones.

El relato surgiría así destinado a la transmisión erudita en la predicación y en los ejemplarios, no como narración histórica o folklórica. Luego pasaría a la crónica, con la localización de Afflighem, y tendría la amplísima difusión oral que hemos de probar más adelante.

Contra esta hipótesis puede hacerse una objeción positiva: Si la máxima comunidad de motivos, pese a diferencias esenciales, se da, según la línea de precedentes que hemos trazado, entre una de las narraciones rabínicas y el ejemplo del monje y el pajarillo, la leyenda de los Siete Durmientes, será una derivación en aquella línea, pero no un eslabón. Cómo explicar la coincidencia en el basarse en textos bíblicos afines y en otros motivos, si una leyenda no depende de la otra y por el contrario aparece mediando una rama interpolar que prescinde de esos motivos tan característicos? Pero aun abandonando este argumento positivo, puede discutirse la mediación, con una mera posición negativa.

Una narración tan concretamente acomodada a lo hagiográfico, de protagonismo y localización famosos y determinados, con multiplicidad de héroes y con notas accidentales —persecución, cueva, anécdotas de retorno— en clara disparidad con las del ejemplo del monje, no puede prestarse a ser origen temático de una creación erudita si no existe una base popular que refrende la elaboración en un cambio tan radical.

Dentro de la teoría poligenética cabría ampliamente la hipótesis de una mutación. Para no apelar a ella habría de buscarse la base popular en las narraciones nórdicas, tal como lo ha hecho Nunes (194), ya que la época de fijación literaria del ejemplo en el siglo XII, coincide con la de las relaciones afines de viajes al paraíso. Pero si se admite en los detalles de estas narraciones que marcan la afinidad, un origen oriental por vía islámica, esta nueva probabilidad se habrá disipado y la objeción quedará nuevamente en pie e incluso habría de ampliarse en favor de la transmisión árabe de la leyenda, ponderando el papel de lo islámico en la formación de la mentalidad occidental y los elementos que aportó a todos aquellos relatos, elementos entre los cuales podía haberse transferido el de la aberración temporal.

Así el papel de la leyenda de los Siete Durmientes, sobre todo después de los cotejos de Guidi, Nöldeke y Asín Palacios, como prototipo de las leyendas de aberración en Occidente, ha quedado reducido a una mera posibilidad que no puede excluirse, pero que cede terreno ante las probabilidades que ofrece la transmisión directa cristiana, ya que la misma transmisión islámica, aparece muy dudosa.

b) Transmisión islámica.

Las conclusiones mantenidas por los partidarios de la teoría arabística en el problema de la transmisión de elementos escatológicos orientales que hallaron acogimiento en la literatura piadosa y novelesca de Occidente, han tenido fácil generalización. Pero entre los casos particulares en que la generalización no ha sido confirmada por los textos y el problema aparece aun entregado a la hipótesis, está nuestro ejemplo. Los investigadores que han trabajado sobre el riquísimo material que ofrecen las leyendas de durmientes, más mediolatinistas que orientalistas, no han conocido siempre los precedentes rabínicos, y, menos aun, la constancia islámica de estos precedentes. Así han aceptado la tesis orientalista, sin ocuparse de la transmisión, han tomado como punto de partida la leyenda de los Siete Durmientes, sin ponderar las dificultades que representa su aceptación como prototipo directo, o han comenzado sus trabajos a base de lo folklórico o de lo literario en la Baja Edad Media, dejando intacto el problema de los precedentes.

Pero Guidi y Asín lo han planteado desde el punto de vista arabístico, considerando las versiones coránicas de las narraciones hebraicas y sus derivaciones (pág. 57) en relación con las leyendas cristianas de durmientes y, especialmente, con el tema de la cantiga CIII, sin poder establecer una conclusión definitiva (195).

Porque si es cierta la presencia en lo islámico de estas narraciones, falta, como en lo cristiano, la pieza testigo de la mediación, y en cambio existen, aunque puedan discutirse, razones en favor de los otros dos procesos posibles. Este hueco, que quizás haya de llenarse apurando la investigación, no permite establecer conclusiones definitivas.

Si la transmisión se hubiese efectuado a través del Andalus, seguramente hallaríamos como versión primaria una pieza de literatura peninsular y como localización más antigua uno de los famosos monasterios de nuestro medievo. Entonces, el camino de Santiago se ofrecería, como en tantos otros casos, a servir de enlace entre lo hispánico y lo europeo.

Pero incluso en las cántigas de Alfonso X, que encarna con su corte la vinculación de las dos culturas —y esto es bien revelador— el tema viene de lo europeo a España, quizás por el mismo camino que se ofreció al éxodo de otros motivos. Después, ni Lulio ni otros intermediarios entre lo islámico y lo cristiano, acogen nuestro tema y sólo tardíamente, por la lectura de Bromyardus, de Discípulo y del «Speculum Exemplorum», se verifican las localizaciones peninsulares.

Este vacío no deja de ser elocuente: el ejemplo lleva en su difusión una impronta netamente mediolatina, más aún, galicista en unos casos y germanizante en otros, pero nunca hispánica ni menos, aproximada a lo islámico.

———————————

Por esto nos parece más oportuno aceptar, en cuanto a la transmisión de los relatos, la idea de que algún escritor eclesiástico de Occidente, conocedor de las leyendas hebraicas, haya creado como ejemplo la narración del monje y el pajarillo, cuya difusión vamos a estudiar ahora.

6

II DIFUSIÓN DEL EJEMPLO: REDACCIONES MEDIEVALES

Desconocemos, según queda indicado, las primeras versiones del ejemplo del monje y el pajarillo. Del cotejo de las redacciones que poseemos, se puede deducir la existencia de tres versiones por lo menos anteriores a lo que nos es conocido. La narración formada primeramente en torno a la interpretación de un texto, el del salmo LXXXIX, contendría en su iniciación, según acertada hipótesis de Hertz (196), un doble punto de partida: el monje *medita* y *duda* sobre el texto y *pide* luego una prueba de los goces eternos. Redacciones inmediatas y diferentes disgregaron estos elementos originándose dos direcciones en la derivación:

a) Grupo de la meditación y duda sobre la eternidad.
b) Grupo de la petición de una muestra de los goces eternos.

Un intento genealógico dentro de estas direcciones, es sumamente difícil. Faltan numerosos miembros en la sucesión. Las primeras redacciones conocidas, que son del XII, muestran claras divergencias; pero a comienzos del XIII, debiera estar ya el ejemplo muy popularizado, y aun versiones que parecen estar escritas teniendo a la vista determinada redacción, adquieren notas que provienen de redacciones pertenecientes a otro grupo. Por último, esta dificultad se acrecienta con los problemas de cronología que ofrecen casi todas las versiones.

Como nuestra intención no es la de plantear el problema desde el punto de vista de la crítica de textos —realizada ya en sus diversos aspectos por Hertz, Frenken, Crane, Meyer, Oesterley, May...— sino simplemente la de encuadrar el tema de la cantiga CIII dentro de un proceso literario de difusión, localización folklórica y derivación literaria que llega hasta nuestros días, nos limitaremos a ilustrar brevemente las redacciones que estimamos más importantes en este proceso de difusión y que recogemos íntegramente en los Apéndices.

1. *Versión afflighemense*

Aunque encabeza nuestra serie de versiones medievales, no ha de ser considerada, tal como viene haciéndose tradicionalmente, como la versión más antigua, sino simplemente como la localización de tradición más remota que conocemos; sin embargo, mantiene características que la sitúan muy próxima a lo que serían las redacciones primitivas (197).

Es la única versión medieval que aparecece localizada y con una concreta referencia de época.

El monasterio de Afflighem, cerca de Termonde, «inter Bruxellas et Alostrum», en el ducado de Brabante, fué fundado hacia 1083, rigiéndolo desde 1087 el abad Fulgencio, a quien presenta la versión como «primo abbati Hafflighemi» y que murió en 1130, sucediéndole el famoso abad Franco, autor del tratado «De gratia Dei», cuyo cap. XII describe y canta los goces del Paraíso (198). Extendieron la fama del monasterio estos escritos, la «Vissio Fulgentii» independiente por completo de nuestro tema, y sobre todo el papel que representó el centro monacal en la difusión de la reforma de San Bernardo y concretamente, en la visita del propio Santo a Flandes, estudiada por Dom Pitra (199), y que dió motivo al conocidísimo milagro de Santa María:

> «Virginis matris statua haec, Mariae
> Voce, Bernardo retulit salutem.
> Hanc quoque, aeternae cupidus salutis,
>   Saepe saluta» (200).

Afflighem aparece también ligado a la historia de Flandes y aun dentro de este aspecto se nos muestra como foco de milagros, especialmente de milagros mariales. En 1657, ponderaba D. Odone Cambrier:

> «... tuum Belgas latet Afflighemum
> Hic ubi plures celebris per annos
> Constituit virgo tibi dedicatam
>   Cultus ad aram; ...» (201).

La relación del monasterio con San Bernardo es verdaderamente reveladora para nuestro estudio, ya que el tema del monje y el pajarillo se nos presenta así desde su primera redacción con un marcado cuño de difusión cisterciense. El texto que sirve de tema al ejemplo fué comentado por San Bernardo en uno de sus sermones:

«Audi denique quanam gloria ipse glorificet «Longitudine, inquit, dierum replebo eum». Et primo quidem in eo quod dierum nomen pluraliter posuit, non vicissitudinem aliquam, sed multitudinem voluit commendare. Alioquin si vicissitudinem suspicaris, melior est dies una in atriis Domini super milia (Psal. LXXXIII, 11). Legimus sanctos atque perfectos viros etiam ab his diebus nostris plenos migrasse dierum: nec sane aliud quam virtutum plenos, plenos intelligimus gratiarum. Nimirum in hanc plenitudinem, velut de die in diem, de claritate in claritatem, non quidem a suo, sed a Domini spiritu transformantur» (202).

Pero ni en este comentario ni en la visión afflighemense o sus derivadas aparece todavía la adaptación marial que ha de deberse a Alfonso X.

Si la versión de nuestro ejemplo apareciera, como suele afirmarse, entre las primeras historias de Afflighem, pudiera ciertamente admitirse como redacción primaria entre lo conocido. Pero esto no es rigurosamente exacto. Ni en el «Afflighemensis Coenobii Chronicon» (203), que data aproximadamente del 1122 y se ocupa en manera amplia de los hechos del abad Fulgencio; ni en el «Auctarium Afflighemense» (204), ni en los escritos que el abad Franco dedica a su predecesor (205), se narra el milagro. Por esto, historiadores de la orden benedictina que trabajaron sobre estas fuentes lo desconocieron, como sucede con el propio Yepes (206). Y es lógico que la adaptación sea posterior y venga de lejos, pues la localizacion de un prodigio de esta índole requiere tiempo y distancia.

La versión que recogemos procede de un manuscrito más moderno, («Afflighemium Illustratum»), y fué publicado por primera vez en las notas de Liebrecht a la «History of fiction» de Dunlop («Geschichte der Prosadichtungen») (207). Indudablemente presenta características que lo acercan a lo primitivo, aunque aparezca ya perfectamente encuadrada dentro de las versiones que parten de la meditación, sin que se halle en ella alusión a la petición de pruebas.

El relato comienza fijando la fecha («circa finem XI saeculi») y reafirmando la verosimilitud con la cita del abad que entonces gobernaba el monasterio («accidisset Fulgentio, primo abbati Hafflighemi»). El deseo de historicidad, aparte esta nota excepcional en las versiones medievales, se acrecienta con otro detalle original: el hecho de que la narración se desarrolle a partir de la llegada del monje de su arrobo, cuando es introducido cerca del abad, siendo entonces cuando cuenta su historia; y no a partir de la meditación como en las demás versiones. Se menciona expresamente la hora de maitines y el famoso versículo que da motivo a la meditación del monje. El avecilla se le presenta en el coro y el monje sale tras ella siguiéndola al bosque y deleitándose con su canto. Para confirmar el prodigio, el abad Fulgencio le interroga sobre el abad y los magnates de su tiempo y es entonces cuando se descubre que hace trescientos años que ha salido. El monje muere luego, recibidos los Sacramentos.

Esta versión se relaciona con casi todas las del grupo de la meditación y de una manera particular con las que incluyen este último detalle del tránsito del protagonista. La localización de Affighem aparece citada muchas veces en libros de piedad. En España la anotan Calatayud (208), Caravantes (209) y otros, tomándola de Coster y ampliándola según la derivación del «Speculum», que no cita el lugar del milagro.

2. *Maurice de Sully*

Es, indudablemente, el redactor más antiguo del ejemplo, aunque su versión, llena de elementos personales, se aleje notoriamente de lo primitivo. Es también, con la versión romance que conocemos y seguramente con la versión latina que nos es desconocida, uno de los núcleos de difusión más importantes dentro de lo medieval.

Maurice de Sully (m. 1195 ?), obispo de París, es uno de los más célebres predicadores del medievo francés. Redactó una serie latina de sermones destinados a los laicos, que habrían de ser pronunciados en lengua vulgar. La traducción francesa dispuesta inmediatamente por él mismo para su clero, es obra encantadora, de ágil lenguaje y penetrante elocuencia. Pocas obras han alcanzado la repercusión de estos sermones para el vulgo. Los manuscritos conocidos, que son más de veinte, y en cuya confrontación y establecimiento de origen trabajó intensamente Paul Meyer, fueron reproducidos en Francia y en Inglaterra. Los de traducción francesa datarán de comienzos del siglo XIII. La colección que había dado origen a numerosas derivaciones manuscritas, fué impresa primero en 1484 y después en 1511.

Precisamente, a base del cuento del monje y el pajarillo, Paul Meyer estableció la comparación entre las diversas familias de códices. Se trata de un gracioso fragmento inserto en el sermón del tercer domingo después de Pascua («Mulier, cum parit, tristitiam habet, quia venit hora eius» (S. Juan, XVI, 21) fragmento que falta en los sermones latinos y que ofrece, en los primeros tiempos, un texto muy puro que después se va reelaborando con divergencias muy notables.

No creemos oportuno resumir aquí el proceso de esta elaboración. En los Apéndices reproducimos el texto de nuestro ejemplo en el Ms. Douce (B. Bodléienne, 270), el mejor de la familia A, modificado a vista de otros manuscritos, de acuerdo con la redacción definitiva, por Constans (210). Pero sí indicaremos que por excepción uno de los manuscritos, el del «Arsenal» n.° 3684, letra del siglo XV, indica incidentalmente la abadía parisina de Saint Magloire, nota que sin representar una localización, tiene cierto interés para comprobar el ambiente en que se difundió la leyenda.

Maurice de Sully realizó con su redacción uno de los más bellos capítulos del ejemplario medieval. Insistimos en la consideración de su obra como cosa personal, sobradamente literaria para mantenerse apegada a lo primitivo, llena de diálogos, de notas populares, tan pintorescas a veces que traen a la memoria las redacciones barrocas, especialmente las del P. Bernardes.

La versión del Obispo de París se sitúa dentro del grupo de la petición de muestras de la gloria celestial. Quizás algún día en una redacción hoy desconocida de sus sermones latinos, pueda hallarse una versión que sea verdaderamente clave en la historia de la difusión de nuestro ejemplo. En la versión de los sermones vulgares el protagonista, como mucho después en Bozón, es simplemente un anónimo «hom de religion». El pájaro, un ángel en forma de ave (vd. cap. III), nota que a través de una versión desconocida ha de recoger Bromyard. Sully anota en algún manuscrito el texto de lo que canta este ángel:

> ... «Li chant fu teus come je vus dirai:
> «Misericordias domini in eternum cantabo»
> je chanterai dis li angles les misericordes de N. S.» (211).

Este detalle pasa, aunque con diferente texto, al anónimo trecentista que sirvió de prototipo a la cantiga CIII y aun tiene cierto eco en la misma obra de Alfonso X.

También se da en la redacción de Sully el incidente del portero, que persiste en las versiones Vitry y del «Speculum» relacionadas con la afflighemense y aun en otras más distantes de ella pero también contaminadas, como la de Bozón. Esta nota del portero se amplia en las dos versiones que acabamos de citar, el anónimo del s. XIII y la cantiga de Alfonso X, con la transformación que en esos tres siglos ha sufrido el portal del monasterio. Ambos motivos pasarán unidos a muchas derivaciones.

Por último se establece la relación de los trescientos años con el tiempo que transcurre de la mañana al mediodía («des le matin jusqu' a midi»), fórmula que va a repetirse en Bozón y que en el anónimo del XIII es ya el tiempo que transcurre de maitines a tercia, tal como va a difundirse desde el «Speculum» a la mayoría de las redacciones modernas.

Conviene indicar, finalmente, que la versión de Maurice de Sully puede considerarse como prototipo de una de las composiciones que contribuyeron a la formación de la leyenda germánica del monje Félix: la versión versificada del ejemplo del monje y el pajarillo que estudió Von der Hagen (212).

3. *Jacques de Vitry*

El famoso Doctor Jacobo, Obispo de Acre en 1212 y más tarde cardenal, historiador y místico, muerto hacia 1240, introdujo en la predicación y especialmente en las piezas que llevan los títulos de «Sermones ad status» o «Sermones vulgares», una gran colección· de ejemplos. Estos sermones son anteriores a su consagración episcopal y por lo tanto contemporáneos de los de Eudes de Cheriton. Vitry desempeña un importante papel de intermediario en la aportación de lo oriental a Occidente (Clouston) y como hemos indicado antes, realiza de una manera personal la implantación de ejemplos traídos desde Palestina (pág. 76).

Algunos «exempla» de Vitry han sido publicados por Wright, aunque sin determinar autor por utilizar versiones anónimas. Crane publicó en 1890 los que proceden de «Sermones vulgares», Greven, en 1914, los de «Sermones Feriales» y por último Goswin Frenken ha dedicado un detenido estudio a sus fuentes y derivaciones.

En cuanto a nuestro ejemplo, ya Hertz había tratado de situarlo entre los grupos de versiones. Corresponde al núcleo de la duda, aunque se acerca mucho a lo primitivo, incluso conservando recuerdos de la petición. El protagonista es un abad como en las versiones de Bozon. Anónimo del XIII y «Speculum». La apelación al libro de abades recuerda también las dos primeras de estas versiones. Pero la narración no termina con la muerte del monje, como la afflighemense y las que con ella se relacionan más directamente.

Frenken examinó la hipótesis de que la fuente de Jacobo de Vitry se hallase, perdida, en los sermones latinos del Obispo de París (213). Indudablemente aunque se sitúe en un grupo distinto es preciso suponer una narración mediadora que trajese aquí temas como el del portero, que no aparece en la de Afflighem.

Más complejo todavía es el problema de la concordancia entre el texto de Jacobo de Vitry y el de Odo de Cheriton, su contemporáneo, problema que ahora plantearemos, debiendo adelantar aquí, de conformidad con el cotejo de Frenken, que el segundo texto no pudo en manera alguna ser fuente del primero.

4. *Odo de Cheriton*

Las «Parabolae» del inglés Odo de Cherrington, que son el más antiguo compendio de fábulas para uso de predicadores, encierran un vivo interés con respecto a nuestro tema. Odo, «cancellarius parisiensis», fué monje del Cister y ya hemos anotado la transcendencia de lo cisterciense en la difusión y acomodación del ejemplo.

Redactadas originalmente las «Parabolae ex sermonibus super evangeliis dominicalibus extractae» en lengua latina, según se conservan en el manuscrito de la Biblioteca Nat. de París, fueron traducidas en prosa francesa a principios del s. XIII, seguramente en Normandía, e impresas en 1520.

Nuestro ejemplo aparece asignado al sermón IV de la dominica después de la octava de Pascua, que glosa un versículo de San Juan, «Amen, amen, dico vobis, si quid petieritis patrem...» La redacción es rapidísima, una de las más breves que conocemos. Sus características coinciden con las de Jacobo de Vitry, pero con abandono de determinadas notas, desviando detalles que son comunes a Sully y a Jacobo. Así la descripción de la llegada del monje es inexacta, se cambia la cifra de años que pasan a ser doscientos, y se omiten por completo los incidentes del retorno. Pero en cambio falta la muerte del protagonista, que sólo aparece en los relatos derivados del grupo de la meditación.

Basándose en estas observaciones Frenken ha concluído, según decíamos arriba, que la versión de las «Parabolae» no puede ser precedente de la que aparece en los «Exempla». Antes al contrario, manteniéndose la concordancia de los otros motivos, cabe suponer fundadamente que o bien una de las versiones vulgares de Vitry o bien el texto desconocido de los sermones latinos de Sully, fuesen la fuente de esta redacción, interesantísima en su brevedad porque de ella arrancan las que hemos llamado derivaciones cistercienses.

Así en la Península hemos de asignar como filiales de la redacción de Odo de Cheriton el Exemplo de Vercial, y las localizaciones de Armenteira, Leyre y Vilar de Frades. En cuanto a la primera basta comparar el texto de Manrique sobre San Ero con el de Odo. No es difícil imaginar cómo la parábola, incorporada a los menologios cistercienses, haya dado origen a todas estas derivaciones.

La obra de Cheriton tiene amplia bibliografía en los historiadores del Cister (Vischius, Tanner, Possevin, Fabricius...). Las fábulas fueron estudiadas por Woigt, Meyer y Hervieux (214).

5. *Versión anónima de fines del s. XIII*

Hebert ha publicado en la «Romania» una curiosa versión de fines del siglo XIII, que figura en un manuscrito del British Museum, donde se reunen milagros de Nuestra Señora y cuentos piadosos en prosa latina. Se trata de un ejemplo bastante amplio y que a nuestro juicio, se inspira directamente o en los perdidos sermones latinos de Sully o en una versión paralela, y representa la continuidad en la línea de la redacción inicial que aunaba los dos matices de meditación («...admirans quomodo erit in gloria gaudium sine tedio...») y petición («diu rogavit Dominum ut ostenderet ei aliquantulum de dulcedine Paradisi»). La fórmula «gaudium sine tedio» es la misma que aparece en Vitry («...cepit de gaudiis Paradisii et quomodo sancti absque tedio tam diu esse poterunt in loco uno.») y que ha de transferirse a Vercial («...como podrie ser gozo sin enojo..»). Se menciona la hora de maitines como en la línea de Afflighem y el «Speculum», y el texto del salmo se cambia por un versículo de la Epístola Segunda de San Pedro. Pero en lo demás la versión sigue de cerca a Sully con mayor brevedad y desnudez de pintoresco. La máxima afinidad se señala en el hecho de que la versión anónima declare, como Sully, cuál era el texto del canto que entonaba el ave:

> «Bien face li home qui est vix,
> Quar grant est li joyos de Paradis»

«Oculus non vidit nec auris audivit, Deus absque te, quae preparasti diligentibus te».

Siendo curioso anotar la diversidad de los dos textos y el hecho de que la versión anónima ponga primeramente el dístico francés e inmediatamente la responsión latina, también rítmica; mientras que en la versión de Sully primeramente se da el texto latino y después se hace la traducción a lengua vulgar (215).

En los incidentes del retorno se menciona el portero como en las redacciones de Sully, Vitry y el Speculum, se apela a las crónicas (Vitry, Bozón), pero no se da noticia de la muerte. Existe una disparidad entre esta versión y todas las demás en la mención de los años, que aquí son ciento veinte, extraña cifra que quizás acuse un error en el manuscrito publicado: el copista escribiría CXX por CCC.

De esta versión depende con certeza la cantiga CIII de Alfonso X que, como veremos, muestra una amplia serie de coincidencias. Difundida en Inglaterra, puede considerarse también como prototipo para la versión inglesa en verso octosilábico, compuesta hacia principio del siglo XIV e incluida en la gran colección de homilías métricas sobre las lecciones del Espíritu Santo que imprimió Horsmann (216).

6. Alfonso X el Sabio

Así llegamos a la versión que da motivo a esta tesis: la que incluyó Alfonso X en sus «Cantigas de Santa María». Representa esta redacción galaico-portuguesa la adaptación marial del tema y con las versiones métricas inglesa (217) y alemana (218), la incorporación a la lírica narrativa.

El tema sigue así un proceso semejante al que para otros muchos ha señalado Kjellmann. La predicación es fuente de relatos para las colecciones similares. El ejemplo predicable se incorpora a las relaciones de prodigios; del sermonario pasa al ejemplario para uso de predicadores y de aquí a la colección de milagros, que sufren acomodaciones hagiográficas, aplicándose a personajes determinados y a localizaciones, generalmente de tipo folklórico, al adscribirse a ciertos monasterios, acomodaciones que representan elementales cambios de matización, pero casi nunca, como observó Delehaye, afectan al sentido cultural de las narraciones.

Podemos señalar a Alfonso X como el incorporador de nuestro tema a lo marial. Las versiones precedentes del relato, absolutamente filosófico y ascético (Graf), característico del ejemplario, repugnaban aún la fácil adaptación hagiográfica y se resistían a la recepción de motivos de intercesión que condujesen el tema a los mariologios. Pero Alfonso X tiene la misión de extender el círculo de acción de nuestro ejemplo y, entregándolo a lo marial, abrir camino a nuevas adaptaciones. Para el Rey Sabio el incluir este ejemplo entre los milagros realizados por la mediación de Santa María era empresa bien fácil; para él los límites de lo marial se hallan donde terminan sus conocimientos de lo maravilloso.

La cantiga CIII corresponde, a nuestro entender, a la primera época de redacción del gran mariologio alfonsí. El Rey prefería entonces la adaptación de asuntos de tipo universal. De las noventa y cuatro cantigas cuyos temas tienen difusión ecuménica, ochenta y una pertenecen a los dos primeros centenares del cancionero marial. Sólo tardíamente se apeló a lo local, a lo que en realidad llevaba ya muchas veces desde su iniciación un cuño de milagro de Santa María; Mussafia comprobó solamente la existencia de dos temas de difusión universal en la última centena de las cantigas (219).

La versión del ejemplo le llegaría quizás a Alfonso X incluída en un códice misceláneo, donde figurase al lado de algunos milagros de Santa María. También figura así la versión anónima del XIII en el códice del British Museum que acabamos de indicar como posible fuente de lo alfonsí (220).

En un cotejo de motivos la redacción métrica de Alfonso X aparece eliminando la indicación del rezo de maitines y la cita de la epístola de San Pedro. En cambio las adiciones se limitan a la intervención marial, pues el resto o es elaboración poética o puede comprobarse indirectamente en el Anónimo.

Comienza la narración de Alfonso X, sin mención de procedencia, con una fórmula ponderativa y declaratoria de obra personal:

«E d'aquest'un gran miragre vos quer'eu ora contar...»

El Rey gusta de subrayar con esta doble nota inicial los asuntos dignos de ser elaborados por él personalmente:

«E d'esto meus amigos vos quer ora contar
un miragre fremoso de que fiz meu cantar...» (C. M. 47)

frente a los motivos encomendados a su corte poética:

«...et eu aqueste miragre farei poñer entr'os teus...» (C. M. 219)

cuando en descargo suyo prefiere dar a la obra un carácter colectivo.

Después la cantiga sigue el texto original. Dice el Anónimo:

«Monachus quidam... diu rogavit Dominum ut ostenderet ei aliquantulum de dulcedine Paradisi»».

y traduce Alfonso X:

«...por un monge, que rogar
ll'ía sempre que lle mostrasse cual ben en paraís'á»

Aquí aparece ya la novedad de la Virgen mediadora que introduce al monje en una huerta en que muchas veces había entrado, pero donde en el día del prodigio

«...hua font'achou,
mui crara e mui fremosa, e cab'ela s'assentou;
e, pois lavou mui ben sas maos, diss': Ai, Virgen: qué será?»

Esta fuente —que aparece aquí en lugar del árbol que desde la versión de Sully ha de pasar a las elaboraciones modernas donde es constantemente repetida— puede tener su origen en una sugestión verbal de la versión que consideramos como origen inmediato. Dice así el Anónimo:

«...Quid ergo erit in fonte dulcedinis, cum Petrus apostolus dicat...»

Esta fórmula pudo bastar al Rey Sabio para crear un nuevo motivo de tipo simbólico, que puede ser triplemente interpretado: o como recuerdo del «agua de la vida» (221) que da la inmortalidad, relacionada, como hemos visto, con las descripciones del paraíso y del cielo como jardín en las visiones medievales, o con más probabilidad, como rito de purificación, a semejanza del papel que representa la confesión del protagonista con el eremita en el cuento de los Dos Amigos (222), o como recuerdo de una de las más bellas y repetidas alabanzas mariales. Los dos últimos sentidos pueden aunarse. Basta recordar el empleo del tópico de la fuente en la poesía marial del medievo: «Fons vitae» llamó San Bernardo a Nuestra Señora, recordando su papel en la economía de la Redención (223); «Fons consignatus» la llama Alain de Lille (224); «Fontaine de pitié», «Sainte pécine», Rutebeuf (225); «de doucheur fontaine et ruissiaux», Adam de la Halle (226); «Fontenelle de douçour», «Fontaine de miséricorde»... la aclaman frecuentemente los trovadores a lo divino (227), y Christine de Pisan reza en sus «Oroysons»:

«Dame, fontaine de grace,
Veuillez prier ton chier enffant» (228)

El tópico no prende sin embargo en las composiciones en que Alfonso X, «entendedor» de Nuestra Señora, desgrana el rosario de los epítetos medievales en loor de la «Gloriosa». El Rey Sabio prefiere llamarla *vía, fror, lume, estrela, alba...*

Terminada la petición del monje, la «passariña» inicia su canto y el monje se sume en el olvido —«escaeceu»— con gran gusto «d'aquel cant'e d'aquel *lais*». Esta sinonimia trae el recuerdo de la canción que se hace entonar al ave en la versión tipo.

El tiempo avanza trescientos años o más, pero el monje cree breve su demora

> «...cuidando que non estevera se non pouco, com'está...
> mong'algua vez no ano, quando sal ao vergeu.»

mientras en el Anónimo

«...non credens monachus se moratum fuisse nisi a matutinis usque ad illam horam...»

Al llegar al convento halla mudado el portal:

> «...E foisse logo e achou un gran portal
> que nunca vira e disse: Ai, Santa María, val!...»
> Non é est'o meu moesteiro; pois de mí qué se fará?»

«...Cumque portam per quam exierat mutatam et alibi factam invenisset et totum abbacie edificium videret depositum aliter...»

Esta mudanza se muestra también en el cancionero marial en algunas de las seis deliciosas miniaturas, de las que formando página animan el relato en el códice escurialense T. J. 1., miniaturas estudiadas en conjunto por Domínguez Bordona (229), y que llevan rótulos galaicoportugueses completando el texto de las cantigas. El cuadrito que corresponde a este episodio nos muestra al monje asombrado ante el nuevo portal. La diferencia con el antiguo se señala por la aparición del arco lobulado con gran decoración, y haciendo notar en las basas la multiplicación de elementos correspondientes a columnas fasciculadas. También el monje halla, según las miniaturas, mudanzas en el interior de la iglesia, no en el altar ni en la imagen de Santa María, pero sí en la lámpara y en su roldana.

El monje entra directamente en la iglesia y los compañeros toman gran pavor al verle; en el original es el portero el que queda estupefacto. El prior le pregunta a quien busca:

> «...Busco meu abade, que agor' aquí leixei
> et o prior e os frades, de que mi agora quitei,
> quando fui a aquela orta; ú seen quén mi o dirá?»

El abad lo toma por loco. Aquí hay un salto en la narración, falta la repetida identificación por medio de las crónicas, y se pasa a la ponderación del prodigio: «Nunca hizo Dios maravilla tan grande como la que hizo por éste a ruegos de su madre... Loémosla por esto... pues en verdad cuanto le pedimos por Ella nos lo da su Hijo y aquí se nos muestra lo que después habrá de darnos», para terminar con el estribillo:

> «Quen a Virgen ben servirá
> a parayso irá».

Estamos ya en plena adaptación marial. Las cantigas de Alfonso X se compilan después de 1257, aunque algunas, y ésta entre ellas, deban ser consideradas como anteriores en bastantes años a la colección. Es fecha de pleno florecimiento de lo marial. La orden del Cister, la que difundió el tema de esta cantiga en Occidente, ha surgido para popularizar el culto de Santa María (230). San Bernardo, cantando sus loores, se ha incluído entre los grandes líricos mediolatinos. Se han popularizado ya las grandes colecciones mariales, las más antiguas con cien años de existencia. Se han hecho famosos los santuarios de la Virgen: Coutances, Chartres, Pierre-sur-Dive, Laon (cuyos milagros coleccionaron Guilbert de Nogent y Hermann), Soissons (que halla en Hugues Farsit, 1330-1150, su cronista de prodigios), Roc-Amadour (cuyos milagros se narran en el «Liber miraculorum de Rupe Amatoris»). La primera colección de milagros, desde el punto de vista cronológico, data de Italia. En Francia surgen los grandes compiladores: Gautier de Coincy (1218-1227), estudiado por Ducrot Granderye; Jean le Marchant, ca. 1264. Estas colecciones han de tener más tarde una continuación en los milagros de la colección Langfors, redactada hacia 1330 y en los «Miracles par personnages», casi contemporáneos. En lo anglonormando la colección de Adgar (1150) sigue con poca diferencia de tiempo a las primeras compilaciones conocidas, y a ésta ha de suceder una segunda colección, publicada por Kjellmann. Colecciones cosmopolitas, como las de Beauvais, Gualterius, Pothon, Gobio y el franciscano Gil de Zamora, amigo y colaborador de Alfonso X, autor del «Liber Mariae», difundirán por todo el mundo mediolatino los prodigios mariales (231).

Es también el momento del amor cortés y de la poesía trovadoresca, que florece en torno suyo. Quizás este amor sea un eco profano del culto de la Virgen (Stimming, Gennrich, Vossler), quizás, por el contrario, sea la divinización trovadoresca de la mujer la que prepare la difusión de la literatura marial (Wechssler, Burdach, Brinkmann). Lo cierto es que ambos fenómenos, profundamente característicos del medievo, son como manifestaciones paralelas (Rodríguez Lapa) de similares estados de espíritu (232).

Esta exaltación marial tiene precedentes peninsulares —recuérdese la tesis sobre el origen compostelano de la Salve Regina (233)— y halla desarrollo poético en España con Petrus Compostelanus (ca. 1140), Berceo (ca. 1240) y Alfonso X (entre 1257 y 1279), y calor popular en los santuarios de Villasirga, Salas, Tudia, Terena, Évora, Lugo y Montserrat.

Esta constancia de precedentes peninsulares ha llevado a buscar el origen hispánico de temas que apareciendo en las cantigas, tienen resonancia universal. Tal sucede con el famoso relato de «la monja que sse foi do moesteiro» (C. M. 94), estudiado en sus fuentes y derivaciones por mi maestro y guía en esta tesis, el Dr. Cotarelo Valledor (234). Así se ha pretendido también buscar el origen gallego de la cantiga CIII, basándose en su concordancia con la tradición del monasterio de Armenteira, de amplia derivación, que aun se mantiene en lo folklórico y en lo artístico, y que coincide con lo alfonsí en la adaptación marial. Pero esta sugestión carece, a nuestro juicio, de fundamento. Ni en la cantiga hay mención localizadora, ni Galicia tributó apenas con su tradición a las cantigas, según hemos tenido ocasión de probar en otro estudio (235). Ha contribuído al error, el que entre estas escasas localizaciones gallegas —Santiago, C. 73; Caldas, 104; Santa María do Monte, 317; Ribela, 304; Lugo, 78; Viso, 352— aparezca una cantiga, la 22, localizada en Armenteira, y sea una de las localizaciones gallegas citadas, la de Caldas, la que siga a la del monje y el pajarillo, notas que pueden muy bien obedecer a mera coincidencia casual. Lo que sí se da —como en las cantigas 55, 94, 325 y otras— es una concordancia entre lo gallego y los temas usados por Alfonso X. La localización en Armenteira solamente puede documentarse muy posteriormente, como veremos en un capítulo inmediato.

Por último, una referencia a otra característica especial de la versión de Alfonso X. Se trata, como hemos dicho, de una de las primeras versiones métricas. Es, como la generalidad de las del Cancionero Marial, una cantiga «de refran». Tiene trece «cobras» de tres «palavras» o versos cada una, todas de rima oxítona —por «sílabas longas», como se decía en la poética galaicoportuguesa del medievo— de dieciseis sílabas (8 + 8) con irregularidades debidas al destino melódico de la composición. Los terceros versos mantienen la misma rima en toda la cantiga, los otros tienen «rimas señas» en cada terceto, excepto en las estrofas primera y octava, que son monorrimas. El «refran» es de dos versos aconsonantados de nueve y siete sílabas respectivamente. He aquí la fórmula con recuerdo de zagal: AA aaa AA bba AA cca AA dda...

Valmar en su transcripción había desdoblado las «palavras» de dieciséis sílabas en versos de ocho, con rima en los pares, inducido por las estrofas monorrimas. Pero en los apéndices seguimos la versión cuidadísima de Rodríguez Lapa, que considera los versos como largos. En esta versión se sigue también el códice escurialense B. I. 2, pero se anotan las variantes del T. J. 1 y del Toledano (T.) hoy en la Biblioteca Nacional de Madrid (236).

7. *Nicolás Bozón*

El franciscano inglés Nicolás Bozón compiló a comienzos del siglo XIV, hacia 1320, su colección de ejemplos o «Metaphorae» en el pobre lenguaje francés que se escribía entonces en la corte de Inglaterra, un lenguaje marcadamente anglonormando que da base a un sencillo estilo de moralización.

En esta coleccion de ejemplos figura con el número 90 —«Quod per multas tribulationes ad celeste gaudium pervenitur»— nuestro tema como fábula aplicada a la tesis de que «si une home travallaist mille annez en ceste die pur un jour in le joie du ciel, i le tenderoit bien employé».

La parábola de Bozón se incluye claramente en el grupo de la petición («Un homme de religioun pria Dieu longe tens que il lui monstrast un des meyndrez joiez du ciel...»). En esta misma iniciación se nota, en la denominación del protagonista, la comunidad con el ejemplo de Sully. Pero el hecho de que la parábola termine con la muerte del monje, que falta en Sully y Eudes de Cheriton, hace afirmar a Toulmin-Smith y Meyer su aproximación a la historia del tiempo del abad Fulgencio, contenida en la leyenda de Afflighem y en el «Speculum» (237).

El texto de las «Metaphorae» no puede considerarse como derivación del de Eudes de Cheriton, a pesar de que, según Hervieux, Bozón es en cierto sentido, como un segundo traductor de las «Parabolae».

En cuanto al papel de Bozón en la divulgación del ejemplo, puede considerársele como su introductor en la literatura de las órdenes mendicantes aunque sin olvidar el papel que desempeña en la divulgación de los textos de Vitry otro franciscano: Johannes Pauli, con su «Schimpf und Ernest» (238). Sin embargo hay que hacer notar también el hecho de que las derivaciones inmediatas de la colección de Bozón no han sentido preferencia por nuestro ejemplo que suele ser eliminado. Así sucede con Sheppey y, en lo castellano, con el «Libro de los quentos› (239).

8. *Sánchez de Vercial*

En el «Libro de los exemplos», o «Suma de Exemplos por ABC», Clemente Sánchez de Vercial, Arcediano de Valderas (m. 1426), recoge juntos dos ejemplos de aberración temporal: el que lleva nuestro tema y otro derivado de la historia de los Dos Amigos o del Príncipe Mozo, en que un rey difunto lleva consigo a una huerta celestial a un amigo suyo y lo devuelve al mundo al cabo de tres años que parecieron como tres días al arrebatado.

El tema del monje y el pajarillo es versión extractada de Cheriton. No he podido consultar el «Alphabeta Exemplorum» que Etienne de Besançon (m. 1294) compuso como colección de ejemplos para predicadores y que sigue muchas veces las «Parabolae» (240). Pero, directamente o con este mediador, es innegable el entronque de Vercial con Cheriton.

Ambas narraciones se incluyen en el grupo de la meditación, ambas reciben de Vitry el tópico del «gozo sin enojo›, en ambas se da precisamente el cambio de cifra a doscientos años y se detiene la narración en el retorno. Podemos decir que éste es el caso de transmisión más fiel que se da en todas las versiones estudiadas.

Por lo demás existe una concordancia, que puede ser meramente casual, entre Vercial y el Anónimo del siglo XIII, a quien hemos considerado como autor de una de las versiones más puras, quizá entroncada muy directamente con la que se contendría en los sermones latinos de Sully. El dístico que encabeza el relato de Sánchez de Vercial

> «Non ha home que pueda fablar
> Cuanta es la gloria celestial»

recuerda el texto del canto del ave en el Anónimo:

> «Bien face li home qui es vix
> Quer grant es li joyos de Paradis»

Sin embargo repetimos que la versión de Vercial es mera tra-

7

ducción romance del ejemplo latino de Cheriton, conocido directamente o por otra compilación.

En cuanto a su fecundidad, es bien pequeña: ni esta redacción, seca y pálida, ni la variante que la acompaña, pese a ser dadas en romance, alcanzaron en lo peninsular la fortuna de las versiones latinas que hallaron inclusión en los grandes ejemplarios, o de la propia versión de Cheriton, a través de la literatura cisterciense (241).

9. «Speculum Exemplorum»

Incluímos también entre los apéndices la versión más popularizada del relato del monje y el pajarillo: la del «Speculum Exemplorum». Puede afirmarse que el «Speculum» de Graun y el «Magnum Speculum» de Iohannes Maior, con los textos de Discipulus y Coster, realizaron la más amplia difusión de nuestro ejemplo. Con estas redacciones concuerdan la mayoría de las versiones populares y muchas derivaciones poéticas. Especialmente en la Península llega a seguirse a la letra este tipo de narraciones, mientras lo medieval hispánico —Alfonso X, Vercial— era desconocido u olvidado.

La redacción del «Speculum Exemplorum» que damos procede de la edición de 1519 que posee la biblioteca escurialense. Este texto se incluye en el grupo de la meditación, pero es el más próximo dentro de él a la redacción afflighemense, con la cual coincide en la mención de la hora de maitines, en dar el texto del salmo, y en la narración de la muerte del monje después de recibir los sacramentos. No es extraño que haya sido la narración que alcanzó mejor fortuna, pues es la que reune mayor número de motivos característicos, ya que no faltan ni aún los del portero y la equivalencia en duración de los trescientos años al tiempo transcurrido de la mañana a la tarde, que no aparecen en la versión affiighemense, así como la particularidad de que el protagonista sea el sacristán, en contraste con la categoría de abad que le da Vitry, único que entre lo medieval expresa el cargo del monje. Motivos que en cambio no aparecen son: el del trueque de la puerta y el de la apelación a las crónicas, característicos ya de otra línea de versiones.

La difusión del texto de estos libros de ejemplos en lo moderno fué debida sobre todo a sus impresiones. El «Speculum», en su edición de Hagen, 1519 (242), y el «Magnum Speculum» en la suya de 1608 (243), se incorporaron a las librerías de las casas religiosas de la Península y su lectura influyó en los nuevos sermonarios y libros de piedad —Nieremberg, Ribeiro, Saravia, Bernardes, etc.— para llegar muchas veces a lo popular.

10. *J. Bromyard*

Por último acogemos la redacción de la «Suma praedicantium omnibus dominici...» de Johannes Bromiardus, teólogo dominico, cuya divulgación facilitó también la difusión moderna de nuestro ejemplo. Al recogerla, seguimos el texto de la edición de Amberes de 1614.

Frente al «Speculum», que da la versión característica y tópica del grupo de la meditación sin omitir detalles, Bromyard encarna la formación tardía del grupo de la petición de prueba, perdidas ya importantes notas características.

Así hallamos entre los escasos motivos de este texto, el de que el pájaro sea la representación de un ángel, nota exclusiva de la versión de Vitry en lo medieval. La cita bíblica ya no es el salmo LXXXIX, 4, ni su correspondencia en la Segunda Epístola de San Pedro, III, 8, sino el versículo del Eclesiástico: «Timor Domini delectabit cor et laetitiam et gaudium et longitudinem dierum», I, 12.

Una característica de estos últimos núcleos de difusión es la de apelar inicialmente a la declaración de origen del ejemplo: «Legitur in libro exemplorum», dice el Speculum, y Bromyard: «Si ergo teste exemplo narratoris...». Este tópico ha de acrecentarse en lo barroco: «Moitos autores contão...»

La redacción de Bromyard es la menos precisa que conocemos, pues carece no ya sólo de toda indicación local y de hora, sino de los detalles del retorno y de la comprobación personal, que son los que llevan más atractivo imaginativo a los otros textos. Bromyard, más teólogo que narrador, se contenta con esbozar el tema. Por esto, aun siendo muy conocido su relato, tiene ya cierta esterilidad al lado de la prodigiosa fecundidad de otros comentaristas contemporáneos.

Hemos destacado algunos hitos en el proceso de difusión del tema del monje y el pajarillo desde sus primeras versiones al momento en que se multiplican las localizaciones y las adaptaciones hagiográficas. Ahora hemos de entrar en la enumeración de estas derivaciones, transcendentales a lo folklórico y a lo literario, que perviven hoy y que mantienen con una fijeza verdaderamente extraña las características de las redacciones medievales de que dependen y las notas preferidas por la orden religiosa en torno a cuyos núcleos de predicación cristalizaron en lo popular.

III LOCALIZACIONES Y DERIVACIONES

Difundidas las redacciones que acabamos de estudiar especialmente merced a la predicación y librerías de los monjes del Cister, comienza el tema del monje y el pajarillo a hallar localización en estos mismos monasterios, e incluso a veces adaptación hagiográfica en la persona de sus fundadores más o menos míticos o de algún hijo famoso. Ofrecen terreno propicio a esta fijación: Bélgica (1.°) donde se da la localización más antigua, según hemos visto ya; Francia (2.°) de donde partirían las primeras redacciones; Inglaterra (3.°) donde se aculturaría en lo anglonormando; Irlanda (4.°) que brindaba base conocida en los viejos mitos célticos; Alemania (5.°) que ofrece la máxima difusión con la leyenda del monje Félix; Suecia (6.°) y Austria (7.°) a donde pasa desde Alemania. En la Península encontramos tres localizaciones muy importantes que estudiaremos en capítulo aparte: Armenteira (1.°) y Leyre (2.°) en España, y Vilar de Frades (3.°) en Portugal.

En todos estos países, aparte la fijación local y la individualización en algún personaje (Félix, Gontran, Ero, Virilla...), el ejemplo ofrece una viva perduración hasta hoy. En lo barroco tuvo acogimiento histórico en crónicas monásticas, y recreación piadosa en sermones y libros de devoción. En lo romántico fué elaborado de nuevo, como eco de canciones populares. Y en algunos casos las nuevas tendencias ofrecen posteriores utilizaciones del tema en contraste con viejas fórmulas. Así, de Maurice de Sully a Valle Inclán, hay toda una gama de interpretaciones personales, mientras en lo popular cada pueblo sabe darle un acento local preciso y diverso, realizando distintas adaptaciones, sin que el ejemplo pierda sus notas esenciales.

En el mapa de extensión de nuestro ejemplo hay no sólo el vacío, perfectamente racional, de lo eslavo, sino también una ausencia notable dentro de lo mediolatino: la de Italia. El ejemplo del pajarillo fué contado con «esprit gaulois», se hizo tudesco en Alemania, se revistió de un vago celtismo en Irlanda, se adaptó a lo inglés y a lo flamenco, se amoldó a la poética gallega medieval y al poema barroco portugués, a la balada romántica y al soneto simbolista... pero no fué comprendido en Italia.

Los narradores italianos —aunque Vitry haya redactado entre ellos su ejemplo— han preferido leyendas afines sin hacerse con el sentido del ejemplo del monje. En el plano de extensión de los temas de durmientes corresponden a la península italiana las derivaciones de viajes monacales al paraíso terrenal; la leyenda del Príncipe Mozo y el cuento de los Dos Amigos en el tipo del banquete, con las secularizaciones del motivo de aberración: la isla de Felicidad y el relato del Herrador. Puede tratarse de una simple desviación en las corrientes de transmisión, pero el hecho puede ser también revelador de una aversión cultural: cada colección y cada relato muestran un espíritu diverso, significativo de una época o de un sentido nacional distinto también, ha sentado Didier en sus estudios sobre la migración de los temas narrativos.

Si dentro ya de la extensión del tema, cotejásemos las variantes en cada localización y en las distintas derivaciones literarias, hallaríamos también una matización que es índice de mentalidad colectiva. Tal es el interés que podrá deducirse del desarrollo de las notas que ahora con forzosa sequedad esquemática hemos de dar, mero índice de ulteriores cotejos.

1.º *Países Bajos*

Al estudiar la versión de Afflighem dentro de los núcleos medievales de difusión del ejemplo dimos a conocer amplios detalles sobre esta localización, la primera conocida, fecunda por lo tanto en la entrega del tema a los ejemplarios.

De esta versión dependen numerosas redacciones que parten de la duda, como la leyenda del monje Félix en Alemania, y la «Música del cielo» en Irlanda.

En la literatura holandesa ha de referirse también a esta versión monacal la elaboración poética romántica de *Proudens van Duyse,* el gran poeta nacional flamenco (1804-1899) publicada en 1840 en las «Vanderlandsche Poesi» (244).

2.º *Francia*

Es con Alemania uno de los países más pródigos en localizaciones, pero muestra mayor variedad en los motivos. Mientras lo alemán gira en torno a la leyenda, muy fija en características, del monje Félix, aquí se da toda una gama de narraciones en relación con los diversos motivos del «grupo de durmientes». Veremos algunos ejemplos:

a) *Picardía.*—Se relaciona la versión picarda con el odio popular hacia los templarios —Sebillot (245) ha anotado la perduración de este recuerdo siniestro en el folklore— y con el cambio de Orden que representa su disolución. Esta nota se da también en lo portugués. La versión que recogemos procede de la colección Carnoy (246) y fué tomada en Warlois (Somme):

Los templarios de Beaucourt eran malos monjes. Solamente el protagonista del ejemplo se distinguía entre ellos por su virtud. Dios, como en las leyendas rabínicas, quiere separarle de la muerte cruel que sufrirán sus compañeros. Un día en que el buen fraile hace sus oraciones en el bosque del monasterio, un «pinson» comienza a cantar sobre un árbol. Tan grata resulta la canción al monje, que desea estar doscientos años escuchándola. Al cabo de ellos detiene el pájaro su canto y cuando retorna el fraile al convento encuentra ya otra comunidad de monjes. Las crónicas comprueban que el monje Juan salió del convento antes del castigo de los templarios. Como en la leyenda de Afflighem, el monje comulga y muere en seguida.

Dos notas deben destacarse en esta versión: una, la relación con las narraciones que se basan en el recuerdo siniestro de los templarios y que se extienden especialmente por Normandía; otra, el cambio de comunidad que acrece los incidentes del retorno y que hemos de encontrar no sólo en lugares donde existieron comunidades extinguidas, sino también donde se dió el paso entre Cister y Cluny (247).

b) *Bretaña.*—Hemos anotado ya (págs. 37 y 62) las leyendas que en Bretaña son derivación de nuestro tema. En «Le boiteux et son beau-frère l'ange», recogida por Le Braz, Louizik espera a la puerta del paraíso oyendo cantos deliciosos y viendo pájaros de encantador plumaje (248). En «Le jeune pâtre que alla porter une lèttre au Paradis», el protagonista en su visión contempla hermosos jardines floridos donde hay pájaros que cantan cánticos armoniosos y ángeles que se acompañan con arpas de oro. Este mismo recuerdo encontramos en narraciones del mismo ciclo que dejamos ya citadas (249).

c) *Normandía.*—Conocemos tres versiones normandas de la leyenda: una tiene como protagonista a un viajero que se detiene a reposar a la orilla de un bosque y escucha durante cien años el canto del pájaro (250); la segunda presenta a un monje que recibe encargo de cortar un árbol en la selva. Al comenzar su trabajo oye el canto de un pájaro y detiene su labor para escucharlo. Cuando el canto cesa, intenta pesaroso continuar su tala; pero el árbol es ahora tres veces más grueso y él se siente débil. Entonces retorna al monasterio donde no es reconocido pero existe el recuerdo de la desaparición de un monje hace cien años. El monje leñador muere en seguida (251). La tercera, localizada en Beaucourt, repite el tema de los templarios que hemos encontrado en Picardía (252).

De estas versiones, las dos primeras, recogidas por Lecoeur, presentan curiosas novedades sobre las demás derivaciones. En la primera hay una leve interferencia de las narraciones de peregrinación que tantas veces escogen los bosques como escenario. En la segunda se ha buscado una original comprobación del avance del tiempo en el crecimiento del árbol y en la decrepitud del leñador (253).

d) *Auvernia.*—Grivel recogió en sus «Chroniques du Livradois» una curiosa derivación localizada en el antiguo convento de Chaumont. Su protagonista, el monje Anselmo, ve un ave de plumaje bellísimo y ensaya cazarla. Sigue tras ella como en la narración de Sully y por fin desiste viendo que se hace tarde. Cuando entra en el convento halla monjes mínimos en vez de benedictinos y es tomado por loco. El superior recuerda el nombre de un viejo abad desaparecido hace doscientos años y así se identifica al desconocido (254).

Esta versión tiende a eliminar la base musical del cuento del monje y el pajarillo, para situar el tema entre las narraciones que buscan otro goce para provocar la aberración de tiempo (255). Aquí surgen elementos procedentes de las leyendas de cazadores como Guingamor, y al mismo tiempo nociones de goce visual que se dan también, con respecto al pájaro, en otras versiones francesas (256).

e) *Alsacia.*—Hertz ha estudiado la difusión de la leyenda tudesca del monje Félix en Alsacia en su estudio «Deutsche Sagen in Elsass». Esta difusión determina la aparición de algunos focos franceses que reúnen las características de la línea de Afflighem frente a la generalidad de las versiones inspiradas en el grupo de la petición (257).

El ejemplo del monje y el pajarillo en Francia cuenta no sólo con esta amplia serie de versiones populares, sino con elaboraciones literarias, que continúan la línea iniciada por Maurice de Sully, con su deliciosa redacción medieval. Al lado de esta narración suele citarse la del cronista Froissart. Confieso no haber podido hallar esta redacción que tanto interés tendría para darnos a conocer cómo veía el autor de las «Chroniques» nuestro fino tema de ejemplario (258).

Entre las redacciones modernas hemos incluído la prolija elaboración de *Simeón Pécontal*. En ella el monje, «le moin Gontran», es un sabio que en un paseo por el bosque se plantea el tremendo problema de la eternidad. Avanza en sus dudas y en su caminata y el bosque cambia de aspecto para semejarse a un paraíso oriental. Entonces suena el canto del pájaro. El monje cree haber pasado una hora y retorna, pero en el monasterio todo ha cambiado. Hay una gama de incidentes del retorno, desarrollados en más de veinte estrofas, hasta que el monje cae convertido en polvo. Curioso contraste el que ofrece esta última versión, densa y engolada, con la gracia primitiva de los Sermones Vulgares (259).

3.º *Inglaterra*

Hemos citado ya la relación de algunas versiones con la literatura británica. Así mencionamos los manuscritos de Sully realizados en Inglaterra, la versión inglesa de Odo de Cheriton, la versión anónima latina de fines del XIII que se conserva en el British Museum y la narración métrica derivada de la redacción de Sully.

Entre las localizaciones populares, suele citarse una del País de Gales, que menciona la época del suceso, situándolo en el siglo XV (260).

4.º *Irlanda*

Kennedy, en sus «Fireside Stories of Ireland», publica bajo el título «Música del Cielo» una versión irlandesa de nuestro ejemplo, completísima en sus motivos, que pertenece al grupo de la meditación y que recoge elementos de Sully, como la persecución del pájaro de árbol en árbol, pormenoriza excesivamente las notas de retorno en cuanto a las modificaciones sufridas por el monasterio y termina con la confesión y muerte, como la versión afflighemense. El talento narrativo de Kennedy ha dado un nuevo encanto a esta fiel versión oral (261).

5.º *Alemania*

La leyenda alemana del monje Félix que Graf estimó (262) como posterior al siglo XIV, ha sido estudiada por May —«Das mittelhochdeutsche Gedicht von Mönch Félix»— y es pródiga en adaptaciones y en elaboraciones poéticas, comenzando por el poema alemán de la baja edad media, estudiado por Von der Hagen y Gering, (263) y llegando hasta la poética contemporánea.

Las principales localizaciones son:

a) *Heisterbach*, abadía cisterciense en el Rhin, cerca de Bohn, localización estudiada en sus derivaciones por Schell —«Studien zu der Sage von Mönch zu Heisterbach»—, y que cuenta entre sus derivaciones con la prosa de Guillerno Schäffer de que ahora hablaremos (264).

b) *Heildesheim*, en el Hannover prusiano, narración en la cual se basó el poeta norteamericano Longfellow para su versión en «The Golden Legend» (265).

c) *Odenwald*, entre el Necker y el Main, en la Bergstrasse, uno de los más fuertes paisajes de Europa y también una de las comarcas donde halla asiento mayor número de narraciones de difusión universal (266).

d) *Posnania*. Ha sido recogida con las características generales de la narración del monje Félix por Knoop en «Ostmaerkirsche Sagen» (267).

Entre las versiones literarias hemos citado ya la versión métrica de *Federico Kind* y el cuento infantil de *Bechstein* citados por Liebrecht. Pero la leyenda de Félix ha sido también elaborada poéticamente por *Uhland, Wolfgang Müller, Mosblecht, Schäffer,* y fuera de Alemania, por *Longfellow*.

Requieren anotación las versiones que incluímos, de entre éstas, en nuestros apéndices:

Uhland —que sintió la atracción de los temas medievales en lo poético, las «baladas», y en lo erudito, los «Estudios de historia de la poesía y de la saga»— trazó nuestro ejemplo en una breve e hiriente canción simbólica. El monje pregunta al avecilla azul del alma si es ella el ave que viene del cielo. Y del alba a la noche, escuchando el monje y cantando el ave, transcurre un siglo. Sin notas accidentales, apenas con un leve esquema del ejemplo, el romántico de Suavia ha creado una genial interpretación del tema.

La versión de *Wilhelm Schäffer* (268) parte de la duda y del texto del salmo. El monje sale, como en Sully y en la localización auvernesa, persiguiendo al ave hasta llegar a una fuente profunda donde el sol se quiebra en el agua como en un diamante. Cuando el sol se pone el monje siente un frío de muerte y retorna al monasterio en cuya puerta no da con el cordel de la campana. Schäffer añade nuevos elementos imaginativos a esta parte de la narración —el monje decrépito, sentado en un sillón, se asombra ante su imagen reflejada en un vitral— hasta que después de la habitual apelación a las crónicas se extingue su vida.

Por último, la elaboración poética de *Longfellow* aunque en lengua inglesa, entronca directamente con la leyenda alemana. Aparece incluída en «The Golden Legend». En el jardín de una alquería de Odenwald, el príncipe Enrique de Hoheneck lee la historia del monje mientras la joven Elsie teje un ramo de flores. La narración que lee el príncipe cuenta que el monje, paseando en la selva mientras leía unas páginas de San Agustín, se sintió atacado por la duda. Entonces comenzó a sonar el canto del ave que produjo en su alma un arrobo, y que le llevó a una visión celestial. Después viene el retorno con sus pormenores, narrados aquí en un lenguaje poético desusado frente al tono historicista de las demás versiones. La apelación a las crónicas testimonia una ausencia de cien años que parecieron una hora al monje.

Damos en los apéndices la versión castellana de este fragmento, publicada por el escritor gallego Vázquez Queipo en 1874 (269).

6.° *Suecia*

Como extensión de la narración del monje Félix, se menciona la localización de nuestro ejemplo en el monasterio de la Encarnación, al norte de Suecia.

7.° *Checoeslovaquia*

El folklore austríaco, donde se difundió también la leyenda alemana, tiene una extensión en la localización de Olmutz, en Moravia, única localización que conozco en países eslavos, pero que no representa en manera alguna una aculturación, sino simplemente una propagación de la leyenda del Occidente europeo.

IV LOCALIZACIONES Y DERIVACIONES PENINSULARES

Dedicaremos por último este capítulo al estudio de las tres localizaciones más importantes que se dan en la Península: Armenteira y Leyre, en España, y Vilar de Frades en Portugal. Tres monasterios cistercienses a cuyos primitivos monjes aparece atribuída como adaptación hagiográfica.

1.º *Armenteira*

El «Libro foral en orden XIII» del monasterio de Armenteira (270) escrito en 1624 por fray Basilio Duarte, prior y archivero del monasterio, cuenta que D. Ero, señor de Armenteira donde tenía su palacio, y muy principal caballero de alto linaje, después de estudiar artes liberales, seguir la carrera de las armas y casarse con una señora de su condición, se separó del mundo para vivir en una ermita del monte Castrove. Más tarde pidió a S. Bernardo monjes de su orden para hacer fundación, siéndole concedidos cuatro, cuando los de Claraval vinieron a Galicia. En 1150 fuera don Ero nombrado abad, levantando la bella iglesia de Nuestra Señora, que hoy perdura, y gozando de su cargo hasta 1176, en que un buen día, saliendo a dar un paseo al caer de la tarde y sentado al pie de un árbol, oyó cantar tan suavemente un pájaro, que quedó «dormido el cuerpo mientras el alma gozaba los deleites de la Gloria, que por señal de los que por su virtud le tenía guardados, quiso Dios darle a gustar».

Buscáronle los monjes por los alrededores, pusiéronse en oración e hicieron rogativas. Don Ero no apareció. Hasta que en 1376 despertando de su sueño retornó al monasterio. Era entonces abad Don Fray Alonso y quiso dejarle de nuevo su cargo, mas Don Ero no lo quiso aceptar. No se sabe cuándo murió ni dónde está su enterramiento. El calendario cisterciense le celebra como santo en 30 de agosto y quizá fuese enterrado en el capítulo o en la iglesia. Se ignoran sus milagros aunque ya fué muy grande el que realizó en vida.

Muchas veces especialmente bajo el trienio de Fray Matías de Peralta, buscaron los monjes de Armenteira el cuerpo santo de su primer abad, pero no se pudo encontrar «porque no debe ser llegado el tiempo en que nuestro Señor tiene determinado se descubran y manifiesten sus sagrados huesos para ser venerados y honrados de sus hijos y devotos».

Hasta aquí la narración del libro foral que escribió en el siglo XVII el P. Duarte, imprimiendo a la narración un ingenuo carácter de historicidad, único entre todas las derivaciones del ejemplo del monje y el pajarillo.

El P. Duarte, que no carecía a pesar de su ingenuidad de cierto sentido de crítica histórica, acompaña a su versión una pequeña noticia de los historiadores de S. Ero, citando entre ellos al P. Manrique y al P. Cardillo.

El P. Manrique incluye la narración del monje y el pajarillo atribuyéndola a S. Ero de Armenteira en los «Anales cistercienses», año 1176, cap. VII, y aun creo insiste sobre la narración en otros lugares de su obra. El relato aparece en Manrique con los caracteres de la línea afflighemense, tal como en los libros de devoción de su tiempo se repetía en España con cierta fijeza (271).

El P. Cardillo —de quien dice el libro foral: «quien dió mejor noticia fué el P. Fray Bernardo Cardillo de Villalpando, cronista del Cister, sacando los datos del archivo de Claraval»—, aunque nacido en Segovia estuvo en Galicia trabajando en los archivos cistercienses y escribió la «Historia monasterii Superatensi, vulgo de Sobrado», la «Fundación del Monasterio de Nuestra Señora de Osera» y el «Chronico de los Ozores y Osorios en el Reino de Galicia», sobre temas gallegos. Por esto no debía ignorar la leyenda que ya en su tiempo correría por las comunidades gallegas y tendría incluso eco popular. Después tuvo ocasión de darle cabida en muchas obras suyas tales como el «Itinerarium ordinis Cisterciensis sive rerum illius illustrium», el «De viris illustribus ordinis Cisterciensis», el «Speculum Monachorum» y otras que por no haber sido impresas conocemos solamente por las citas de Montalvo y Henríquez, trasladadas por Nicolás Antonio en su B. H. N. y por Vergara Martín en la Colección Bibliográfica de Segovia (272).

Aunque el Padre Duarte no hable de ella, corría ya entonces debida a Fr. Malaquías de Asso, una vida de S. Ero, que no conocemos directamente, pero sí por las referencias de Henríquez en su «Menologio Cisterciense», Carrillo, Vischius, Nicolás Antonio, Alvarez y Baena, Latassa y Murguía, aunque todos ellos no hagan más que repetir una misma referencia sin indicar detalles sobre el libro.

Fr. Malaquías de Asso, nacido en Muela en 1542 de una familia noble cuyas armas aparecían en el retablo de la capilla de S. Bernardo de la iglesia del Portillo de Zaragoza, entró en la orden del Cister en el Monasterio de la Huerta. Desempeñó las abadías de Matallana, Armenteira y Rueda, y fué visitador de Valdigna. En 1592 fué nombrado obispo de Utica y auxiliar del arzobispo de Zaragoza D. Andrés de Bobadilla. En este mismo año, fué preconizado para Obispo de Jaca, diócesis que ocupó desde 1595 hasta 1606 en que murió en olor de santidad.

Latassa a quien seguimos en esta breve nota, da como obras de Fr. Malaquías los siguientes títulos: «Memorias» para su régimen y gobierno, que Latassa conoció por una mención del canónigo Lanuza; «Dos Sínodos Diocesanos» celebrados en Jaca, conocidos por sus actas; un manuscrito original «Sobre el gobierno espiritual y temporal del monasterio de Rueda» y la «Vida de S. Hero, Abad de Armenteira».

La nota referente a este último escrito debe de proceder de Nicolás Antonio, que alude así a la obra de Fr. Malaquías de Asso, tomando a su vez la información de Henríquez y Vischius:

«Anonymus Armenteriae in Gallaecia monachus Cisterciensis conscripsit olim Vitam admirabilem B. Eronis, eiusdem loci abbatis: quae inter alia continet historiam illi similem quae vulgo narratur, de monacho Affligemiensi, qui per annos CC. ad cantum cuiusdam aviculae in extasi permansit. Vitam hanc in antiquo codice repertam publicavit Reverendissimus Malachias de Asso (sic legendum) parentibus nobilibus in Aragonia natus, tunc quidem Armenteriae abbas, postmodum vero anno MDXCV. Iaccensis in Aragonia creatus Episcopus, ubi mira sanctitatis opinione floruit usque ad annum Domini MDCVI. quo obiit XXVIII. Aug. de quo vide «Menologium Cisterciense» Chrysostomi Henríquez eodem anno: qui etiam compendiosam inseruit Eronis Vitam Fasciculo suo lib. 2. dist. 26. cap. 6. Haec Carolus Vischius in Bibliotheca Cisterciensi» (273).

Basta la indicación anterior para imaginar como surge la localización de Armenteira: el abad Asso halla un códice del monasterio en que se narra sin adaptación la historia del monje y el pajarillo, según cualquiera de las versiones medievales que sirvieron a su difusión, la contrasta quizá con alguna tradición local y lanza su biografía de San Ero, personaje histórico y fundador del monasterio, atribuyéndole con el carácter de historicidad que hemos visto en Duarte, los distintos motivos del ejemplo medieval refiriéndolos a fechas y personajes determinados.

La existencia de S. Ero se encuentra fuera de duda. El nombre que lleva abunda en los documentos del siglo XII en Galicia. Así son conocidos Erus Pelaiz (274), Ero de Santiago de Laco (275), Erus Erici (276), Ovecus Eriz (277)... A par de ellos se encuentra un Ero Armentariz que puede ser el fundador de Armenteira. En 1102 concede D.ª Urraca a el su fiel vasallo y a su mujer Columba la iglesia de Santa María de Lama en el valle de Armenia (278); en 16 de enero de 1105 confirma con el título de «maiordomus super mensam» la donación de coto hecha por los Condes al monasterio de Poyo (279); en 16 de diciembre del mismo año, como «maiorinus» en la confirmación de los fueros de Santiago hecha por el Conde D. Ramón (280); en 1107, sin expresión de cargo, se encuentra su nombre en las donaciones de Piñeiro (281) y Trove (282) a la iglesia compostelana; por última vez confirma como «maiordomus regis» en la donación del monasterio de Moraime (283) hecha por Alfonso VIII en 1119.

En 5 de diciembre de 1135, dos caballeros gallegos de la corte de Alfonso VII, D. Fruela Alfonso y D. Pedro Muñiz Carnota, fundaron el monasterio de Toxos Outos, y otros dos nobles, D. Pedro Osorio y D. Alonso Bermudes, seguidos de más próceres, el de Monfero (284). Por aquel entonces debió tener lugar la incorporación de D. Ero a la vida monástica con la erección del monasterio de Armenteira, a la cual contribuyó el Conde de Traba D. Fernando Pérez llamado *ierosolimitano* por participar en la cruzada de ultramar, curiosa coincidencia con el hecho de que viva en el monasterio una leyenda de precedentes palestinianos (285).

Dice el citado Duarte que fué abad de 1150 a 1166, pero los datos positivos que tenemos de su vida son el privilegio otorgado por Alfonso VII en enero de 1155 y la inscripción que en la iglesia de Armenteira fecha la construcción en tiempo del abad Ero en 1165 —«Abbas Dominus Erus fecit...» (286).

La leyenda del monje y el pajarillo tiene hoy estado folklórico en Galicia, no sólo en la localidad de Armenteira donde perdura merced a la representación artística del milagro, sino en toda la tierra de Salnés e incluso en la montaña de la provincia de Pontevedra, donde la hemos anotado en Lalín y Dozón. En la provincia de Orense aparece divulgada con iguales características, pero atribuída a los monasterios de Ribas de Sil y de Oseira (287). La representación a que hemos aludido es una labra barroca en piedra, incluída en la espléndida portalada del monasterio, repetida en las tallas del órgano y en las rejas de madera de las capillas laterales de debajo del coro. La labra muestra a San Ero arrodillado delante de la Virgen con el Niño en los brazos, al lado de un árbol en que está posado el pajarillo (288).

En el escudo de Armenteira aparece también la representación del pájaro incluída entre otros signos heráldicos.

Esta leyenda fué acogida en libros de devoción como las «Reflexiones Catholicas» de Colmenero (289), que siguen la narración de Manrique. Mayor extensión tiene la mención de este relato en libros de carácter histórico sobre las iglesias de Galicia, tal como el de Gil González Dávila, que cita a Henríquez, Aurifabro y Maior, mezclando las tradiciones de Armenteira y de Afflighem (290), y, modernamente, en los libros de Fernández Sánchez y Freyre Barreiro (291), Cesáreo Rivera y Víctor M. Vázquez (292) y López Otero (293).

Por último anotaremos dos versiones literarias de distinta época y tendencia. Una se debe a *Martínez Padín*, un romántico gallego, y fué publicada primero en «El Avisador Santiagués» en 1846 y más tarde reproducida por el autor en el discurso descriptivo con que comienza su «Historia política, religiosa y descriptiva de Galicia», impresa en 1849.

La versión de Martínez Padín titulada «El bosque de Armintera», es una pintoresca desviación de lo popular. Una madre llora a su hijo en la iglesia del monasterio. Un monje se acerca a consolarla hablándole de la fugacidad de la vida terrena y de la eternidad de la celestial. Ella le pide una imagen de esta eternidad y el monje, para enseñársela, conduce a la afligida al bosque del convento. El bosque es un escenario característico del romanticismo compostelano: «las mariposas volaban de flor en flor en los rosales que había esparcidos y los pájaros poblaban las copas de los árboles modulando amorosos gorjeos». La señora contempla arrobada el bosque y el monje escribe sobre un tronco: «A tus ojos, Señor, son años ciento—lo que un fugaz, efímero momento», y se abstrae meditando el prosaico dístico. El tiempo corre y queda aplazada para otro día la busca de la imagen de lo eterno. Ambos regresan al convento, pero todo ha cambiado; han pasado doscientos años. «El monje había presentado a la incrédula viuda, ignorándolo él mismo, la imagen de la rapidez con que huye el tiempo en otra morada cuya puerta es el sepulcro».

De entre todas las versiones conocidas de la narración que estudiamos ninguna mas pálida y desvaída que la de Martínez Padín, reflejo al fin y al cabo de un estado local de sentimentalismo tan curioso como el que revela la sección «La Armonía» que el autor dirigió en «El Avisador Santiagués». Pero sin ociosas detenciones intermedias que repetirían un parecido paisaje espiritual, iremos al encuentro de una obra de poesía auténtica que consagra la localización de Armenteira en la historia de las letras hispánicas (294).

Don Ramón María del Valle Inclán publica en 1907 «Aromas de Leyenda», versos en loor de un santo hermitaño, que han de reimprimirse en finas ediciones en 1913 y 1920 para aparecer en las «Opera omnia» al lado de «La Pipa de Kíf» y de «El Pasajero», reuniendo casi completa la labor lírica del orfebre de las «Sonatas» (295).

Para Valle Inclán, la leyenda del monje y el ave habrá sido familiar desde el hogar, porque él nació en Vilanova de Arousa (296), en la tierra pontevedresa de Salnés, donde está enclavado sobre el torso ciclópeo del Castrove el monasterio de Santa María de Armenteira, nido de consejas de monjes y ladrones (297). Para Valle Inclán «Aromas de Leyenda», después de «Águila de Blasón», es como un regreso a lo suavemente primitivo; lo que para otro gallego, Curros, representó «A Virxe do Cristal», después de «O Diviño Sainete»; lo que fueron para Guerra Junqueiro «Os Simples», a vuelta de «A velhiçe do Padre Eterno»; lo que las «Rime» de Carducci tienen de recesión a lo popular al lado del fragor patético de las «Odi Barbare».

Valle Inclán, fiel a los motivos de su tierra nativa, aguzada para ello su visión en amplia lectura extraña —recordemos que cuando comienza a publicar sus libros, Muruais ha reunido ya en Pontevedra una espléndida biblioteca francesa— va hacia el tema por exquisita apetencia medievalista. Lo popular le ofrece la leyenda —Galicia es una tierra arcaica— con todo su candor ingenuo y milagrero, de ejemplario. Él la vestirá con la magia verbal de su técnica. Y como pieza testigo, a manera de confrontación con la fuente ingenua, tal como había hecho en otros géneros Rosalía, fijará al fin de cada poema una cantiga del pueblo.

Hay en la elaboración de «Aromas de Leyenda» el recuerdo de la versión de Longfellow conocida seguramente por la edición que poseyó Muruais y el influjo de Guerra Junqueiro —«Os Simples» se han publicado en 1892— y de los parnasianos portugueses, concretamente Correa de Oliveira, que diera al tema del monje y el pajarillo en 1901 nueva forma poética. Pero Valle Inclán crea un gran poema en torno al sencillo milagro; ni en proporción ni en desarrollo hemos hallado paralelo en todas las derivaciones anotadas.

«Aromas de Leyenda» goza de la típica formación tripartita grata a Valle Inclán: la leyenda ocupará el cuadro central del tríptico;

a los lados, como portezuelas, notas ambientales. Predella: «Ave», salutación a las «memorias de la tierra lejana». Primeras visiones de ambiente: «Milagro de la Mañana», donde suena el tañido milagrero de la campana rural; «Los Pobres de Dios» —véanse «Os pobresinhos» de Junqueiro, el tema ha ganado aquí justeza y sobriedad— «Geórgica», una de las más bellas impresiones paisajísticas de Galicia; «No digas de Dolor», el pazo valleinclanesco al fondo en el horizonte, y por último «Flor de Santidad», donde se inicia ya el prodigio en el atrio aldeano:

> «Como en la leyenda de aquel penitente,
> Un pájaro canta al pie de la fuente,
> De la fuente clara de claro cristal.
> Cristal de la fuente, trino cristalino,
> Armoniosamente se unen en un trino,
> que aroman las rosas de un santo rosal».

Ahora la leyenda. Desarrollada en cuatro estampas: «Prosas de dos ermitaños», el motivo de la meditación:

> «—San Serenín, padre maestro,
> Mis ojos quieren penetrar
> En el abismo de la muerte,
> El abismo del bien o el mal
> Adonde vuelan nuestras ánimas,
> Cuando el cuerpo al polvo se da»,

«Ave Serafín», el motivo del prodigio, cabe la fuente en que el santo bautiza a un fauno. Las preferencias modernistas se interfieren con la escenería tradicional.

> «El ingenuo milagro al pie de la cisterna
> Donde el pájaro, el alma de la tarde hace eterna...»

Luego, los motivos del retorno: «Estela del Prodigio», el regreso de San Gundián de sus trescientos años de gozo. Una molinera hace el papel del carbonero en el Laís de Guingamor; el nuevo ermitaño espera el regreso del santo, que ve a los ángeles cavando su sepultura; «Página de misal», exaltación del motivo del ave:

> «Ruiseñor! Alondra!... Pájaro ríente
> Que dices tu canto al pie de la fuente,
> De la fuente clara, de claro cristal...
> Pájaro que dices tu canto, escondido
> En el viejo roble de rosas florido,
> Que yo vi pintado en viejo misal».

8

Al final, de nuevo los cuadros de ambiente. Ha cesado el milagro, pero la tierra está estremecida de santidad. Pasa la caravana de los desvalidos que algún día oirán también el ave celestial («Lírio franciscano»), la tarde muere ungida de aromas («Sol de la Tarde»), y la triada de los temas valleinclanescos —muerte, religión y amor— se completa con la página picaresca de «Son de Muiñeira».

Muy cerca de Uhland, el poeta cierra su libro («En el Camino») preguntando:

> «Madre, Santa María
> En donde canta el ave
> De la esperanza mía?...»

2.° *Leyre*

En el monasterio de San Salvador de Leyre en Navarra, que fué también de cistercienses y cambió como en otras localizaciones del ejemplo del Cister a Cluny, se cuenta de San Virila, legendario abad primitivo.

Yepes (298) hizo notar que el nombre de este abad no se encontraba en la lista cronológica que le ofreció Fr. Benito de Osta, distinta, por lo menos en las eras, de la contenida en el «Compendio historial» de Garibay (299). Por ello supone que San Virila viviría antes de D. Fortuno (832) y aún en tiempo de Iñigo Arista. Después atestigua que su fiesta se celebra con mucha solemnidad y que en el lugar de Terma se guarda como día feriado por existir allí una fuentecilla muy abundosa y de buena agua en mitad del bosque, llamada la fuente de S. Viril. Mas con todo esto Yepes no cuenta el ejemplo ni ninguno de los prodigios que a tal abad se refieren, «porque después que se han contado las virtudes, penitencias y mortificaciones de los santos, son el esmalte que cae muy bien sobre el oro», y como no tiene a mano la vida, «milagros raros y estupendos» no se atreve a ponerlos; que muy bien se espabila la crítica cuando no se quieren herir orgullos de comunidad.

Mejor fortuna tiene el relato en lo piadoso. El Padre Arbiol (300) lo incluye en sus «Desengaños místicos» con la típica versión cisterciense, y el P. Calatayud (301) lo divulga en sus conocidísimas «Misiones y sermones». En la literatura actual ha tenido un renuevo en la prosa engolada de Genaro Xavier Vallejos (302).

Aquí debemos citar algunos libros de piedad que incluyen dentro de las letras castellanas modernas, derivaciones del ejemplo tomándolo de las difundidísimas versiones del «Speculum» sin citar localizaciones peninsulares. Así: Nieremberg, en la famosa «Diferencia entre lo temporal y eterno» (303); Caravantes, en la popular «Práctica de misiones» (304); Nieves Avendaño, en las «Pláticas dominicales» (305); Barón y Arín, «Luz de la Fe y de la Ley» (306); Vázquez del Valle, en su «Año cristiano...» (307) hasta el «Directorio Ascético», de Scaramelli (308). Aun recientemente, en revistas religiosas hemos podido anotarlo, obedeciendo a la corriente del monje Félix y rodeado de notas pintorescas al gusto piadoso narrativo de nuestro tiempo, elaborado por Fr. L. de las Muñecas (309) y por Fr. Samuel Eiján (310).

3.º *Vilar de Frades*

Se localiza en el monasterio de Vilar de Frades cuya fundación se atribuye a S. Martín Dumiense, y que fué reedificado por Sueiro Guedes, nieto de Arnaldo de Bayão, en las faldas del monte Ayro, en el Miño. Primeramente fué de monjes benedictinos, pero D. Fernando de Guerra, Arzobispo de Braga, lo donó a los «loyos», canónigos de S. Juan Evangelista, o del hábito azul. La leyenda aparece así vinculada a este cambio de dueños y el fraile —un santo abad benedictino— al llegar de retorno al monasterio, encuentra ya a los canónigos regulares (311).

La variedad en la indicación del tiempo de aberración muestra la escasa fijeza de esta narración en torno al monasterio, pues mientras el eruditísimo Bluteau (312), en su «Vocabulario», el Padre Francisco de Santa María, en «O ceo aberto na terra» (313), Fr. León de Santo Tomás, en la «Benedictina Lusitana» (314), dan como tiempo de sueño setenta años, otros autores, como Pinho Leal (315), dan ciento y pico y el P. Manuel Bernardes llega a trescientos. Así responden a las diversas fuentes del ejemplo.

No falta en la leyenda portuguesa una derivación iconográfica. Pinho Leal habla de las hermosas capillas hechas en el huerto del monasterio por los congregados, y cuenta entre ellas la del «passarinho», levantada en el sitio en que el abad había tenido su ensueño, capilla que, con las representaciones que contenía, fué destrozada después de la extinción de las órdenes religiosas.

El proceso literario de la narración en Portugal, ofrece un gran interés. El primer relato en prosa portuguesa que se conoce, es el de *Fr. Leão de Santo Tomás* en la «Benedictina Lusitana» que acabamos de citar. El seiscentista *P. Mateus Ribeiro* (1620-1695), frío y pedantesco, sigue al «Speculum Exemplorum» en su versión del «Alivio de Tristes e Consolação do Queixoso» (1672-1674) (316). Una redacción semejante a la de Manrique se da, con citas de Discípulo y de Grauno, en *Saraiva Sousa,* de la villa de Trancoso, cuyo «Báculo Pastoral» (317) se publicó en 1682. De éste la tomó, insertándola en varias de sus obras, el *P. Manuel Bernardes* (1644-1710), quizás el más fino cultivador que haya tenido nunca la prosa portugesa, prodigio de intensa suavidad su estilo. Bernardes hace retornar el ejemplo a la gracia medieval de Sully. Reaparecen aquí, en pleno ochocentismo portugués, y en boca de un ascético oratoriano, el diálogo ágil, la exclamación espontánea, la frase aguda y la sugerencia afectiva del gran predicador medieval (318).

En contraste con la egregia llaneza del autor de la «Nova Floresta», una nueva construcción, abigarrada y retórica nos brinda el claustro portugués con *Sor María do Creu,* María de Eça, a quien se atribuye fundadamente el poema en cinco cantos y 174 estancias, titulado «Ave peregrina em cuja música esteve extático setenta anos o santo abade Pedro: oitava rima em que se poetisa este excesso mental», mezcla de rusticismo arbitrario y de empaque culterano, escrito en el Convento de la Esperança de Lisboa (319).

El tema vuelve a ser elaborado modernamente. *Nunes,* contagiado como Uhland por la hermosura de un tema estudiado, tributa a estas derivaciones con unas «quadras» que, como homenaje a su memoria, incluímos en nuestros apéndices. El parnasismo acoge con entusiasmo el tema. *Correa de Oliveira,* aquí exento de reiteraciones, inaugura el tratamiento décimonónico del ejemplo en su «Alivio dos Tristes»:

> «Es como aquela Ave de plumagem
> Brilhante como o Sol, que un breve canto
> (Pois breve pareceu) de entre a ramagem
>
> Trezentos annos entreteve um santo
> Que, voltando de ouvi-la ao seu convento,
> Tudo achava mudado por encanto.» (320)

Eugenio de Castro lo incluye en 1911 en un libro delicadísimo, «Salomé e outros poemas» (321), y *Affonso Lopes Vieira,* un poeta erudito y enraizado en lo popular, inspirándose directamente en la cantiga de Alfonso X, compone un nuevo poema, breve y agudo como un «lied» romántico (322).

No menor fortuna alcanza el tema en la erudición portuguesa, incluído en las «Historias de Frades» de L. da Assumçao (323) y estudiado en un trabajo, tan breve como completo, de mi maestro José Joaquín Nunes (324).

III

ELEMENTOS DEL EJEMPLO DEL MONJE Y EL PAJARILLO

Esta última parte de nuestra tesis ha de ser destinada al estudio de los elementos que informan el ejemplo del monje y el pajarillo. Elementos de tipo ideológico: la idea de relatividad temporal (I) y la aberración del tiempo por el deleite de la música (II). Elementos de tipo simbólico: el pájaro, agente del arrobamiento (III), y el bosque, escenario del prodigio (IV).

Serán estos capítulos los más breves de nuestro trabajo, rápida mención de temas cuyo solo enunciado suscita amplias sugestiones que no caben en los límites que nos hemos trazado, pero que pueden abrirnos campo a futuras investigaciones.

I RELATIVIDAD DE LA NOCIÓN TEMPORAL

Hemos dicho al comienzo de este estudio que el tema de la cantiga CIII tiene un carácter explicativo. Al tratar de una materia tan confusa para el lenguaje filosófico de todos los tiempos como la noción de lo temporal, es necesario apelar al «ejemplo».

Si queremos ahondar en el valor ejemplar de esta narración del monje y el pajarillo, hemos de recordar la distinción entre el tiempo conceptual y el tiempo como estructura senso-motriz. En el monje, por virtud del maravilloso canto, ha quedado suspendida la vida física cuyas alternativas —hambre-saciedad, trabajo-reposo, vigilia-sueño— motivan los reflejos del tiempo como hábito. El sujeto del ejemplo vive la saciedad insaciable, el eterno reposo, el día del gozo. Es como llevado y traído a lo eterno. Mas no sin que un elemento sucesivo presida este rapto. Hay una figura rítmica en la melodía del canto celestial. Se compara la sucesión: en la vida humana y en el goce divino de aquella melodía.

Algunos ejemplaristas cuidan de decirnos que el monje no ha sentido mientras dura este rapto necesidad alguna: «et qu'il dedenz III cent anz n'ert mie enveilliz ne sa vesteüre usee, ne sui soulier percié», dice Mauricio de Sully; «Et prae dulcedine cantus dictae avis non esurivit, nec sitivit, nec comedit, nec bibit...», dice el «Speculum Exemplorum». Se hace notar la falta del hecho biológico que Guyau consideraba como primario en el origen de la noción temporal. Cuando se suspende el canto del ave y el monje reacciona e inicia el retorno, hay una intención, se ha salido del presente para buscar algo en el futuro. Entonces se da la reintegración al tiempo. Así otros héroes al comer, al pisar la tierra de los mortales, pierden sus dotes de inmortalidad.

El monje sustraído al tiempo ha perdido el sentido de lo que Bergson denomina la «duración psicológica», «de la vida en movimiento, del devenir interno, del empuje dinámico del pasado sobre el presente». Qué prodigio ha habido en el canto para reducir tres siglos a un solo instante? Qué es lo que ha llenado este espacio de tiempo no sentido por el monje? La infinita y una variedad de la vida sobrenatural, de lo eterno (325).

Así encontró el hombre medieval la respuesta buscada. En las descripciones del infierno ha aumentado progresivamente las notas de la vida imaginativa, ha acrecentado las imágenes del dolor. Este acrecentamiento hace largo el tiempo, más alargado aún por la espera de algo que no puede llegar, por un deseo que no puede cumplirse. A vuelta de las complicadas descripciones paradisíacas ha sabido oponer a esa variedad monstruosa y torturante de lo infernal, la sencilla unidad de este ejemplo. He aquí a un monje deseoso que vive tres siglos sin deseos, como un sólo instante. He aquí que para imaginar lo celestial basta suponer anulado, por milagro de una melodía infinita, el sentido de la duración. Si el hombre medieval ha sabido componer perfectas simbologías acarreando los más diversos materiales, éste ha sido uno de los símbolos más felices, una de las más satisfactorias respuestas que haya sabido darse ante la interrogante definitiva de lo temporal y de lo eterno.

———————

En la introducción hemos aludido también a la formación del relato en torno a un texto sagrado que ofrecía oscuridad a la interpretación popular. Hemos visto otro texto sirviendo de base a la narración precedente de Choni Hameaghel (pág. 53). Y en lo cristiano hemos destacado la constancia del salmo LXXXIX:

4. *Quoniam mille anni ante oculos tuos, tamquam dies hesterna, quae praeteriit.*
Et custodia in nocte.
5. Quae pro nihilo habentur, eorum anni erunt.
6. Mane sicut herba transeat, mane floreat et transeat: vespere decidat, induret et arescat.

o su derivación en la segunda Epístola de S. Pedro, cap. III:

8. Unum vero hoc non lateat vos, charissimi, quia unus dies *apud Doninum* sicut mille anni, et *mille anni sicut dies unus.*

En las versiones primitivas el monje medita y duda sobre el texto del salmo. Se plantea, como acabamos de decir, el problema de lo infinito y de lo eterno, frente a lo limitado y a lo temporal que el hombre vive, la carencia de cansancio y de límite, de temor a la muerte en el más allá, que el hombre quiere en su limitación, trabajosamente, imaginar. Si quisiéramos desarrollar aquí conforme a la mentalidad de nuestro tiempo las palabras ingenuas con que los difusores del ejemplo reflejan sobriamente el pensamiento del monje, habríamos de apelar a un texto egregio, el «Cant Espiritual» de Maragall:

> «Sí el món ja és tan formós, Senyor, si es mira
> amb la pau vostra a dintre de l' ull nostre
> què més ens podeu dâ en una altra vida?»

El ejemplo tiende a resolver la duda del monje, es decir, la duda del laico oyente del sermón vulgar o lector del ejemplario que ha tropezado con el texto del salterio o que se ha planteado independientemente el problema del tiempo y de la eternidad. Y contesta, como acabamos de ver, afirmando la relatividad de la noción temporal, su falta de realidad; mera forma impuesta por nuestra limitación humana frente a la eternidad de Dios, para quien es lo mismo el pasado y el presente, un año y un día, en el comentario de San Jerónimo al texto de la Epístola, glosado por los anotadores:

«Non est apud eum distinctio temporum, cuia presentia sunt omnia: Deus nec locis, nec temporibus continetur, nulla temporis mora apud eum diuturna est, aut brevis» (326).

El ejemplo aborda pues, en su sencillez, el alto problema que resolvía Platón en el «Timeo» (327) considerando al tiempo como imitación de la eternidad, y Plotino en las «Enéadas» (328) al defender que el carácter cíclico del tiempo no tiene realidad sino por la eternidad que traduce, interpretándolo como enfermedad del alma del mundo. El que planteó San Agustín quebrantando la oposición entre lo temporal y lo eterno para relacionarlos con un íntimo vínculo espiritual.

Cómo se verifica este hecho de sacar al monje de lo temporal para elevarlo fugazmente a lo eterno?

Es a la Weltanschauung agustiniana a la que responde, en relación con el rapto de lo temporal y con el goce de lo musical, nuestro ejemplo (329).

———————

San Agustín aborda el problema de las parejas de nociones en apariencia contrarias que le brinda lo cristiano: simultaneidad y sucesión, eternidad y tiempo, milagro y orden, para aliarlas en una fórmula que estas mismas nociones ofrecen: no hay sucesión en Dios; pero la sucesión no cesa de ser real en la criatura. Todo es en el Verbo «simul et sempiterne», pero a pesar de ello el carácter de este mundo no es ilusorio, «nec tamen simul et sempiterne fiunt quae dicendo facis» (330). Y el milagro le enseña como la eternidad puede intervenir en el tiempo y un orden inferior ser utilizado por un orden superior. El tiempo es el medio en que se transmite el impulso creador.

El tiempo se mide. Pero es en nuestro espíritu donde se efectúa la medida: «In te, anima mea, tempore metior». El tiempo no es una cosa física, ni una sustancia, ni una cualidad, ni un sujeto; es un estado que no existe más que en función del alma y para permitirle cumplir sus etapas espirituales (331).

San Agustín sabe como Plotino que es el tiempo el que vive en el alma. Es en la vida del alma donde ha de buscarse la razón de ser del tiempo. Pero Plotino —la observación es de Guitton a quien es forzoso seguir casi literalmente en este tema— hizo del tiempo la esencia del alma personal en lugar de ver en el alma la condición de su prueba.

San Agustín ha llegado en las «Confesiones», y precisamente mediante la similitud con el desarrollo de un cántico, a distinguir tres actos espirituales solidarios: espera, atención y recuerdo, que se continúan incesantemente. El objeto de espera se hace objeto de atención e inmediatamente objeto de recuerdo. En el canto se producen estos actos con respecto a la totalidad y con respecto a cada parte y a cada sílaba. Así se da también para las acciones, para la vida, para el transcurso de los siglos.

El instante será pues un acto de espíritu compuesto por la superposición de tensión y detención. La continuidad del tiempo no es un proceso lineal sino la cabalgata de numerosas corrientes espirituales, cada uno de los tres actos sustituyéndose incesantemente. Renovación constante de unidades indivisibles, de períodos rápidos y completos divididos por la trinidad inmanente del pasado, del presente y del futuro. El instante es un acontecimiento de conciencia, porque no podría existir sin una conciencia expectante para preverlo y rememorante para retenerlo (332).

Si aplicamos esta doctrina a la vida espiritual, reconoceremos en el presente dos momentos: una «distensio» y una «extensio»; dos movimientos: de detención y de tensión. «Distensio», disipación por tendencia a lo terrenal («ecce distensio est vita mea»); «extensio ad superiora», huída de lo terrenal hacia lo infinito («expectatio futurorum» (333). Detened milagrosamente la vida en la «extensio» y haréis al alma entrar en éxtasis «que es elevación de la potencia superior sobre las inferiores, de cuya fuerte y vehemente actuación cesan y quedan ligados los actos de las potencias inferiores, o son de tal manera debilitadas, que no impiden en su operación a la superior potencia», en definición de Fr. Juan de los Angeles (334).

Así escapará el hombre del tiempo en el tiempo y, disociados los dos movimientos de su vida espiritual, podrá alcanzar una anticipación furtiva del goce eterno. Ejemplo real: la experiencia de S. Agustín en Ostia (335); ejemplo mítico: el tema de la cantiga CIII.

Y es en la propia concepción agustiniana donde la comparación del gozo del cielo con la vida en el tiempo se ejerce con frases que recuerdan el prólogo de los ejemplaristas a nuestra narración: «Es tan grande el gozo y la alegría que resultan de la vista de la luz eterna y de la verdad inmutable de la divina sabiduría, que por un solo día de aquel sumo placer deberíamos justamente despreciar innumerables años de las delicias que nacen de los bienes temporales» (336).

Así responde San Agustín a la meditación del monje, como respondió Laura al Petrarca:

> «La morte e fin d' una prigione oscura
> Agli animi gentili, agli altri é noia,
> Ch' hanno posto nel fango ogni lor cura
> Ed ora il morir mio che si t' anoia
> Ti farebbe allegrar, se tu sentissi
> La millessima parte di mia gioia». (337)

II EL GOCE DE LO MUSICAL

El tema de la cantiga CIII ofrece pues una adaptación narrativa de la doctrina de relatividad temporal. Otras muchas narraciones han interpretado también por similitud la doctrina psicológica del tiempo, presentando la que hemos llamado «aberración» bajo aspectos más elementales: así hemos visto que los frutos del paraíso de la reina Sibyla maduraban al mismo tiempo (pág. 32) que en la leyenda de Tannhäuser se detienen en un punto todas las estaciones, o que se cambian entre sí en las narraciones checas de la Montaña de Cristal. Así, en la Dama del Lago y en el Caballero Cifar, e incluso en el cuento eslavo de Imperecedero, un niño crece semanas o meses por día (pág. 43). Pero como ejemplos particularmente relacionados con lo escatológico hemos separado las leyendas de durmientes, donde la aberración se produce bien por el sueño, imagen de la muerte —el verbo säkab hebreo vale para dormir y para morir— y debilitación de la conciencia, bien por goce, cuando activado el psiquismo superior «perdemos la noción del tiempo» en frase rigurosa aunque vulgar. Pero también el sueño, que puede sernos como total inactividad, puede traer goces con sus ensueños, libre el imaginar, sin freno de sentidos ni sometimiento a razón. Y entonces nos dolerá al despertar que se quiebre el deleite, como dolió al monje del ejemplo la huída del pájaro celestial. «O passarinho da minha alma, para onde te foste tan depressa?», preguntamos entonces como el gran narrador portugués (338).

Hemos señalado diversas fuentes a este deleite con que llenan el breve transcurrir de los siglos las más perfectas narraciones de durmientes: el deleite del celestial festín, como símbolo; el de la luz celestial, algo más que metáfora; la música divina con base de realidad y sentido filosófico.

El banquete divino es símbolo celestial y eucarístico. Así hemos dicho que la leyenda de los Dos Amigos y sus afines vienen a tornarse como en «ejemplos sacramentales». «Este es —recuerda el

Maestro Granada — el convite de que habla Isaías cuando dice: 'Hará el Señor en este monte un solemne convite a todos los pueblos, de vinos y manjares muy delicados'» (339). El deleite, no interpretado en forma simbólica sino real, del gusto en la gloria del Cielo, es mencionado en la patrística comentando textos bíblicos que aluden a lo celestial como cena, maná o convite. Así el propio S. Agustín hablando del cielo se refiere al «deleite del gusto y dulzura de sabor que allí se halla eternamente» (340). Pero la mención de estos deleites palidece y se relega como cosa accidental al lado del goce infinito de la posesión de Dios. Y como no vienen regidos esencialmente por una idea de ritmo que se relacione con la medida temporal, es escasa su fecundidad en los ejemplos que tienen como tema la aberración del tiempo.

Igual dificultad ofrece la mera «visión» del Paraíso. La primitiva tradición literaria cristiana rehuye la representación del goce de Dios como visión de luz, y cuando acepta esta idea gusta de aliar el «lumen gloriae» con notas del más variado carácter sensorial, pero especialmente auditivas.

. . Y es que la tendencia a la imaginación luminosa de la divinidad es propia de Oriente. Así hemos visto a los «yoghis» con los ojos fijos en el disco solar. El dios de la India es luz: «Yo soy la luz del sol», «el esplendor de la luz», «entre los astros soy el Sol; entre los elementos, el fuego» dice Krishna a Arjuna. Y cuando Krishna se deja ver, su esplendor es comparable «al centellear de mil soles (341). El «swarga» es la mansión «de los que ven claro»; la «paradissa» el lugar de la eterna luz, el triple cielo luminoso, el palacio de la luz. Las representaciones de la divinidad solar se multiplican. Podemos repetir de la religión védica que es «la revelación por la luz».

Lo islámico ha mantenido de lo oriental esta preferencia por la luz. Baste recordar las redacciones del «Mirach», donde Mahoma atraviesa en los cielos un océano de luz y donde los mitos de luminosidad se reiteran hasta la fatiga (342). Los místicos árabes conciben la visión beatífica como una revelación luminosa: Dios emite rayos que disponen a la contemplación de su divinidad.

En lo cristiano si se rehuyó inicialmente el tema de la visión fué huyendo de yerros antropomórficos. Hasta algunos llegaron a negar la visión de la esencia divina y el «In lumine tuo videbimus lumen» (343) fué interpretado como símbolo de Cristo que traería la Verdad del Padre (344). San Agustín busca en Dios «una luz sobre toda luz, que no ven los ojos» (345). La doctrina del «lumen gloriae» elaborada por las escolásticas, como mostró Asín Palacios, fué bebida por Santo Tomás en los filósofos musulmanes, que levantaron sobre la idea oriental de la divina luz una sagaz interpretación teológica.

Queda el tercer motivo: el musical, que traía precedentes bíblicos y clásicos y que alcanzara también consagración filosófica en lo agustiniano, precisamente en relación con la doctrina sobre la eternidad y el tiempo.

Pueden espigarse en la Escritura las menciones de lo que Feijóo (346) llamaba música no metafórica ni alegórica, sino filosófica, no hecha para el oído, sino para el entendimiento, y como tal más elevada; música acorde en nosotros, en la mecánica de los cielos y en la infinitud de Dios. A ella alude el Libro de la Sabiduría en que se alaba al Señor diciendo: «Omnia in mensura et número et pondere disposuisti» (347), y el de Job «concentum coeli quis dormire faciet?» (348). Esta es la música que en la visión apocalíptica resuena como un cántico nuevo (349).

Hay pues una tradición religiosa que seguir al hablar de la música en los cielos. Pero hay también una apoyatura filosófica que presta lo clásico. Dijera Aristóteles: «La música es arte que deleita con proporción a la naturaleza, de manera que semeja que la naturaleza tiene cierto parentesco con la música. Por lo que muchos sabios dijeron que nuestro ánimo es armonía y otros, que la tiene» (350).

Así se refería a la consideración pitagórica de las cosas como números o hechas según modelos numéricos, y del mundo como derivado del número que le da la belleza, la verdad y la armonía; matematicismo que distinguía entre el Olimpo, región de movimientos puros, el Cosmos, de los movimientos armónicos, y el Uranos, de seres sujetos a la generación y a la muerte. La música es arte matemático por esencia; el estudio de la música es el estudio del mundo, que es armonía. «La música es ciencia del amor con relación al ritmo y a la armonía» —dice Platón en el Banquete.

Por esto afirmó Plutarco: «Pitágoras, Arquitas, Platón y los demás antiguos filósofos, dijeron que ni los movimientos de los cuerpos sublunares ni los de los celestes pudieron hacerse ni conservarse sin música, afirmando que el artífice soberano hizo todas las cosas en armónica consonancia» (351).

Relacionando la concepción de lo musical con la doctrina del tiempo, trazó su «De Música» San Agustín. Dice Guitton, extractando la doctrina agustiniana: «La música es esencialmente ciencia del movimiento más que ninguna otra disciplina, y nos permite comprender con precisión la concordancia de lo inmutable con lo

9

mudable. El sonido podría definirse como el paso del orden en la duración. La percepción musical es siempre evaluación latente e inconsciente cálculo. Así somos llevados al estudio de la percepción misma del tiempo, o más precisamente a esta prolongación de la sensación que es como una memoria inmediata. Pues no puede haber melodía si los sonidos que han sonado ya no se sobreviven» (352).

Por esto es adecuada la música para vincular lo temporal y lo eterno, para ofrecer una muestra de lo eterno en lo temporal. Es la melodía de nuestro ejemplo aquella melodía que resuena «donde no hay aire que la lleve» (353) aquella armonía en que deseaba participar Agustín después de su muerte (354), la que le hacía llorar y gozar con purísimo deleite (355), la que podría tañer Santa María en la dulce armonía de los órganos (356), la que levanta los corazones desde la tierra a lo alto.

Pensando en Dios se percibe la música de las cosas:

> «A cuyo son divino
> El alma que en olvido está sumida
> Torna a cobrar el tino
> Y memoria perdida
> De su origen primera esclarecida».

> «Traspasa el aire todo
> hasta llegar a la más alta esfera,
> y oye allí otro modo
> de no perecedera
> música, que es la fuente y la primera» (357).

Así interpreta Fr. Luis de León, platónico y agustiniano, el sentido cosmológico de lo musical. «Son divino...» el origen divino de la música ha sido mantenido en la patrística por el Crisóstomo: «Nuestro canto no es más que un eco, una imitación del de los ángeles. Es en el cielo donde ha sido inventada la música. Cantan los ángeles sobre nosotros y a nuestro alrededor. Si el hombre es músico es por una revelación del Espíritu Santo: el cantor es inspirado desde lo alto» (358).

Maritain ha sabido en nuestro tiempo recoger las enseñanzas de esta doctrina desde su posición neotomista, al estudiar la creación en lo artístico. «Donde encontrar, nos dice, mejor que en la creación musical la imagen de la creación del mundo? El mundo como la cantata o la sinfonía está construído en el tiempo (en un tiempo que comienza con él) y conservado a lo largo de su duración sucesiva por el pensamiento del que recibe la existencia. Ninguna materia más próxima al abismo propio de lo creado que el movimiento de lo que pasa, el flujo rimado y ordenado de las apariciones no permanentes de una alegría del sentido que cede y se desvanece. El que canta, como el mundo y el movimiento, no muestra su rostro más que en un recuerdo: «Si non esset anima non esset tempus». Y, como el pasar del tiempo, la música no es en sí ni limitada ni cerrada ¿qué razón hay para que el canto cese? ¿Para que una obra musical concluya? Es una paradoja lo de que la obra musical no es como un cuadro y no hay razón para que acabe? Mejor es decir que, *así como el tiempo del mundo desembocará un día en el instante de la eternidad, así la música no debiera acabar más que desembocando en un silencio de otro orden lleno de una voz sustancial y donde el alma un momento gustara la no existencia del tiempo*» (359).

Al profundizar en las fuentes ocultas de lo popular para buscar la clave de la aceptación unánime que nuestro ejemplo ha hallado, es fácil encontrar algo de apelación a lo ancestral en este papel de la música interviniendo en una huida del tiempo, algo de un sello primitivo que refrende su difusión. Combarieu (360) ha acertado, desde una posición positivista, a señalar este fundamento. Le bastó recordar los orígenes mágicos del canto, antes de que la música entrara en el dominio de la organización social o de la regulación artística... cuando el arte musical era mero prototipo, pura magia lírica. Recordemos los orígenes religiosos del canto. «Canto» y «encanto» tienen una radical común. No fué vana frase, sino genial intuición, la de Valle Inclán al hablarnos del «canto de encanto», ni es vana la erudición que recuerde con textos de Esquilo y de Cicerón en lo clásico, o de Al Farabi en lo islámico, las fórmulas melódicas de amnesia. Ante la perduración popular de lo primitivo, el monje del ejemplo ha pasado tres siglos bajo la influencia de un canto mágico. Ha estado «encantado», como dicen aún los viejos de la tierra de Salnés.

Pero no nos dejemos llevar de la voz del pueblo. Pidamos de nuevo a los filósofos su interpretación para esta palabra. Maritain nos da de nuevo la clave de este don mágico de la música abriéndonos el último secreto de nuestro ejemplo.

Cuando se distinguen en la obra musical, como en toda creación de arte, un cuerpo, un alma y un espíritu, se descubren a la vez tres líneas de donde arranca la emoción estética. Pero «existe una cuarta línea que no es ya precisamente de la belleza, sino de la gracia, en el sentido en que Plotino decía que la gracia era superior a la belleza, y en esta gracia lo que interesa es la magia de la obra» (361). Y este don mágico de la música, don superior y exterior al arte, por el cual lo musical se convierte en instrumento del más allá, es el que juega en el sentido tradicional y filosófico de nuestra sencilla narración. La música del pajarillo es una música que viene del cielo, «donde las almas gustan la no existencia del tiempo».

III EL AVE

El paisaje ideal del medievo, en lo terrenal y en lo escatológico, está animado por la presencia y por el canto de los pájaros. Hemos hallado en diversos lugares de esta tesis al pájaro dando vida a la visión celestial o al prodigio. No se trata del mero aprecio de las aves por parte del hombre medieval —recuérdese el capítulo de la descripción de los pájaros en Gaufrido de Monmouth— sino del recuerdo de su significación mítica, de su simbolismo y de su papel en la narrativa. Es por esto por lo que se elige al pájaro como agente en el ejemplo del monje extático, por eso es de él de quien parte la música celeste que lo deleita y lo abstrae de lo temporal.

Trazaremos un breve esquema de estos motivos:

A) *El pájaro como símbolo escatológico*

1. *Las aves y la divinidad.*—Al comentar el ejemplo suele mencionarse, como motivo primordial de esta representación, el recuerdo de la paloma, en cuya forma desciende el Espíritu Santo. Aquí cumpliría acopiar una serie de materiales procedentes de distintas mitologías para buscar el arraigo de esta interpretación y reafirmar el entronque de nuestro pájaro del cielo con símbolos de divinidades orientales y clásicas.

2. *Aves del Paraíso.*—Pero con independencia de estas representaciones hallamos especialmente en lo oriental la mención de las aves, como en la «paradissa» india y en lo islámico. Aquí el ave es un gallo inmenso cuyas alas cubren el horizonte y que entona un canto de alabanza que han de repetir todos los gallos de la tierra que, según la creencia árabe, invitadores a la oración, no cantan a la vez y precisan de la existencia de esa ave casi angélica que sincronice sus cantos.

Este pájaro, que recuerda el ave inmensa del viaje de Simbad que alimenta a sus hijos con elefantes, se traduce a lo cristiano en el águila dantesca formada por incontables espíritus inmortales (362).

3. *Ángeles en forma de pájaros.*—Estas aves del paraíso aparecen confundidas otras veces con las representaciones angélicas.

Baste recordar las imaginaciones aladas de los espíritus celestiales: la *niké* originó el tipo iconográfico del *ángel*. En algunas versiones de nuestra leyenda hemos visto la mención precisa de que el pájaro es un ángel que adopta esta forma. No faltan paralelismos de esta idea en el legendario medieval. Así Jacobo de Voragine cuenta que en la enfermedad de Santa Isabel los que la asistían oyeron cantar muy armoniosamente y ella afirmó que un pájaro posado en la pared diera tan dulces acordes que la había animado a cantar. Este pájaro dice Voragine que sería su ángel guardián anunciador de la alegría eterna, como serían también ángeles aquellos otros pájaros que en legión innumerable se posaron en el tejado de la iglesia cantando con gran perfección a su entrada en el cielo (363).

4. *Pájaros del Purgatorio.*—Relacionados con las creencias que luego veremos del alma en forma de pájaro, aparecen los pájaros que son almas del Purgatorio, en las narraciones populares. Flaxland ha recogido un cuento alsaciano en que un aldeano que camina tras una cabeza de muerto hasta llegar a un país extraño, al abrir una puerta encantada, da paso a infinito número de pájaros que son almas que ha librado del Purgatorio (364).

5. *Los pájaros y la condenación.*—Aquí cumple incluir las aves que, como encarnación del dolor o del mal, ejecutan condenas. Recuérdense el buitre que desgarra de continuo las entrañas de Prometeo, el pájaro de las nueve cabezas, símbolo del espanto en los cuentos populares chinos, y también las aves que encarnan espíritus condenados o sometidos a una pena especial, como los ángeles neutrales en la «Navigatio Brandanis» (365).

B) *El pájaro como representación del alma.*—En este apartado debemos incluir todas las creencias y narraciones relacionadas con las almas que se presentan en forma de pájaros, y con la conversión o supervivencia de seres humanos en aves.

1. *En lo oriental.*—En lo indio, el papel de los pájaros prestándose a la reencarnación de las almas abre camino a innumerables temas narrativos —v. gr. las conversiones de Bhuda en paloma, sus encarnaciones en otras aves narradas en varios manuscritos budistas y en el propio Pantschatantra, estudiadas por Julien; el cuento de «El brahman desagradecido» y las leyendas chinas de niños cambiados en pájaros, recogidas por Basset (366).

2. *Mitología clásica.*—Aquí, la serie de conversiones de dioses y de semidioses en aves. Júpiter enamorado de Astrea, toma la forma de águila y Astrea, perseguida por él, se trueca en codorniz.

Júpiter, para seducir a Leda, hija de Glauco, toma la forma de cisne. Mercurio fué convertido por Juno en pavo real. Las hijas de Pirro, por querer competir con las Musas en el Certamen, se volvieron urracas. Escalafo es convertido en muchuelo por Ceres, etc.

3. *Mitología céltica.*—Hemos tenido ya ocasión de hablar (vid. pág. 48 y nota 140) de la leyenda de los cisnes blancos, viva aún en el folklore irlandés, que dió asunto en el medievo a «Li Romans de Dolopathos»:

> «En cigne fut lor suerz muée
> Cigne et famme estre pooit
> Por ce ke la chaaigne avoit» (367).

4. *En el folklore occidental.*—Pero estas creencias no están solamente extendidas en los países célticos sino en todo el folklore de occidente. Recordemos entre las metamórfosis involuntarias de hombres en pájaros, las que tienen carácter temporal y son producidas por un pinchazo mágico en la cabeza o en el oído (368) y, entre las voluntarias, las representaciones de hechiceros en forma de pájaros.

Estas narraciones hallan base en una serie de creencias arraigadas todavía en lo popular. El alma, en forma de pájaro, sube al cielo después de la muerte, volando muchas veces, en el momento del entierro, sobre el ataúd. El alma de los que se salvan toma forma de alondra en Bretaña. En Galicia el alma de los niños se aparece como una «xuaniña» (369). El alma de los que mueren en pecado toma en la alta Bretaña la forma de cuervo y en la baja Bretaña se dice que queda en esta forma vagando por el mundo. Los niños en el Morbihan y el Finisterre francés, cuando mueren sin bautismo se transforman en pájaros (370).

C) *El lenguaje de los pájaros.*—La creencia popular sobre el lenguaje de los pájaros, da origen a una serie de interpretaciones folklóricas, riquísimas en matices, que ha estudiado Sebillot (371). La creencia de que el hombre puede entender este lenguaje y hablar con los pájaros, motiva una serie de narraciones tan curiosas como la del joven que sabiendo el habla de las aves llega a Pontífice, recogida bajo el título de «Los Tres Lenguajes» por los hermanos Grimm (372).

Este lenguaje de los pájaros se muestra a veces en condiciones muy parecidas a las de nuestro ejemplo: en el viaje de Boluquía y las leyendas occidentales que influye, un pájaro maravilloso saluda al viajero en una de las islas encantadas desde las ramas de un árbol y le autoriza a probar de los manjares dispuestos para él misteriosamente (373).

Mayor importancia tiene en conexión con el ejemplo del monje y el pajarillo el «Lai de l' oiselet» estudiado por Gaston Paris y Barbazan Meon (374). En él se dan iguales circunstancias externas que en el ejemplo: pájaro que habla, fuente, bosque, un paisaje encantado que vive a merced del canto maravilloso del ave, «le verger idéal du 'Lai de l' Oiselet' —dice Mme. de Noailles, citada por Barrès—, ce jardin enchanté dont toutes les délices, les eaux et les pelouses, les arbres et les fleurs n' existent que tant que dure le chant magique de «l' oiseau» (375).

D) *Pájaros colaboradores.*—Por último, gran número de narraciones nos presentan a los pájaros como dotados de alma, atendiendo y obedeciendo las indicaciones del hombre, o prestándole espontáneamente su colaboración. Así el pájaro que hace recobrar la vista con su canto, en el folklore malayo; las aves de la laguna Estifalia que, en la mitología clásica, adiestradas por Marte en el combate, son vencidas por Hércules; el pájaro dorado que en el folklore eslavo es el gallo de oro que anuncia la suerte de las campañas y en las narraciones alsacianas acude cuando se le llama mediante cierta fórmula para ejecutar las órdenes del héroe. Así el ave negra, pájaro avisador en la historia del Rey Ciego, entre los cuentos malayos; el pájaro de fuego, en la vieja Rusia; el «pájaro de verdad» cuyos orígenes orientales estudió Cosquin; y el pájaro verde, que atrae al joven hacia la selva, en la narración difundidísima en el siglo XVIII en el folklore europeo (376). Finalmente, la colaboración de los pájaros como intercesores ante Dios en el momento del juicio, ha dictado en nuestros días a Axel Munthe la bellísima página final de la «Historia de San Michele».

Dentro de este mismo grupo podemos incluir los pájaros salvajes, hijos de magos, que ejecutan los designios de sus padres, según las leyendas recogidas por Sebillot, Luzel, Webster, Cosquin y Carnoy (377) y, para terminar este capítulo, los pájaron conjurados por los santos, que huyen a sus indicaciones para no interrumpir su meditación (378). Castelao, el genial intérprete de la Galicia actual, ha comparado en una aguda página la leyenda de Fray Juan de Navarrete conjurando a los pájaros para que no turben su reposo espiritual, con el ejemplo de San Ero, a quien un pájaro hace gozar de las delicias del cielo. Entre ambos mitos media un diferente espíritu de pueblos y de épocas.

IV EL BOSQUE

1. *En la imaginación del paraíso.*

En las visiones y descripciones del paraíso celeste hemos hecho notar un primer ideal paisajístico: el que se deriva de la descripción bíblica del paraíso terrenal. Entre esta idea y las complicadas estructuras imaginarias de lo celestial, relacionadas con la escatología islámica a través de la obra del Dante, se desarrolla la visión del cielo conformada al patrón de belleza geográfica de la Edad Media.

En otros trabajos nuestros hemos abordado el gratísimo tema del paisaje literario en la poesía medieval (379) y de los ritos derivados del Baumkultus explicativos de este aprecio de elementos forestales (380). Cuanto en aquellas monografías decíamos, pudiera confluir aquí ahora para ilustrar la composición imaginativa del cielo como jardín y como bosque. Frente al sentido utilitario de la naturaleza —recordemos las praderas «llanas y fáciles de arar» de Homero— la Edad Media exalta la naturaleza cultivada para el gusto, el jardín; o apropiada a la unión con Dios en frondosa soledad, el bosque (381). En el jardín y en el bosque no pueden faltar árboles cubiertos de frutos con pájaros que gorjeen, posados en las ramas temblorosas; al pie de los árboles mana a veces una fuente de limpias aguas (382): estamos en el escenario del ejemplo del monje y el pajarillo.

2. *Arboles del paraíso.*—A veces se declara —lo hemos hecho destacar en el cotejo de versiones— que el monje entra en éxtasis bajo un árbol. Recordemos los árboles cosmogónicos; el Bodhitara de la creación brahmánica y los árboles mandara, paridjata, haricandana, kalpavriksha y santana de su «paradissa»; el haoma asirobabilónico, la palma caldea, el árbol de la tentación en lo iranio, el árbol del vaso fenicio de Idalion, y, sobre todo, en lo bíblico, «el árbol de la vida, en medio del paraíso, y el árbol de la ciencia del bien y del mal» (383).

En lo islámico el árbol es camino del cielo. En una redacción del viaje de Mahoma, éste con el ángel Gabriel se elevan sobre las ramas que crecen (384). Pero tampoco falta la versión del árbol gigantesco del paraíso: el «Loto del Término» de donde nacen los cuatro ríos y que señala el lindero entre Dios y las criaturas (385).

En las visiones medievales hemos visto como se interfieren los elementos procedentes de la tradición judeocristiana con estos elementos orientales de transmisión islámica. He aquí, por ejemplo, el árbol de la versión portuguesa de la visión de Tnúgdalo:

«Olha e ueerás hũa aruore muy grande e muy fremosa, chea de flores e folhas e de frutas de mujtas maneiras.

E estauã em ella aues de mujtas maneiras de colores, que cantauã muy maravilhosamẽte cantares muy doces. E em os rramos desta aruore estauã muitos lirios e mujtas rrosas e heruas de muytas naturas, que dauã de sy muy boo odoor. E so aquella aruore estauã mujtas cõpanhas, aseentadas ẽ cadeíras d' ouro e de marfil, em que sijam, louuãdo ao Senhor Deus pellos mujtos bẽes que lhes daua».

3. *El paraíso como árbol.* —Pero en lo islámico no se trata sólo de la presencia de este árbol centrando la visión paradisíaca, sino que se ofrece la imaginación del cielo en forma de árbol, el árbol de la felicidad «cuyas ramas dan sombra a todos los alcázares del cielo sin que exista alcázar ni morada que no posea alguna de sus ramas», la estructura paradisíaca que había de desarrollar Abenarabi y que según Asín pasaría a lo dantesco con los símiles de las ramas e incluso de la gran rosa (386).

4. *Derivaciones en lo narrativo.* —Estos motivos trascienden a conocidísimas narraciones populares. El árbol de la vida aparece en «La Serpiente blanca», recogida por los Grimm (387). Parecido sentido tiene el árbol Gebang del folklore insulindio (388). En relación con el Baumkultus aparece el árbol como talismán, tal como lo hemos visto en manos de los monjes de Ghihon (389). El árbol paradisíaco halla eco en los viajes de Boluquía y en sus derivaciones occidentales (390) y, por último, el árbol como estructura viene a transmitirse al cuento inglés de «Jack y la Habichuela» (391).

5. *Los encantos de la selva.* —Pero también hay un sentido mágico en el bosque donde el monje ha penetrado para la oración. «La divina floresta spessa e viva» (392) está llena de recuerdos ancestrales. El árbol, como el pájaro, puede prestarse a la encarnación de seres humanos: Dafnae, Merlín. El árbol puede brotar, como el pájaro, de un cadáver, llevando el alma del muerto: el árbol del incienso que por gracia de Apolo brota sobre el enterramiento de Cílice. La selva está llena por la sobrevivencia de espíritus que encantan (393). En la selva se busca la yerba del olvido, el medio mágico de la amnesia que alivia (394), por eso nuestro monje va a hallar en el bosque, como otros héroes de leyendas de durmientes, su olvido de lo terrenal.

6. *El bosque como símbolo de la vida.*—Como recuerdo del árbol primigenio de la vida y como símbolo de la áspera, fuerte y varia frondosidad de lo vital, aparece el bosque en significación de la propia vida o con un sentido de tentación y duda:

> «Nel mezzo del cammin di nostra vita
> Mi ritrovai per una selva oscura...»

El símbolo de la vida como selva por la cual vagan los hombres viene de Horacio y ha de ser utilizado de nuevo por Dante en el «Convivio»: «L' adolescente, che entra nella selva erronea di questa vita...» (395). Es en el bosque de la vida donde halla, como una luz, su canto de milagro el monje de nuestro ejemplo.

7. *El bosque y la relatividad temporal.*—Pero además el bosque ofrece, con el ritmo de su vida, un contraste con el ritmo de la vida humana. Hay un motivo a la meditación sobre la brevedad de la vida ante el árbol secular. Hay una comparación viva de espacios temporales con nuestra presencia en el bosque. Quien haya leído «Canaima», la novela de las selvas de la Guayana, habrá comprendido esta acción deshumanizante de la selva:

«La obsesión de contemplarla a toda hora, de no poder apartar la mirada del monótono espectáculo de un árbol, y otro, y otro..., todos iguales, todos erguidos, todos inmóviles, todos callados... La obsesión de internarse por ellos como un duende, despacio, en silencio, como quien crece... De marcharse totalmente de entre los hombres y fuera de sí mismo hasta perder la memoria de que alguna vez fué hombre y quedarse parado bajo el chorro de sol del calvero donde hierve la vida que ha de reemplazar al gigante derribado, todo insensible y mudo por dentro, la mitad hacia abajo creciendo en raices, la mitad hacia arriba, despacio, porque habrá cien años para asomarse por encima de las copas más altas y otros cientos para estarse allí, quieto, oyendo el rumor del viento que nunca termina de pasar» (396).

En uno de estos instantes de obsesión pediría el monje de nuestra cantiga la prueba del eterno gozo. Y así surgió el ejemplo en un bosque monacal.

APÉNDICES

VERSIONES DIFUSORAS

I

VERSION AFFLIGHEMENSE

Eodem tempore (circa finem XI saeculi) ut fertur, accidisset Fulgentio (primo abbati Hafflighemi) mirabilis historia: admonitus enim a fratribus illic adesse peregrinum sed venerabilem monachus qui se illius monasterii fratrem affirmabat, introduci fecit illum: qui interrogatus, quisnam et unde esset, respondit, se de nocte adhuc fuisse in matutinis, ubi cum recitasset hunc versum psalmi LXXXIX: «Mille anni ante oculos tuos tamquam dies hesterna quæ præteriit» mansit in choro meditans super mysterio verborum illorum, quando avicula quædam apparuit sibi; ad cujus cantum exurgens secutus est eam asseruitque quod hujus melodia et volatu delectatus exiverit monasterium intraveritque silvam; ubi adhuc modico tempore persistens reversus sit domun quam appropinquans in tantum invenerit mutatam ut non cognosceret eam. Cumque Fulgentius interrogasset eum de suo abbate et principibus terrae, repertum fuit, illos a trecentis annis floruisse quibus omnibus narratis, monachus ille defecisset et acceptis ecclesiæ sacramentis dormivisset in Domino.

(Dunlop-Liebrecht, «Geschichte der Prosadichtungen...» p. 543).

II

MAURICE DE SULLY

Il fu uns bons hom de religion que preia Deu sovent en ses oreisons qu'il li donast veoir et demostrast aukune chose de la grant duceur et de la beautié et de la joie qu'il estoie et promet a cels qui lui aiment. Et-Dex nostre Sire i'en oï, car si cum il fu assis une foiz a une anjornee tut suls en l'encloistre de l'abbaïe, si li envea Damledex un angle en semblance d'un oisel qui s'asist devan lui. Et com il esguarda cel angle, de qui il ne savoit pas que ceo fust angles, einz quidout que ceo fust uns oisels, si ficha son esgart en la belté de lui tant durement qu'il oblia tot quant qu'il avoit veü ça en arires.

Si leva sus por prendre cel oisel dunt il estoit mut coveitus, mès si cum il vint près de lui, si s'en vola li oisels un poi arieres. Que vos dirron long conte? Li oisels traist le bon home après lui, si qu'il esteit avis au bon home que il esteit el bois hors de l'aba[ï]e. Et si cum il li esteit avis qu'il iert el bois devant l'oisel si se traist vers l'oisel pur li prendre, et lores s'en vola li oisels en un arbre.

Si comença a chanter issint tres ducement que onques rien n'en fu oï si duce. Si estut li bons hom devant l' oisel et esgarda la beauté de lui, et escota la duceur del chant issint tres ententivement que il en oblia tontes choses terrienes. Et cum li oisels out chantié tant cum a Deu plout, si bati ses eles, se s'en vola; et li bons hom comença a repair[i]er a soi meïsmes celli jor a hore de midi. Et cum il fut re-pairie a soi meisme: «Deus!» pensa il, «jo |ne| dis hui mes hores; coment i reco-vereie jo mès?» Et cum il regarda s'abbaïe, si ne se recunuit puint, si lui sembloit que les plusurs choses furent bestornees. «Et Dex!» fist il, «ou sui jo dunc? Et n'est ceo mie l'abeïe dunt jo issi hui matin?» Lors vint a la porte, si appela lu portier par sun nun: «Huevre», fist il. Li portier|s| vint a la porte, et cum il vint a la porte et [cum] il vit le bon home, si no le conoit mie qui il estoit. —Jeo sui» fist il, «moines de çaenz, et si voil entrer. —Vos» fist se li portiers «ne estes pas moi-nes de çaens; [vos ne vi jo onques mès. Et se vos estes moines de çaens,] quant en eissistes vus? —Hui matin,» fist se lui moine[s], «si voil çaenz entrer. —De çaens», fist si lui portiers, «n'eissi hui moines, Vos ne cunuis ge mie por moisne de çaenz? —Li bon[s] huom fu tut esbaï, si respondi: «Faites moi parlier au por-tier,» fist se lui bons hom. Si noma autre portier par sun num. Et lui portier|s| respundi: «Çaenz n'at portier se moi non. Vos me semblez hom qui n'est mie bien, en sun sen, qui vos faites moisne de çaenz, car vus ne vi ge onques mès. —Si sui,» dist lui bons hom. «Don n'est ceo l'abaïe sein cestui?» Si numa lu seint. —«Oïl,» fist lui portiers. — «Et jo sui moines de çaenz,» fist lu bons hom. «Faites moi venir l'abbié et lui prior, si parlerai a els.» Lores ala lu portiers querre l' ab-bié et lu prior, et il vindrent a la porte; et cum il les vit, si ne les coneut mie, ne il ne coneurent lui. —Qui demandez vus?» firent se il al bon home. —Io demant l'abbié et lui prior, a qui jo voil parlier. —Ceo sumes nus,» firent se il. —«Non es-tes,» fist lui bons hom, car vus ne vi jo onques mès.» Lores fu tut esbaïz li bons homs, car il nes conoit, ne il ne le coneurent. —«Quel abbié demandez vus, ne quiel priur?» fist se lui abbes; et qui conoissez vos çaenz? —Io demant un abbié et un priur que issint estoient appeliez; et conois celui et celui. «Et cum il oïrent iceo, si coneurent les nuns bien. —Beau sire» firent se il, «il sunt mort III cenz anz at passiez. Or esgardiez ou vos avez estié et dont vos venez et que vos de-mandez.» Lores s'aperceut li bons hoem de la merveille que Dex avoit faite, et cum par son angle hors de l'abbaïe l'avoit mené, e pur la biautié de l'angle et pur la doceur de son chaunt li avoit demustré tant cum li plut de la biauté et de la joie que ont li ami Damledeu en ciel. Si s'emerveilla estrangement que III cenz anz avoit veü et escotié l'oisel, et pur le grant delit que il avoit eü ne lui semblout que del tens fust trespassié mès que tant cum il at dès le matin enjusqu'a midi, et qu'il dedenz III cenz anz n'ert mie enveilliz ne sa vesteüre usee, ne sui soullier percié. Seignurs, esgardez et asmez cum es[t] grant la biauté et la douçur que [Deus] dorra a ses amis en ciel...

(Sermón *Mulier cum parit*». Versión Meyer-Constans. Vd. arriba pág. 86 y «Notas Bibl.» 210).

III

JACOBO DE VITRY

De quodam valde religioso abbate legimus, cum novissima cogitaret et quid ei post hanc vitam futurum esset, inter alia cogitare cepit de gaudiis paradisi et quomodo sancti absque tedio tam diu esse poterunt in loco uno. Et statim dum esset in orto prope abbaciam, apparuit illi pulcerrima avis, cum qua ludere cepit et valde delectabatur suavissimo cantu eius. Et reversus ad se venit ad portam abbacie et omnia mutata repperit nec ianitorem agnovit nec ipse ab aliquo, quis esset, in monasterio cognosci poptuit. Cumque diceret: «Ego sum abbas talis monasterii, qui statim ad meditandum in ortum exivi», ille negantes et admirantes inspexerunt librum, in quo scripta erant nomina preteritorum abbatum, et invenerunt trecentos annos preteritos, ex quo ille prefectus fuerat monasterio memorato. Et ita dominus viro ostendit sancto, quod mille anni in eterna beatitudine tamquam dies hesterna que preteriit, absque ullo tedio erunt; plus est enim deum facie ad faciem videre, quam cum avicula ludere aut cantum avicula audire.

(«Sermones comunes». Ed. Frenken de los «Exempla», núm. XIX).

IV

EUDES DE CHERITON

De quodam fratre et ave cantante

Fratri cuidam miranti quomodo posset esse gaudium sine tedio, destinata est ei auis decantans melodias quasdam paradisi. Quam sequehs fratrem extra abbatiam, quassi in extasi manebat in nemore per ducentos annos. Qui, aue auolante, rediit ad abbatiam. Sicut ignotus uix receptus est. Sin ille ad modicum cantum auis manebat tanto tempore, etiam in mortali corpore, quid fiet ad ipsius Jhesum et bonorum agminum uisionem? Nonne mille anni [fuissent] ante oculos eius tanquam dies esterne que preteriit.

(«*Odonis de Ceritona Parabolæ ex sermonibus super evangeliis dominicalibus extractatæ*». Serm. Dominica iiij post octaban paschae, secundum Iohannem, XVj: «Amen, amen dico vobis, si quis pecieritis patrem...» Mss. Lat. Biblioteca Nac. París. 16506).

V

DE UNA COLECCIÓN ANÓNIMA DEL SIGLO XIII

De magnitudini gaudii

Monachus quidam, admirans quomodo erit in gloria gaudium sine tedio, diu rogavit Dominum ut ostenderet ei aliquantulum de dulcedine Paradisi. Cum semel post matutinas super hoc rogaret Dominum, audivit in nemora juxta abba-

10

ciam cantum avis dulcissimum, cujus dulcedine abstractus et illectus, egressus
abbaciam, cantum avis volantis aliquantulum est secutus; et per. CXX. annos;
non suriens nec senescens, cantum avis illius in nemore a[u]scultavit. Avis illa,
ut dicitur, hoc cantabat:

> «Bien face li home qui est vix,
> Quar grant est li joyos de Paradis»

Oculus non vidit nec auris audivit, Deus absque te, que preparasti diligentibus
te». Et hoc dicens avis reiterabat: «Bien face li home...» etc. Igitur, revolutis.
CXX. annis, cum auis circa terciam recessisset, non credens monachus se moratum fuisse nisi a matutinis usque ad illam horam, et sciens se exisse absque li-
cencia, ad abbaciam concitus est reversus. Cumque portam per quam exierat mutatam et alibi factam invenisset, et totum abbacie edificium videret depositum
aliter, stupefactus non modicum, janitorem non cognoscens nec ab eo congnitus
nec permissus ingredi, tandem vocato abbate et monachis et a nullo recognitus
nec aliquem eorum cognoscens, cum abbatem quem ultimum habuerat nomina-
set, revolutis annalibus invenerunt .CXX. annos elapsos. Quid ergo erit in fonte
dulcedinis, cum Petrus apostolus dicat ijª: «Apud Dominum erunt. M. anni sicut
dies unus» (2 Pet. iii, 8).

(Ed. Hebert. Romania, XXXVIII, 429).

VI

ALFONSO X EL SABIO

Cantiga CIII

(E, 103; T, 103; Tol., 93)

Como Santa Maria feze estar o monje trezentos anos ao canto da passarýa,
porque lle pedia que lle mostrasse qual era o ben que avian os que eran en Paraíso.

> *Quen a Virgen ben servirá*
> *a Parayso irá.*

5   E daquest' un gran miragre vos quer' eu ora contar,
      que fezo Santa Maria por un monge, que rogar
      ll' ía sempre que lle mostrasse qual ben en Paraís' á,
        Quen a Virgen ben servirá...

      E que o viss' en ssa vida ante que fosse morrer.
10   Et porend' a Groriosa vedes que lle foi fazer:
      fez-lo entrar en hũa orta, en que muitas vezes já
        Quen a Virgen ben servirá...

1 Esta é como *T, Tol.*   fez *T, Tol.*   ao monge *T*, ao mõje *Tol.*
passarýa *E*, passarýa *T, Tol.*
2 lli pidia *T, Tol.*   que lli *T. Tol.*
7 parayso á *T.*
9 sa *Tol.*

Entrara; mais aquel dia fez que hūa font' achou
mui crara et mui fremosa, et cab' ela s' assentou;
et pois lavou mui ben sas mãos, diss': —Ai, Virgen! que será?
Quen a Virgen ben servirá...

5   Se verei do Parayso, o que ch' eu muito pidí,
algun pouco de seu viço ante que saya daquí,
et que sábia do que ben obra que galardon avera?
Quen a Virgen ben servirá...

Tan toste que acabada ouv' o mong' a oraçon,
10   oÿu hūa passariña cantar log' o en tan bon son,
que se escaeceu seendo et, catando sempr' alá,
Quen a Virgen ben servirá...

Atan gran sabor avia daquel cant' e daquel lais,
que grandes trezentos anos estevo assi ou mays,
15   cuidando que non estevera senon pouco, com' está
Quen a Virgen ben servirá...

Mong' algūa vez no ano, quando sal ao vergeu;
des i foiss' a passaryña, de que foi a el mui greu,
et diz: —Eu daqui ir-me quero, ca ôy mais comer querrá
20   *Quen a Virgen ben servirá...*

O convent'. E foi-sse logo et achou un gran portal,
que nunca vira, et disse: —Ai, Santa Maria, val!
Non é êst' o meu mōesteiro; pois de mi que se fará?
Quen a Virgen ben servirá...

25   Des í entrou na eigreja, et ouveron gran pavor
os monges, quando o viron, et demandou-ll' o prior,
dizend': —Amigo, vós quen sodes ou que buscades acá?
Quen a Virgen ben servirá...

Diss' el: —Busco meu abade, que agor' aqui leixey,
30   et o prior et os frades, de que mi agora quitey
quando fui a aquela orta; u seen quen mi o dirá?
Quen a Virgen ben servirá...

Quand' est' oÿu o abade, teve-o por de mal sen,
et outrossi o convento; mais des que souberon ben
35   de como fora êste feyto, disseron: —Quen oÿrá
Quen a Virgen ben servirá...

5   pedi *T*.
10   passarya *Tol.*
11   se *Tol.*   senpr *Tol.*
14   treçētos.
15   coidādo *Tol.*
18   passarya *Tol.*   passarinna que foi *T.*   de que fui *Tol.*
19   et disse oi mais yr me quero *Tol.*
23   nō est est o meu *Tol.*
25   ygreja *Tol.*
34   outro si *Tol.*

Nunca tan gran maravilla como Deus por êste fez
polo rogo de ssa Madre, Virgen Santa de gran prez!
E por aquesto a loemos; mais quen a non loará
Quen a Virgen ben servirá...

5   Mais d' outra cosa que seja? ca, par Deus, gran dereit' é,
pois quanto nós lle pedimos nos dá seu Fill', a la ffé,
por ela, et aqui nos mostra o que nos depois dará.
Quen a Dirgen ben servirá
a Parayso irá.

Seguimos, con pequeñas variaciones, la fidelísima transcripción publicada por
Rodríguez Lapa en sus «Textos de Literatura Portuguesa». Cambiamos las grafías
lh, por *ll, nh* por *ñ* y separamos en el refrán *Quen a,* en el Cód. *Quena.*

    2   sa *Tol.*
    3   quen a *E,* quena *T,* quen na *Tol.*
    6   pidimos *Tol.*   fe *Tol.*

VII

NICOLAU BOZON

Un homme de religioun pria Dieu longe tens qe il lui monstrast un des meyndrez joiez du ciel, tant qe un jour lui vynt un oysel qe unqes tiel ne vist e lui co-
mencea a chaunter. Le seint homme ensuist tant qe vynt en un boys hespès ou le
oysel se assist sus un arbre e le prodhomme estut desouz pur escoter cel melodie.
Quant le oysel s' en party, le seint homme returna ver sa meison. Mès il estoit
desconuz de touz qe la furent e tot fust changee ceo qe il trova e lur dit qe il ala
hors de leynz mesme jour a matyn. Les autres demanderent qi fust abbé a cel
houre e il lour dit. Et quant ils eüssent regardez lours croniclez, troverent qe fust
passé c c c annes qe celui issit. Meintennant le seint homme morust e s' en ala a
Dampnedieux.

(«Metaphorae», n.º 90, ed. Smith-Meyer).

VIII

CLEMENTE SÁNCHEZ DE VERCIAL

Gaudium coeleste ineffabile est habendum

> Non ha home que pueda fablar
> Cuánta es la gloria celestial.

Dicen que un monje, estando pensando cuál serie el gozo en el cielo, é cómo
podrie ser gozo sin enojo, fuéle enviada una avecilla del paraíso que cantaba muy
dulcemente, é fuése en pos della fuera del abadía. E estando pensando en las cosas celestiales, é oyendo los cantos de aquella avecilla, estudo en el monte por

docientos años. E voló el avecilla, é fallóse fuera del monesterio, é cuando tornó non lo querían rescebir, ca non lo cognoscian.

El rey Cárlos dicen que en tiempo del rey don Luis aparesció á un caballero que estaba enfermo en una huerta con muchos compañeros, é levólo consigo. Dende á tres años trájolo allí donde lo tomara, é el caballero creyó que non habie estado con Cárlos mas de tres días. E sopo por su compaña que eran pasados tres años, é la huerta non paresció más.

(Libro de los Enxemplos, n.º CX).

IX

DEL «SPECULUM EXEMPLORUM»

Legitur in libro Exemplorum quod fuit quidam Monachus qui legens in matutinis cum aliis fratribus: mille anni ante oculos tuos tanquam dies hesternus quae praeteriit; miratus est nimis quomodo illud esset possibile. Erat enim sanctus et devotus valde. Post matutinas ergo mansit in choro in sua devotione, ut consueverat et petivit sibi illum versum revelari a Deo et incepit discere. Et cum staret avis pulcherrima ante oculos ejus volavit et avolavit. Sequebatur eam, quia totus fuit intentus ad visionem ejus. Tandem volavit extra ecclesiam, tamen semper prope ipsum, ut posset videri et ita prope ut posset apprehendi. Tandem deduxit eum extra claustrum et ulterius deduxit eum ad unum nemus quod fuit ante claustrum, magnum et spatiosum valde. Et ibi monachum illum detinebat per dulcem melodiam per trecentos annos, nunc avolando, nunc appropinquando, quosque omnes monachi dicti monasterii essent defuncti. Et prae dulcedine cantus dictae avis non esurivit, nec sitivit, nec comedit, nec bibit, postea avis avolans monachum dimisit. Statim monachus ad se reversus monasterium suum petiit, quia prope erat, putans se eadem nocte post matutinas recessisse. Jam erat hora tertia ut sibi videbatur, et se petivit intromitti. Dixit portarius quis esset, qui dixit: Sum sacrista istius monasterii, qui post matutinas egressus sum. Portarius putans eum delirum, non cognovit eum omnino; tamen requisivit ab eo nomina fratrum, scilicet, abbatis, prioris et cellarii. Recitavit ergo nomina eorum qui erant temporibus suis et portario omnino incogniti erant. Et admirans monachus quod non intromitteret eum et simularet se nescire nomina fratrum petivit ut duceret eum ad abbatem. Ductus autem ad abbatem nec ipse cognovit abbatem nec abbas e converso eum. Et inquisivit abbatem de praedecessore suo et sic inventum fuit quod abbas ille cum aliis quos nominavit ante trecentos annos esset defunctus. Tunc ostendit abbati et omnibus fratribus quid Deus secum operatus esset per tot annos in eremo per avem et illum versiculum: Mille anni etc. et de gaudio paradissi, et tunc ipsum in fratrem receperunt. Qui statim sumptis sacramentis ecclesiasticis dulciter obdormivit in Domino et ad gaudia vitae aeternae pervenit.

(«Speculum Exemplorum», H. Graun, Ex. LXV, distct. IX).

X

IOHANNES BROMIARDUS

Si ergo teste exemplo narratoris, tanta iocunditas sacietatis, seu melodiae vnius angeli, vel gaudii, quod cuidam Religioso Deum roganti, quod vnum gaudium ei in hac vita ad eius desiderium inflammandum ostenderet, vnus angelus in forma avis ei cantans aparuit, et ita eum iocunditate et gaudio repleuit, quod trecenti anni videbatur ei quasi vna hora diei, tantum quod in illo solo gaudio delectabatur, quod nec famem, nec frigus, vel passionem quacumque sensit, non obstante quod in loco, ubi tales vigent passiones, id est in horto quodam erat, quanto magis delectabitur, qui illam gloriosam ciuitatatem attingere poterit, ubi non solum de societate vel melodia unius angeli gaudebit, sed de Deo et matre eius, et de omnibus Angelis et sanctis, de loci amenitate, puritate. largitate, pulchritudine, et de omnibus gaudiis praedictis, quae intra se inveniet, et de omnibus gaudiis praedictis, quae in aliis (ut dictum est) videbit et audiet, non trecentis sed sempiternis annis ipso hoc largitate qui *iocunditatem, atque gaudium dabit in longitudine dierum*. Ecclesiastici j.

(Bromiardus.—«Summa praedicantium...» I, Gaudium. Cap. I, Art. 15).

(B)

DERIVACIONES

1

FR. ANGEL MANRIQUE

Eronem caelestis aviculae cantu per tria saecula, velut ad horam, raptum suspensumque historiae commemorant, Armentariae in Gallaecia abbatem fuisse eundemque Eronem, qui domum illam a fundamentis struxit rexitque primum sub nigro, mox sub albo habitu ejusdem monasterii traditio est cui fidem faciunt M. S. proximo inventa saeculo, dum venerabilis Assus (qui postmodum Iacensi Ecclesiae praefuit in eodem coenobio abbatem ageret...) Porro hoc aut simile, unica tamem centuria dempta, contigisse Eroni, Armentariae abbati... recentiores affirmant... Praefertur tamen Malachias Assus, ut dixi, qui rem invenerit in antiquo M. S. atque Eronem, Armentariae primum abbatem, in eo deliquio animae per ducentos annos ad aviculae cantum perseverasse memoriae prodat. Cui, si reliqua alia non obsisterent, non immerito fides praestanda foret, caeterum obstat Historiae antiquae contextus in qua non abbas sed sacrista dicitur qui in ecstasim raptus, ...

(«Annales Cistercienses», vol. II, pág. 448).

2

P. J. E. NIEREMBERG

(1643)

«...Y así, estando un monje cantando Maitines con los otros religiosos de un monasterio, y llegando a aquello del salmo que dice: «Que mil años en la presencia de Dios son como el día de ayer, que ya se pasó» espantóse mucho, y comenzó a imaginar como era esto posible. El era muy devoto y siervo de Dios: quedóse aquella noche en el coro después de Maitines, según lo tenía costumbre, y suplicó afectuosamente a Nuestro Señor que le diese inteligencia de aquel verso de David. Aparecióle allí en el coro un pajarito que cantando suavísimamente andaba, revoloteando delante de él, y de esta manera le sacó poco a poco a un bosque que estaba fuera del monasterio. Púsose el pajarillo sobre un árbol, y el monje debajo de él a oirle, y al cabo de un rato a su parecer se voló, y desapareció con grande sentimiento del siervo de Dios. «Oh, pajarito de mi alma, decía, adónde te has ido?» Como vió que no volvía, tornóse él para su monasterio, pareciéndole que aquella misma mañana había salido después de Maitines, y que entonces sería hora de Tercia.

Llegado al convento, que estaba cerca del bosque, halló tapiada la puerta que antes solía servir, y que habían abierto otra en otra parte. Llamando a la puerta, el portero le preguntó quien era, de dónde venía y a quien buscaba. Respondióle él: «Yo soy el sacristán de éste monasterio que poco ha salí de casa; y ahora vuelvo y todo lo hallo trocado y mudado». Preguntóle el portero por el nombre del abad, y del prior, y del procurador. Nombróselos, y espantábase mucho de que no le dejasen entrar dentro del convento, y de que disimulase conocer a los religiosos que le nombraba. Díjole que le llevase al abad; mas puesto en su presencia, ni el abad le conoció a él, ni él al abad, sin saber el buen monje qué hacerse ni qué decirse, más de quedar confuso y maravillado de aquella novedad. El abad le preguntó por su nombre y el de su abad; y buscando los anales, se vino a averiguar que habían pasado más de trescientos años desde la muerte de los abades que él nombraba hasta aquella sazón. Entonces el monje dió cuenta de lo que había sucedido sobre aquello del salmo. Con esta relación le conocieron y admitieron por hermano de la misma profesión, y él, habiendo recibido los Sacramentos de la Santa Iglesia, acabó suavemente con mucha paz en el Señor.

Si el gusto sólo de un sentido así poseyó el alma de este siervo de Dios, que será cuando, no sólo el oído, sino la vista, el olfato, el gusto y todo el cuerpo y alma estén enajenados en sus gozos, proporcionados a los sentidos del cuerpo y a las potencias del alma? Si la música de un pajarillo así suspendió, qué hará la música de los ángeles? Qué hará la vista clara de Dios?

(P. J. E. Nieremberg.—«Diferencia entre lo temporal y eterno, crisol de desengaños». Lib. IV, cap. I, par. I).

3

P. ARBIOL

(1705)

«En el insigne Monasterio Cisterciense de San Salvador de Leyre, vecino de los Pyrineos, por la parte de España, vivió un santo Monje, que comunmente se llama San Viril; el cual, aviendo reparado en los Maytines aquel Mysterioso verso del Psalmo que dice: *mil años en tu gloria, Señor, son como el día de ayer que ya pasó,* se quedó pensativo, meditando sobre ello; y acercándose a él una avecica del cielo, le cantó con tan dulce harmonía que, arrebatado de aquella dulcísima voz, se fué siguiendo al pajarito, hasta que le introduxo al interior de un impenetrable bosque, donde el Santo Monje se quedó en vn éxtasis soberano que por disposición del Altísimo le duró trescientos años. Después de los quales volvió a su monasterio, imaginando, que avía salido aquella mañana y halló mudado casi todo el Convento como se refiere en las Chrónicas historiales cistercienses en la vida del mismo Santo».

(P. Antonio Arbiol.—«Desengaños mysticos a las almas detenidas o engañadas en el camino de la perfección...»—Imp. séptima.—Madrid, Muñoz, 1733.—Libro III, Cap. VII, pág. 381).

4

FR. LEAO DE S. TOMAS

Do abbade Bento, que antigamente foy de Villar, que por espaço de 70 anos se manteve no som de hum passaro.

Sendo ainda as reliquias do ardor da charidade antiga dos santos monges em algums, «foi hum abade desta caza de Villar de Frades, sendo da ordem de S. Bento», o qual vivendo em muita charidade e amor de Deos e dos proximos avia seus monges, com que vivía em muita paz e repouzo da alma; este era assi dado as vigilias e espirituaes meditaçoes que, alem das communs oraçoes se dava em alguas horas e tempos a penssar em as couzas da outra vida: e aveo assi hum día que acaba[n]do suas horas, segundo seu bom costume, elle sahio de caza considerando em as couzas da outra vida e nos prazeres da groria, e segundo o vulgar dicto elle foi á cerca da caza hu ora são os pinheiros que se dizem do Padrão da Franqueira (que agora tudo hé cerco de caza) alí estava hum grande pinheiro hu o santo homem costumava ser em sua oração e meditação; pois alli estando elle em seus santos penseiros, subitamente em a arvore appareceu ũa ave, a qual se diz melroa. Esta cantando, o santo homem foi assi arrebatado e embebido em a doçura de seus cantares que foi posto em extasi. E cessando todos os sentidos corporaes de seu uzo, todo o soposto foi manteudo «por setenta anos continuados» em a doçura da alma, que d'aquelles celestiaes cantares gostava pellos orgaos d'aquella ave soantes, e assi foi por a virtude de Nosso Senhsr que elle nunca foi em aquelle tempo visto ou tocado de algum, posto que muitas vezes a elle fossem, nem outro si elle os sentisse, sendo toda sua virtude intenta no cantar d'aquella ave.

E não sabendo os monges que cuidar d'elle porque sabião sua santa vida, não presumião mal, mas cuidavão que elle se fosse a algum logar apartado; e assi esperando por algum tempo e não podendo d'elle aver algũa noticia, vendo que não podião nen: devião estar sem pastor ordenarão outro abbade. E durou esto assi por setenta annos continuos, os quaes acabados quis revellar o Senhor á sua igreja a graça e dulcidão de sua gloria: e cessando aquella ave de seus angelicos cantos e dezapparecendo, o santo homem quedou mui consolado; e assi como se em aquella hora viera aquelle logar sem aver conhecimento da longura do tempo, começou moverse pera caza e achava muitas couzas mudadas de como as leixara, e perem era maravilhado; e entrando em caza achava alguns monges que não conhecia, nem elles a elle, e falando-lhe elles como a homem que não conhecião, demandavão-lhe quem era, e falando assi finalmente de hũa parte e da outra vierão em conhecimento do feito que conhecido por fama e escripto que d'elle achavao: e sendo muy maravilhados demandavão-no de sua tardança ou hu andara: e o santo homem d'esto tudo era mui espantado e affirmava que aquella manhã saira de caza. Assi que falando huns e outros vierão em conhecimento do feito e louvarão a Deus dando gloria á sua virtude. E des hy fazendo os monges com seu abbade falamento, acordarão que tornassem o santo homem em seu grao. Mas elle dando a entender que a sua vida pouco era sobre a terra, humildozamente se excuzou e lhes amoestou que com toda a paz e temor de Deus estivessem como estavão e se esforçassem em a observancia de sua regra e a elle leixassem seus dias comprir em paz e repouzo; e assi foi feito, que elle após poucos dias comprido do dulçor do Senhor dormio em paz; cujo corpo foi enterrado em a crasta desta caza em um moimento de pedra.

(«Benedictina Lusitana», ed. 1644, pág. 403).

5

P. MATEUS RIBEIRO

Lá se escreve no «Espelho dos Exemplos» que um religioso santo e devoto se desvelava em desejar de entender cada vez que ouvía cantar no coro aquele verso de psalmo oitenta e nove: «Mil anos, Senhor, á vossa vista, são como o dia de ontem já passado»: como podía ser, não se sentir nem computar o tempo em anos a milhares?

Quis Deus Senhor nosso mostrar-lhe un emblema deste misterio e assim vio diante de seus olhos um pássaro de fermosísimas penas e cores tão belas que, por não carecer de tão fermosa e agradavel vista, o foi seguindo fora do convento a um busque que vizinho estava, onde começou a cantar com tal suavidade que, e[n]levado o devoto religioso no suave da melodia, se esqueceu de tudo o que no mundo havia. Deu fim o músico pássaro a seu canto e, voltando o religioso para o mosteiro, batendo a portaria, que estava mudada, e não sendo dos religiosos conhecido, nem ele conhecendo aos que via, se veio a achar pelos anos do prelado que ele nomeava que então era, buscados os livros do cartario do Convento, que havia trezentos e sessenta anos que o devoto religioso do mosteiro saira que a ele lhe parecian breves horas.

(«*Alivio de Tristes e Consolaçao do Queixoso*», pág. 380, ed. de 1734).

6

FRANCISCO SARAIVA SOUSA

Muitos autores contão, como he o Doutor chamado Discipulo I, p. serm. 84 pag. 318 e Henrique Grauno no seu «Speculum Exemplorum», dist. 9. c. 56 que houve hum Religioso santo e devoto que ouvindo cantar no officio das Matinas aquello verso de David: «Mille anni ante oculos tuos tanquam dies hesterna quae praeteriit», que quer dizer: Mil annos diante de Deos são como o dia de hontem que ja passou e nunca acabava de entender como pudesse ser isto e ficando no coro pedio a Deos que lhe revelasse como isto podia ser e logo vio diante de si hum passarinho fermosissimo com o qual ficou tão contente que o foi seguindo por não perder tão fermosa vista e gostosa: do coro voou para a Igreja e o Religioso sempre a poz elle e voando da Igreja o levou fora do Mosteiro ate o por em húa mata onde começou a cantar tao doce e suavemente que enlevado todo na suavidade e melodía da musica se esqueceo de tudo quanto havia no mundo. Acabou a avesinha de cantar e o devoto se tornou ao seu Mosteiro e batendo á porta para que lhe abrissem a achou mudada da outra parte do Mosteiro e outras moitas cousas feitas de novo que elle não deixou. Perguntoulhe o Porteiro quem era, elle lhe respondeo: Son hum Religioso desta casa que acabadas as Matinas sahi fora a esta Montanha que está aquí junto a este Mosteiro e ahora pode ser hora de Terça.

O Porteiro cuidando que era algun doudo, não fez caso delle, todavía perguntoulhe pelo nome do Abbade e dos mais Religiosos que elle conhecia e não havia nenhum d' aquelles naquelle tempo: levou-o diante do Abbade o qual lhe perguntou particularmente tudo que passava e achou pelo livro do Mosteiro e dos Abbade que nelle forão que havia trezentos e sesenta annos que o Religioso se tinha salido do Coro e todo este tempo estivera embebido em ouvir a doçura e suavidade do passarinho dizendo a petição que fizera a Deus que lhe declarasse como mil annos diante delle era como o dia de hontem que passou: o qual recebendo todos os sacramentos acabou santamente e foi gozar da verdadeira gloria que Deos tem aparelhada a todos os que guardão sua santa Lei e Mandamentos.

(«*Baculo pastoral*», págs. 381-2, ed. 1682 y 1690).

7

P. MANUEL BERNARDES

Estando um monge en matinas com os outros religiosos do seu mosteiro, quando chegaron áquilo do salmo onde se diz que *mil anos à vista de Deus são como o dia de ontem, que já passou*, admirouse grandemente, e começou a imaginar como aquilo podia ser.

Acabadas as matinas, ficou en oração, como tinha de costume, e pediu afectuosamente a Nosso Senhor se servisse de lhe dar inteligência daquele verso. Apareceu-lhe ali no côro un passarinho que, cantando suavissimamente, andava diante dêle dando voltas de uma para a outra parte, e dêste modo o foi levando pouco a pouco até um bosque que estava junto do mosteiro, e ali fêz seu assento sôbre uma árvore, e o servo de Deus se pôs debaixo dele a ouvir.

Dalí a um breve intervalo (conforme o monje julgava) tomou o vôo e desapareceu com grande mágoa do servo de Deus, o qual dizía, mui sentido:

—Ó passarinho ia minha alma, para onde te foste tão depressa?

Esperou. Como viu que não tornava, recolheuse para o mosteiro, parecendolhe que aquela mesma madrugada, despois de matinas, tinha saido dêle. Chegando ao convento, achou tapada a porta, que dantes costumava servir, e aberta outra de nove em outra parte. Preguntou-lhe o porteiro quem era e a quem buscava.

Respondeu:

—Eu son o sacristão, que poucas horas há saí de casa, e agora torno, e tudo acho mudado.

Preguntado tambên pelos nomes do abade, e do prior, e procurador, êle lhos nomeou, admirandose muito de que o não deixasse entrar no convento, e de que mostrava não se lembrar daqueles nomes. Diselhe que o levasse ao abade; e pôsto em sua presença, não se conheceran um a outro, nem o bom monge sabia que dissesse ou fizesse, mais que estar confuso e maravilhado de tao grande novidade.

O abade então, alumiado por Deus, mandou vir os anais e historias da Ordem, onde, buscando, e achando os nomes que o monge apontava, se veio a averiguar con tôda clareza que eram pasados mais de trezentos anos, desde que o monge saíra do mosteiro até que tornara a êle.

Então êste contou o que lhe havia sucedido, e os religiosos o aceitaron como irmão seu do mesmo hábito. E êle, considerando na grandeza dos Ceus eternos, e louvando a Deus por tan grande maravilha, pediu os sacramentos e brevemente passou desta vida, com grande paz em o Senhor.

(P. Manuel Bernardes.— «Pão partido em pequeninos...», II. 3).

8

AFFONSO LOPES VIEIRA

O monje e o passarinho

«Oiu ũa passarinha cantar
logo en tan bon son...»

(D. Alfonso o Sabio).

Como é o Paraiso?
—o monge nisto cuidou...
Eis que a Virgem num sorriso
este milagre ordenou.

Sentou-se a sombra a scimar
o monge e logo pertinho
começou a gorjear
o canto de um passarinho.

Lá do seu alto onde estava
cantando un canto tam lindo
aquella voz continuava
e o monge ia-a ouvindo.

Em roda tudo era calma
e o monge sorrindo ouvia

eterna voz que descía
aos ecos da sua alma

Apos um breve momento
o passarinho calou-se...
Saudoso da voz tam doce
o monge foi p'ra o convento.

Mas quem tal acreditara?
Ninguem o lá conhecía,
todo o convento mudara
mudara tudo o que via!

O passarinho gorgeando
seu canto brando e macio
trezentos anos a fio
ali estivera cantando...

9

JOSE JOAQUIM NUNES

O monje e o passarinho

«Mil años perante Deus
—dizia consigo o monge—
são tal qual o dia d'ontem,
que passou e já vai longe».

Como isso pudesse ser
pensava de noite e dia
e quanto mais cogitava
tanto menos percebia.

E já da dúbida o espinho
na alma creente lh' irrompera
quando p'ra Deus se voltou,
que lh' explicasse o que lera.

Eis senão quando no coro
um passarinho surgia,
de plumagem reluzente,
como fina pedraria.

Suspenso de espanto e pasmo
ante a estranha aparição,
entra o monje a suspeitar
se aquilo era sonho ou não.

Mas, todo alegre e contente,
o passarino lá estava,
e em seu constante esvoaçar
via bem que não sonhava.

De continuo a saltitar,
ei-lo á igreja desceu
e, sem desfita-lo, o monge
no seu encalce correu.

D'aí p'la porta entreaberta
o passarinho voou
e, sempre curioso, o monje
a segui-lo continuou.

Pousando depois na mata,
que perto d' ali havia,
a ave desatou num canto
de tam doce melodia,

Com tão suaves gorgeios,
requebros tantos e tais
que em dias da sua vida
o monje ouvira jamáis,

O passarinho cantava
e de gostoso e enlevado
o monge tudo esquecera,
todo atento ao seu trinado,

Por fim o canto cessou
e con tristeza e pesar
que tam breve e curto fosse,
segundo era seu cuidar,

O monge para o convento
vagaroso se tornou,
porêm, ao chegar ali,
surpresa grande o tomou,

Mudado tudo já era,
desde a larga portaria
té o frade que a guardava
e agora não conhecia.

«Pouco ha, d' aqui me parti
—o bom monge lh' explicava—
não mais de terça será,
qu' inda agora o sol raiava.

Um passaro m' entreteve
na mata que d' aqui vedes;
em meu juizo eu estou,
não sou doido, como credes».

Em prova do que dizia
os seus nomes declinava,
dos mais monges e do abade
que em seu tempo governava.

Só então se soube ao certo
que, contados dia a dia,
dés que o monge se partira,
já tres séculos havia.

Aos monges estupefactos
contou o milagre então
e como Deus atendera
sua ardente petição.

Em seguida, presentindo
que da vida o ténue fio
em breve quebrar-se-lh' ia,
os sacramentos pediu.

De feito, pouco depois,
sem sentir pena, nem dôr,
o bom monge adormecia
na doce paz do Senhor.

Bemventurados os simples,
felices os que en Deus creem,
porque esses ainda em vida,
na terra já o ceu veem.

10

LUIS UHLAND

La balada del pájaro azul

Por el bosque solitario
se pasea triste el clérigo
escuchando entre las frondas
canción de místico acento.

    El clérigo triste
    pregunta a los ecos:
—Avecilla azul del alma,
la del divino gorgeo,
    eres tú aquel ave
    que viene del cielo...?

Desde el alba hasta la noche,
cantando ella y él oyendo,
se desliza silencioso
pausado y solemne el tiempo,
    con el paso grave
    de lo que es eterno.
Desde el alba hasta la noche
de aquel extático ensueño,
    sin que lo notaran
    ni el ave ni el clérigo,
    oyendo y cantando
    pasó un siglo entero...

11

WILHELM SCHÄFFER

«El monje de Heisterbach»

Una vez, hace ya muchos años, un joven monje de Heisterbach hallábase sentado meditando acerca de los novísimos, delante de su «Salterio»; y no acertaba a comprender lo que allí estaba escrito: «Pues mil años son para Tí como el día de ayer que ya pasó, o como una vigilia de la noche».

Y como, acalorado, hubiese caído al fin en sutilidad y aflicción de espíritu, hubo de bajar al jardín del claustro para refrescarse con la brisa primaveral. Oyó entonces resonar —lleno de melodía como el son de una flauta— el canto de un ave, y oyéndolo olvidó toda sutileza; y empezó a seguir aquí y allá, al través del jardín, a la maravillosa avecilla, que saltaba de árbol en árbol, aleteando y cantando siempre, e incitándole a seguirla.

Por último voló sobre un pino, más allá de los muros del monasterio, y como justamente allí se abría un portillo, la siguió el joven monje, y fué penetrando cada vez más profundamente en el bosque primaveral, hasta que llegó a una barranca llena de zarzamoras, donde una fuente, profunda como un pozo, con los rayos del sol que la iluminaban, como una piedra preciosa, en su propia agua resplandecía.

Al cabo, se puso el sol, calló el avecilla, y un efluvio de frescura penetrante subió de los matorrales. El joven monje comenzó a sentir escalofríos; las ramas de zarzamora enredábansele en la capucha; y fatigosamente, en medio del crepúsculo, emprendió la vuelta por la barranca. El portillo del jardín estaba ya cerrado, de suerte que tuvo que hacer alrededor de los muros, hasta la puerta principal, un largo rodeo.

Lleno de confusión, trató de sacudir la cuerda de la campana, y al no dar con ella se vió obligado a golpear, como un extraño.

Se disculpó humildemente con el portero, por haber llegado demasiado tarde, e intentaba pasar de prisa adelante, cuando aquél le atajó en su camino, mirándole al rostro, escudriñador. Entonces se dió cuenta de que el portero era desconocido para él, y que con voz colérica le ordenaba que fuese a hablar con el abad. Tampoco reconoció al abad, y sintiendo vacilar su espíritu, echó de ver, al mirar hacia una vidriera, que su imagen se reflejaba como la de un personaje de barba y cabellos canos, que su espalda se había encorvado y que era un anciano decrépito. Las piernas no podían ya sostenerle, y hubieron de recostarle en un sillón, desde el cual vió llegar a los hermanos, uno después de otro. A ninguno conoció él, y ninguno tampoco le reconoció.

Temblando, mencionó su nombre, y entonces buscaron ellos los viejos libros del monasterio y los hojearon, y no encontraron su nombre hasta pasados tres siglos. El último —leyeron— que así se llamó, siendo todavía joven, era ya un escéptico y huyó furtivamente del monasterio.

Entonces sintió caer el viejo monje una pesadísima sombra sobre sus ojos —pues «mil años son como un día»— y la vida se extinguió en él tal como se apaga una vela cuando el viento sopla sobre ella fuertemente.

(Traducción de J. Millé y Giménez.—El original puede verse en «Der Deutsche Spielmann», Edición de Weber, Munich, 1925).

12

H. W. LONGFELLOW

[El monje Félix]

Muy solo una mañana,
Fuera de su convento de seguros,
Apizarrados muros,
Por la selva contigua,
Más oscura, más gris y más antigua,
Entreabiertos los labios cual quien reza,
Caída sobre el pecho la cabeza
Como en sueños de paz embebecido,
Paseaba el Monje Félix. Todo en torno
Ondas de dulce luz al aura estiva
Daba el alba sonriente,
Y según él adelantando iba
Por el bosque profundo,

Parecía el crepúsculo entre albores
Cual la «tregua de Dios» con los dolores
     Y cuidados del mundo.
Iba sobre áureo musgo entre el robledo,
y las ramas ondeábanse, y hacían
La señal de la cruz, y en suave y ledo
Rumor, sus «Benedicites» decían.
     Y alzábase del suelo
Un aroma dulcísimo y fragante
De las flores silvestres y la errante
Parra que serpenteaba
La luz doquier buscando con anhelo.

     No las miraba él, sino que estaba
Al libro entre sus manos atendiendo;
Un volumen del gran santo Agustino,
Donde leía del fulgor divino
De la ciudad de Dios, libre de enojos,
     Dicha ignota ofreciendo.
     E inclinados los ojos
     En ademán contrito
«Oh Dios, decía, creo lo que escrito
He leído; mas, ay! no lo comprendo».

     Y ved aquí que en tanto,
De un pájaro sintió súbito el canto:
Pájaro blanco allí desde una nube
Llovido, y que reposa
Entre las hojas de enramada umbrosa,
     Dando un canto seguido
Tan dulce y claro, y que tan alto sube
Cual de cien arpas juntas el sonido.
Y cerró ya su libro el monje Félix,
     Y más y más en tanto
     Con gozosa mirada
Escuchaba aquel canto,
Sin respirar y sin moverse apenas.
Hasta que, como en suave arrobamiento,
Vió las regiones del Edén serenas,
Y en la ciudad celeste sintió blando
Rumor de pies angélicos sonando
Sobre el áureo gayado pavimento.

     Y quisiera en su mano
Haber cogido la asombrosa ave;
     Mas se afanaba en vano,
Y la miraba huir en vuelo suave
Sobre el otero y el distante llano.
Y en vez de aquel melódico concento
Oyó el sonido de los sacros bronces
De la exacta campana del convento

Que el silencio de súbito rompía
Llamando a la oración del mediodía,
Y hácia la casa ya sobre sus pasos
Mustiamente y de prisa volvió entonces.

Encontró en el convento a su llegada
        Un cambio. Iba buscando
        Con ávida mirada
        Y con ansiosos modos
        Aquellos cada día
Bien conocidos rostros; pero nuevos
Eran los rostros, forasteros todos.
Nuevas figuras ocupando estaban
        Con tranquilo decoro
        Los sitiales de roble,
Nuevas voces cantaban en el coro.
Pero el sitio era el mismo en todo inmoble,
Con la misma pared fría y oscura
        De grises piedras hecha,
Los mismos claustros, campanario y flecha.

        Solo, en medio de aquella
        Comunidad de extraños,
        Estaba el Monje Félix.
        «Yo por cuarenta años,
        Un fraile, dijo, he sido
Prior de este convento aquí en la selva,
        Y por más que revuelva
Mi memoria, jamás en ese espacio
        Tu rostro he conocido».
Y cayósele el alma al Monje Félix,
Y respondió con sumisivo tono:
«Esta mañana ya pasada la hora
De prima, yo abandono
Mi celda y solitario errando anduve,
        Porque escuchando estuve
        El melodioso canto
De un bello y blanco pájaro, hasta tanto
Que oí ya del convento las campanas
        Tocando al mediodía
        En sus torres sonoras.
        Fué como si soñase:
        Pues lo que yo creía
Momentos solamente, fueron horas».
«Años», dijo una voz junto a su lado.
Era un anciano monje el que así hablaba
Desde un banco de roble, que apoyado
        En la pared estaba;
El más anciano de los monjes era.
        Una centuria entera

Había allí servido a Dios en puras,
                Fervientes oraciones,
Dulce, humilde entre todas las criaturas.
Este que recordaba las facciones
De Félix, con pausado y bien distinto
                Tono, dijo: «Hace cien años,
                Cuando en estos escaños
Yo estaba de novicio, en su recinto
                Un cierto monje había,
                En quien resplandecía
                La gracia de Dios mucho:
                Félix era su nombre
Y deberá de ser el mismo este hombre».
                Y luego de contado
                Sacaron y trajeron
Un viejo tomo de pardusco aspecto,
                Un pesado volumen
Con gamuza y metal encuadernado,
                Do estaban en resumen
Cuantos en el convento fallecieran
Desde su antigua fundación primera.
Y allí escrito encontraron en efecto,
Como el anciano monje lo dijera,
                Que en cierta fecha y día,
Cien años antes, traspasado había
El umbral del convento el Monje Félix
Sin que nunca jamás hubiese vuelto
A entrar bajo la puerta bendecida,
                Y se había resuelto
Contarle entre los muertos por lo tanto.
                Y por fin comprendieron
                Que tan grande había sido
De aquel alto, celeste, inmortal canto
                La fuerza encantadora
Que cien años habían transcurrido,
                Y no habían apenas parecido
                Como una sola hora».

(«The Golden Legend», 1851. Vid.: «The Poetical Works of H. W. Longfellow»,
London 1891, págs. 169-172). Traducción de Antonio G. Vázquez Queipo, publicada en «El Porvenir», Santiago, 1874.

11

13

SIMEÓN PECONTAL

Le moine Gontran

Au temps ancien, dans un cloître du Nord
Un moine était, d'une sainteté grande
Très savant homme, esprit ardent et fort,
Cherchant, cherchant toujours, dit la légende.

Sur terre, au ciel, point d'arcane profond
Qu'il n'essayât d'en soulever les voiles;
Nature, histoire, il savait tout à fond,
Et connaissait la marche des étoiles.

Bien pur encor, dans ses pensers hardis,
Au risque, hélas! de s'égarer peut-etre,
Il eut voulu savoir du Paradis
Ce qu'ici-bas l'homme ne peut connaître.

Mais il avait une ancre dans sa foi;
Qui le gardait des écueils de la route,
Et le mensonge et l'orgueilleux pourquoi
Autour de lui semaient en vain le doute.

Or, un matin, entrant en oraison,
Il s'en alla vers la forêt voisine;
Mai ramenait la joyeuse saison,
Et les oiseaux chantaient dans l'aubépine.

Et luit toujours s'acheminait priant,
Et lorsqu'il eut achevé sa prière:
«Mon Dieu, dit-il regardant l'orient,
Qu'elle est aimable et douce ta lumière!

«Le printemps vient; puis viendra la moisson;
Et puis le temps joyeux de la vendange:
La terre ainsi change à chaque saison,
L'Éternité seule jamais ne change!

«Comment, mon Dieu, dans la sainte cité,
Peuvent-ils donc. ceux que ta grace appelle,
Supporter tous cette uniformité,
Sans défaillir sous l'extase éternelle?»

Ces questions. que déjà bien des fois
Dans son esprit il avait hasardées,
Tout doucement mènent au fond du bois
Le saint reveur perdu dans ses idées.

«Que de ma chair je romprais la prison,
Se disait-il, pour que cette pensée
Du paradis fut claire à ma raison,
Et donnat trêve à mon âme lassée!

«Mon Dieu! ta face est désirable à voir;
Mais ton Éden, uniforme, immuable...
C' est un bonheur dont mon coeur craint l' espoir,
Et cette idée est un poids qui m' accable!

«Quel être ainsi pourrait fixer ses yeux
Sur un des points de cette vie active,
Si nos besoins n' en variaient les jeux,
Et si toujours, par leur alternative.

«Veille et sommeil, erreur et vérité,
Ordre et désordre, ignorance et génie.
Portant remède à la satiété,
Ne triomphaient de la monotonie».

Et dans le bois, priant et méditant,
Le moine allait, allait;... mais à mesure
Qu' il avançait, le bois, à chaque instant,
Changeait d' aspect, de forme et de verdure.

Au lieu de pins, de chênes et d' ormeaux,
Voici le cèdre immense qui s' étale;
plus loin le myrte agite ses rameaux,
Et le palmier sa palme orientale.

Ce ne sont plus partout que fleurs de miel,
Bois odorants, gazons, roses vermeilles;
On croirait être en un jardin du ciel,
Tant la forêt se remplit de merveilles!

Le moine alors s' arrête, et d' admirer,
Se demandant si ce n' est pas un songe,
Quand tout à coup il se sent attirer
Par un chant pur qu' un doux écho prolonge.

Ce chant, qui tient ses esprits interdits.
Vient d' un oiseau perché sur une palme,
De cet oiseau qu' au sein du Paradis
Les bienheureux écoutent dans leur calme.

Le moine, épris de cette douce voix,
Veut voir de près le chantre au beau plumage,
Dont les accents plaintifs semblent parfois
Un hymne en pleurs d' exil et d' esclavage.

Mais ce ne sont bientôt que chants joyeux
De délivrance et de gloire future,
Chants inouïs, divins échos de ceux
Que Dieu promet à l' âme qui s' épure.

Le prêtre, ému, dans le ravissement,
Verse des pleurs de joie et de tristesse;
Tout son coeur s' ouvre à cet enivrement
Qui tour à tour le transporte et l' oppresse.

Bientôt les pleurs qui coulent de ses yeux
Ne gardent rien des larmes de la terre;
L' air qu' il respire est plus délicieux,
C' est l' air du ciel qui l' inonde et l' éclaire.

L' oiseau devient plus radieux encor,
L' hymne incessant coule à flots sans mélanges:
Il dit les cieux et l' auréole d' or
Qui ceint le front des élus et des anges.

L' homme de Dieu longtemps reste abimé
Dans des torrents d' ineffables délices;
Il s' en abreuve, et son coeur enflammé
Veut boire encore aux célestes calices.

A son extase à regret s' arrachant:
«Voici bien plus d' une heure, dit le prêtre,
Que cet oiseau me charme par son chant;
A ce plaisir j' ai trop cédé peut-etre.

«Allons! il faut reprendre mon chemin;
Le cloître est loin, il est temps de m' y rendre;
Près de l' oiseau je reviendrai demain,
J' aurai demain tout loisir de l' entendre».

Il se remet en marche, et dans son coeur,
Qu' avec la foi l' esperance illumine,
De ses bontés rendant grâce au Seigneur,
Vers le saint cloître en paix il s' achemine.

En un instant tout change: la forêt
Prend un aspect plus sévère et plur sombre;
Le palmier fuit, le cèdre disparaît,
Et le sapin revient avec son ombre.

Le bois ainsi de nouveau transformé,
Le moine arrive au bout, il voit l' espace;
L' eau suit toujours son cours accoutumé,
Et la colline est à la même place.

Le cloître seul est changé de tout point;
«Comment cela, mon Dieu, s'est il pu faire?
Voici des tours où l'on n'en voyait point
Toits, et pignons, et portes, tout diffère».

Le moine à peine en peut croire ses yeux;
Il entre au cloître, et partout ne rencontre
Que gens surpris, à l'air mystérieux,
Parlant tout bas aussitôt qu'il se montre.

«Où suis-je donc? Est-ce un rêve, une erreur?»
C'est ce qu'en vain se demande le prêtre.
Dont chaque objet augmente la terreur,
Et qui croit voir des spectres apparaître.

Vers sa cellule il veut porter ses pas,
Y recueillir sa pauvre âme égarée;
Mais sa cellule, il ne la trouve pas,
Un mur de pierre en occupe l'entrée!

A cet aspect, effrayé plus encor,
Ne sachant plus que penser ni que faire,
Il court, il va le long du corridor,
Interrogeant tour à tour chaque frère.

«Que s'est-il donc passé dans vos esprits,
Et qu'ai-je enfin de tellement étrange,
Pour qu'à ma vue on reste si surpris?
Où donc est-il, le supérieur, frère Ange?

—Le supérieur, frère Ange, dites-vous?
Mais ce n'est pas frère Ange, qu'il se nomme;
Celui qui vit dans ce cloître avec nous
S'appelle Jean-Babylas-Crysostome.

«Ce sont ses noms. Mais toi, qui donc es-tu,
Pour pénétrer ainsi dans notre cloître?
Toi, des habits de l'ordre revêtu!»
Et lui, voyant leur surprise s'accroître:

«Moi, qui je suis! nul ne me connaîtrait!...
Mais ce matin, en faisant ma prière,
Je suis allé du cloître à la forêt;
Voyez! Je suis Paul Gontran, votre frère!

—Toi, Paul Gontran! dit un moine bien vieux;
J'ai là, je crois, une ancienne chronique
Sur Paul Gontran qui vécut en ces lieux;
Mais cette histoire est déjà fort antique:

«Plus de cent ans se sont passés depuis:
Ce Paul Gontran, si j' ai bonne mémoire,
Reçut le jour en un lointain pays,
Et sa vertu partout était notoire.

«On le voyait prier, prier souvent;
Mais son esprit cherchait à tout connaître.
Un beau matin il s' en alla rêvant,
Et nul depuis ne l' a vu reparaître!

«Serais-tu lui? Vois, le temps sont changés;
Mais de ces lieux n' a pas fui la concorde,
Et Dieu, par qui nous serons tous jugés,
Reste le même en sa miséricorde».

Paul, à ces mots, levant les mains au ciel,
Et d' un coeur plein épanchant la prière:
«Source de vie, être immatériel,
Quoi! dans mes jours de doute et de misère.

«J' ai pu trembler à l' idée, ô mon Dieu!
De contempler ta splendeur toujour belle
Et, t' abaissant aux choses de ce lieu,
Tu m' enivras de ta joie éternelle.

«Eh bien! voilà que je viens d' écouter,
Pendant cent ans, dans une ardente extase,
Un des oiseaux qu' au ciel tu fais chanter,
Et dont la voix de ton amour embrase.

«A ses accents je restais suspendu,
Et j' y puisais une force nouvelle;
Ils rappelaient un bien, hélas! perdu,
Et l' avenir d' une vie immortelle.

«Ce temps si long, oui, mon Dieu, ces cent ans,
Se sont passés ainsi que quelques heures,
Et que sera-ce, alors que tous les chants
Diront ta gloire aux célestes demeures!

«Éternité! bonheur rempli d' appas;
Profond mystère, et pourtant si facile,
Quand dans nos sens l' âme ne s' endort pas
Et qu' elle observe, ô mon Dieu, ta vigile:

«Non, mon esprit ne doit plus, dès ce jour,
Se consumant dans les ardeurs du doute,
Craindre l' espoir de l' éternel séjour,
Car une voix a chanté sur ma route.

«Ce qu' elle a dit, je l' ai bien entendu;
Mon coeur le sait, je cours l' ouïr encore
Près de l' oiseau qui chante un bien perdu,
Et le lever d' une éternelle aurore».

Paul a parlé: tout son corps palpitant
Soudain se glace; il pâlit, il chancelle;
En vain son oeil s' anime et, par instant,
Semble jeter encor quelque étincelle;

Il tombe en poudre! Et ce mot solennel:
Éternité! dans le cloître s' enfonce;
L' écho des morts y mêle sa réponse,
Et tous les temps confessent l' Éternel!

14

DON RAMON DEL VALLE-INCLAN

Ave Serafín

Bajo la bendición de aquel santo ermitaño
El lobo pace humilde en medio del rebaño,
Y la ubre de la loba da su leche al cordero,
Y el gusano de luz alumbra el hormiguero,
Y hay virtud en la baba que deja el caracol,
cuando va entre la yerba con sus cuernos al sol.

La alondra y el milano tienen la misma rama
Para dormir. El buho siente que ama la llama
Del sol. El alacrán tiene el candor que aroma,
El símbolo de amor que porta la paloma.
La salamandra cobra virtudes misteriosas
En el fuego, que hace puras todas las cosas:
Es amor la ponzoña que lleva por estigma.
Toda vida es amor. El mal es el Enigma.

Arde la zarza adusta en hoguera de amor,
Y entre la zarza eleva su canto el ruiseñor,
Voz de cristal, que asciende en la paz del sendero
Como el airón de plata de un arcángel guerrero,
Dulce canto de encanto en jardín abrileño,
Que hace entreabrirse la flor azul del ensueño,
La flor azul y mística del alma visionaria
Que del ave celeste, la celeste plegaria
Oyó trescientos años al borde de la fuente,
Donde daba el bautismo a un fauno adolescente,
Que ríe todavía, con su reir pagano,
Bajo el agua que vierte el Santo con la mano,

El alma de la tarde se deshoja en el viento,
Que murmura el milagro con murmullo de cuento.
El ingenuo milagro al pie de la cisterna
Donde el pájaro, el alma de la tarde hace eterna...
En la noche estrellada cantó trescientos años
Con su hermana la fuente, y hubo otros ermitaños
En la ermita, y el santo moraba en aquel bien,
Que es la gracia de Cristo Nuestro Señor. Amén.

En la luz de su canto alzó el pájaro el vuelo
Y voló hacia su nido: Una estrella del cielo.
En los ojos del Santo resplandecía la estrella,
Se apagó al apagarse la celestial querella.
Lloró al sentir la vida: Era un viejo, muy viejo,
Y no se conoció al verse en el espejo
De la fuente: Su barba, igual que una oración,
Al pecho daba albura de comunión.
En la noche nubaba el Divino Camino,
El camino que enseña su ruta al peregrino.
Volaba hacia el Oriente la barca de cristal
De la luna, alma en pena pálida de ideal,
Y para el Santo aún era la luna de aquel día
Remoto, cuando al fauno el bautismo ofrecía.

Fueran como un instante, al pasar, las centurias.
El pecado es el tiempo: las furias y lujurias
Son las horas del tiempo que teje nuestra vida
Hasta morir. La muerte ya no tiene medida:
Es noche, toda noche, ó amanecer divino
Con aromas de nardo y músicas de trino:
Un perfume de gracia y luz ardiente y mística,
Eternidad sin horas y ventura eucarística.

Una llama en el pecho del monje visionario
Ardía, y aromaba como en un incensario:
Un fulgor que el recuerdo de la celeste ofrenda
Estelaba, con una estela de leyenda.
Y el milagro decía otro fulgor extraño
Sobre la ermita donde morara el ermitaño...

El céfiro, que vuela como un ángel nocturno,
Da el amor de sus alas al monte taciturno,
Y blanca como un sueño, en la cumbre del monte,
El ave de la luz entreabre el horizonte.
Toca al alba en la ermita un fauno, la campana.
Una pastora canta en medio del rebaño,
Y siente en el jardín del alma, el ermitaño,
Abrirse la primera rosa de la mañana.

¡Ruiseñor! ¡Cotovía!... ¡Paxariño lindo!
Cántame n'o peito qu'o teño ferido.
¡Inda que ben baixo, canta paxariño!

Estela de Prodigio

Aromaban las yerbas todas,
Con aroma de santidad,
Y el sendero se estremecía
Bajo el orballo matinal,
Cuando a su retiro del monte
Se tornaba, San Gundián.

Tañía en la gloria del alba
Una campana celestial,
Y el alma de las yerbas, iba
Trémula de amor y humildad,
A juntarse con la campana
En el aire lleno de paz.

Estábase una molinera
De su molino en el umbral:
En la cinta tiene la rueca
Y en los labios tiene un cantar.
Aquel molino el ermitaño
No lo había visto jamás.

—Molinera que estás hilando
A la vera de tu heredad,
Quieres decirme, si lo sabes,
A donde este camino va,
Pues me basta a desconocerlo
De una noche la brevedad.

—A la cueva de un penitente
En la hondura de un peñascal.
—Nunca falte lino a tu rueca,
Ni verdores a tu linar,
Ni a las piedras de tu molino
El agua, que impulso les da.

La bendijo el santo ermitaño
Y se alejó con lento andar.
Cuando llegaba a su retiro,
Halló que un viejo con sayal,
Leyendo estaba en un infolio
Sobre una piedra del lindar.

—Ermitaño que penitencia
Haces en esta soledad:
¿Cómo llegaste a mi cabaña
Donde nadie llegó jamás?
¿Cómo el roble que ayer nacía
Parece cien años contar?

El penitente alzó los ojos
Inclinados sobre el misal
Y saludó haciendo tres cruces
Con reverente cortedad.
En sueños le fuera anunciado
El retorno de San Gundián.

—Padre de la barba florida,
Por tres siglos de santidad,
Desde que oiste al ruiseñor
Primaveral y celestial,
Cinco ermitaños hemos sido
De este monte en la austeridad.

El santo sintió del milagro
El hálito ardiente en su faz,
Y bajo el roble, que de rosas
Se cubría, como un rosal,
Vió que dos ángeles estaban
Una sepultura a cavar!...

(«Aromas de Leyenda, Versos en loor de un santo ermitaño». Madrid, 1907).

15

FOLKLORE PICARDO

Le pinson et le templier

Un couvent de templiers se trouvait autrefois établi près de Beaucourt. Les templiers s'étaient de mauvais moines, occupés de tous les plaisirs et songeant plus souvent au diable qu'au bon Dieu. Seul un d'entre eux, nommé le frère Jean, faisait exception entre tous et se faisait remarquer par sa profonde piété, son amour pour les pauvres et le peu d'intérêt qu'il prenait aux plaisirs de ce monde.

Aussi le Seigneur voulut-il le recompenser en lui épargnant la mort cruelle que les moines de son couvent subiren peu à près.

Un jour que le frère Jean s'était, à son habitude, retiré dans le bois voisin du couvent pour y faire ses oraisons et se livrer à la méditation. il entendit près de lui, sur l'arbre auprès duquel il était à genoux, un pinson qui sifflait d'une façon merveilleuse. Le bon moine oublia sa prière et resta à l'écouter, «Comme je voudrais rester ici deux cents ans à entendre la voix divine de ce pinson», pense le templier.

Le bon Dieu exauça sa prière. Le pinson chanta longtemps et le bon moine resta à l'écouter tout ce temps.

Les jours, les semaines, les années passèrent, les templiers furent brulés en punition de leurs crimes, mais le frère Jean, oublié dans le bois, écoutait toujours la merveilleuse musique.

Les arbres poussèrent, les branches s'entrelacèrent au dessus de sa tête, le lierre y grimpa le long des tiges et des rameaux et préserva le bon templier de la pluie, de la neige et du soleil.

Enfin, au bout de deux cents ans, l'oiseau cessa de chanter et s'envola et le moine songea à reprendre le chemin du couvent, no se doutant pas, en acune façon, du temps qu'il avait passé à écouter le petit chanteur. Sans plus s'en occuper, le moine frappa à la porte d'entrée, la frère tourier vint ouvrir, il portait un habit monastique inconnu au frère Jean.

—Qui êtes vous, frère?

—Qui suis-je? Mais le frère Jean, parbleu!

—Le frère Jean?... Inconnu. Du reste vous n'avez pas l'habit de notre ordre.

- Mais je suis sorti il n'y a qu'une heure pour aller prier Dieu au fond du bois.

—Inconnu!!

On le fit entrer, néanmoins, on compulsa les archives des templiers et l'on y trouva que deux cents ans auparavant, peu de temps avant le supplice des moines, un certain frère Jean avait subitement disparu. Le moine communia et mourut presque aussitôt.

(Carnoy.—«*Litterature orale de la Picardie*», T. XIII. Narración recogida en 1879, contada por Amadée Debart, de Warloy, Somme):

LEYENDAS AFINES

1

DEL «CANTO DE AMARO»

[O paraiso terreal]

Depois que Amaro chegou aa meetade daquella serra, uyo estar hūu castello mais grande e mais alto e mais fremoso de quantos no mūdo auya, e estaua ē hūu grāde chāao ēna cima daquella serra e era tam grande que auya em rrededor mais de cinquo legoas. E todo o castello e as torres eram de pedra marmore e parfilios e hūas pedras eram brancas e outras uerdes e outras uermelhas e outras pretas. E estauā hy cinquo torres muy altas sem conto e de cada hūa destas torres saya hūu rryo e entraua ēno mar cada hūu por sy. E, ante que chegasse aaquelle castello, achou hūa tenda de pedras cristaaes e d' outras mujtas pedras fremosas e era tam grande que bem caberyā so ella quince myll cauallos e era tam alta, que nom poderyā chegar acima della cō hūa seeta. Esta tenda não tijnha esteo que a teuesse, mas estaua ē arcos toda aaredor. Esta tenda era estrada cō muyťas pedras preciosas e estauā dentro quatro fontes, muy bellas e muy preciosas, e eram lauradas de metal e saya a augua por senhas boc̈as de lyōoes. E el jouue em aquella tenda a gram uiço e a gram prazer e de todo pessar e coyta que auya todo lhe aly esqueeceo e aly folgou muyto em aquela tenda, e desy foy-sse para a porta daquel castello, e estaua ante a porta delle hūu alpender, cuberto de abobeda muy alta. E entō Amaro chegou aa porta daquell castello e quisera entrar dentro, mais nō o quis leixar o porteiro e disse-lhe:

—Amjgo, no entrarás dentro, que ajnda nō ás tēpo.

E Amaro lhe disse.

—Rrogo-te por Deus que me digas cujo he este castello, tam rryco e tam fremoso que andey per mujtas terras e uy muy nobres castellos e nūca uy tam nobre, nē tam fremoso como este, e marauilho-me qual foy o meestre que tal cousa fez, tan nobre e tan fremosa como esta.

E o porteiro entendeo que era home de sancta uida e que lhe quisera Deus mostrar aquelle logar e disse-lhe:

—Amigo, sabe que este he o parayso terreal em que Deus fez e formou Adam.

E, quando Amaro ouujo dizer que aquelle era o parayso terreal, ergeo as maos ao ceeo e começou de chorar e disse:

—Meu padre espritual, que es ēnos ceeos, ajas louuores de mī, porquanto me fezeste que oje ē este dia eu uejo quanto bem em este mundo cobijcey e jamais nō ueerey coyta nē pesar; ora som senhor de quanto bem me Deus fez.

E Amaro rrogou ao porteyro que o leyxasse entrar dentro e o porteiro disse:

—Amjgo, non trabalhes, que ajnda nõ ás tempo de entrar dentro, mas farei-te hũa cousa: quero-te abrir a porta e ueeras algũa cousa do bem e do sabor que aqui ha.

E entõ o porteyro abryo as portas, e as portas poderyã seer tamanhas como corredura de hũu caualo, e o porteiro lhe mostrou primeiramete a poma de que Adam comera e mostrou-lhe outras mujtas cousas.

E Amaro uyo dentro tantos prazeres e tantos sabores e tãtos uiços quantos no poderya contar nẽhũu home do mũdo, e quantas aruores no mundo auya todas aly estauã e erã muy altas sobejamẽte, e todas eram cubertas de folhas e cheas de fruytas, e as hervas erã uerdes e cõ flores e cheirauã tam bem que non ha home que o podesse contar nẽ dizer. Aly estauã mujtos lauatoryos, feitos a grande nobreza. E aly nũca era noyte, nẽ chuua, nẽ fryo, nẽ quaentura, mas aly era muy boo temperamẽto.

E Amaro uyo mujtas tendas de panos uerdes e uermelhos, muy preciosos, e d'outras mujtas colores. E todollos canpos jaziã estrados de flores e de maçãas e de larãjas e de todallas outras fruytas do mũdo. E asi cantauã as aues tam saborosamẽte que, ajnda que hy nõ ouuesse outro uiço, aquel auondarya muy bem. E depois uijnhã muy gran cõpanha de donzees que lhe nõ poderyã dar conto. E todos eran uestidos de panos uermelhos e brancos e uerdes e erã todos de hũa jdade; traziã coroas de flores. E aly uinhã outros dõozees e tangyã guytarras e uyollas e outros estormẽtos, e todos uijnã por aquellas hervas pera folgar em ellas, e caatauã hũu canto que sooẽ a cantar em na sancta igreia: *Decendo jn osso meo,* que quer dizer: Decẽdo pera o meu osso, que foy fecto a honrra de sancta Maria, madre de Jhesu Christo. E depois uijnha muy grande conpanha de uirghẽes, que traghiam uestiduras brancas e uermelhas, e todas eram coroadas de coroas de flores e traziam senhos rramos cõ fruyto em elles, e trazyã senhas toalhas tam brancas como a neue. E andava hi hũa dona muy grande e muy fremosa, das mais bellas criaturas do mũdo, e aaquella dona seruiã todallas outras, e aguardauã-na como senhora. E uinhã todos per aquelles uirgeus, trebelhando e folgando cõ aquella sua senhora, e cantauã hũu canto que sooẽ a cantar ena sancta igreia: *Cam pulcra es, cã caryssima,* que quer dizer: Cam fremosa es e cam louçaa, amjga de Deus mujto amada. E, jndo per aquellas tẽndas, que estauã sempre armadas, as donas dauã aagua pera as maaos aaquella sua senhora, e cada hũa lhe apresentaua a toalha a que alimpasse as mãaos; e, aquellas donas seendo na tenda cõ sua senhora, uijnhã mujtas aues fremosas, que auyã penas de angeos, e pousauã sobre aquella tenda e cantauã milhor que nunca foy home que ouisse. E todo aquesto uyo Amaro, que nõ mingou njmigalha, e disse ao porteiro:

—Amjgo, colhe-me dentro.

E o porteiro disse que o nõ podya fazer, que o nõ siguise, dizẽdo:

—Nom as tempo de entrar aquá, que asaz uiste e ouuiste de quanto bem se dentro faz. E eu bem sei que tu nõ uieste aquy se nõ pello sprito sancto, ca tu nõ comeste, nẽ bebeste, nẽ mudaste teus panos, que son muy fremosos, nẽ enuelheceste.

E Amaro disse:

—Oje em este día aa hora de terça comí e beby, ante que aquí chegasse.

E o porteiro lhe disse:

—Amigo, cree uerdadeiramẽte que oje em este día som passados duzẽtos e seseenta e sete anos que tu estás a esta porta e nũca te partiste dela. Mas, amigo, vay-te d'aquy, que ja tenpo he, e cree bem que tu nõ entrarás acá a este parayso terreal, mas cedo jrás ao parayso dos anjos, que he nos ceeos, que he melhor que este. Mas, se tu quiseres das pomas de dentro ou das outras cousas que hy estam, eu chas darey.

E ell lhe disse:

—Amigo, da-no desa terra hũa pouca.

E o porteiro dei-lhe hũa escudella de terra.

(*Códice alcobacense* CCLXVI, folios 120 v a 122 v, Biblioteca Nacional de Lisboa). Ed. Nunes.

2

WASHINGTON IRVING

Rip Van Winkle

«...En una de estas excursiones, realizada un hermoso día de otoño, Rip se encontró sin darse cuenta en uno de los puntos accesibles más altos de las montañas de Kaatskill, dedicado a su deporte predilecto de cazar ardillas y despertar los ecos de aquellas quietas soledades con los estampidos de sus descargas. Jadeando y lleno de fatiga, llegó, ya muy avanzada la tarde, a la cima de una loma cubierta de alta hierba que coronaba el borde de un precipicio. Por entre los árboles se divisaba un extenso panorama que se tendía pintorescamente bordado de frondosos bosques hasta el llano, y lejos, muy lejos, se deslizaba señorial y majestuoso, el Hudson, envolviendo a trechos su cachazudo curso de reflejos de arrebóladas nubes, mostrando a veces el blanco regocijo de una vela, desapareciendo algunas de sus curvas en la espesa vegetación de la selva, y perdiéndose, por fin, en el azul de las distantes montañas.

Por la parte opuesta se ofrecía a sus ojos la aspereza agreste y solitaria de un precipicio erizado de chaparros y de rocas abalanzadas sobre el abismo, cuyo fondo, lleno de peñascos desprendidos, apenas alumbraba la luz del sol poniente. Rip se tumbó a contemplar aquel paraje desierto, mientras se precipitaba la tarde y los picos tendían sus azules sombras por los valles, y de pronto, al pensar que la noche le sorprendería mucho antes de llegar a casa, exhaló un hondo suspiro, imaginándose los horrores de su encuentro con la señora Van Winkle.

Cuando se levantaba para emprender el descenso oyó una voz que le gritaba: «Rip Van Winkle! Rip Van Winkle!». Se volvió a todos lados, pero sólo pudo ver un cuervo solitario que volaba por encima de las cumbres. Pensando que le había engañado su fantasía, empezó a bajar, cuando le detuvo el mismo grito, que sonó muy claro en la desierta calma de la tarde: «Rip Van Winkle!» y al propio tiempo, Lobo lanzó un sordo gañido y, con el lomo erizado, buscó el amparo de su amo, donde se quedó mirando atemorizado al derrumbadero. Rip sintió entonces que un vago temor se apoderaba de su ánimo, y siguiendo la mirada del perro descubrió a un individuo que, con penas y fatigas, iba subiendo por los peñascos, abrumado por la carga que llevaba a su espalda. Grande fué su sorpresa al encontrarse con un ser humano por aquellos desiertos parajes; pero suponiendo que sería un vecino necesitado de ayuda, se apresuró a bajar para ofrecer la suya.

Y su sorpresa iba en aumento a medida que se acercaba al desconocido. Era un hombre de tan corta estatura que parecía cuadrado, de cabello espeso y desgreñado y barba gris. Vestía, a la antigua usanza holandesa, un justillo de paño ceñido con una correa a la cintura y varios calzones, siendo el superpuesto muy ancho y adornado con varias filas de botones a los lados, y anudados con cintas a las rodillas. Llevaba a la espalda un pesado barril que parecía lleno de licor, y hacía signos a Rip para que se acercase y compartiera su carga. A pesar del miedo y la desconfianza que le inspiraba semejante tipo, a quien veía por vez primera, Rip se prestó con su característica diligencia, y entre los dos fueron subiendo la carga por aquel despeñadero, que sin duda era el lecho seco de un torrente. Mientras iban subiendo, Rip oía de vez en cuando un estrépito como de grandes ruedas que retumbaran por la quebrada entre duros peñascales y hubieran de precipitarse en la barranca por donde ellos tan fatigosamente ascendían. Se detenía un momento asustado, pero creyendo que podían ser truenos de esas tempestades pasajeras, tan frecuentes en las altas montañas, reanudaba la marcha. Salieron por fin de aquella fragosidad y entraron en un terreno llano que formaba un pequeño anfiteatro rodeado de árboles cuyas ramas pendían sobre precipicios perpendiculares, de modo que, a través de ellos, no se veía más que el azul del cielo y alguna que otra nube donde se reflejaba la luz del crepúsculo. Rip y su compañero habían guardado silencio durante el penoso ascenso, pues aunque aquél no salía de su asombro ni lograba explicarse para qué diablos querría el desconocido subir un barril a lo alto de la montaña, el misterio que envolvía a tan estrafalario personaje lo amedrantaba, rechazando toda familiaridad.

Al entrar en el anfiteatro se encontró ante un espectáculo que aumentó su admiración. En el espacio llano que formaba el centro, unos personajes de extraña catadura jugaban a los bolos. Vestían de un modo muy raro y completamente desconocido para él, unos con jubones y otros con chaquetones; todos llevaban grandes cuchillos al cinto, luciendo la mayoría calzones de la misma guisa que el hombre que hasta allí le había guiado. Hasta sus caras ofrecían singular aspecto: ostentaban algunos una larga barba que les tapaba casi por completo el rostro extraordinariamente ancho, donde se habrían de ojillos de cerdo, mientras que a otros les comía casi toda la cara la nariz, de grotesco tamaño, y se cubrían con un sombrero en forma de pilón de azúcar, adornado con una pluma de cola de gallo. Todos usaban barba de variados colores y formas. El que parecía el jefe de la cuadrilla era un fornido caballero de edad avanzada, cuyo aspecto y continente expresaba tranquilidad absoluta e indiferencia a cuanto le rodeaba. Llevaba un jubón engalonado, una ancha faja con flecos, sombrero alto y coronado, donde no faltaba la pluma de gallo, medias encarnadas y zapatos de tacón alto con hebillas y adornos. Aquel grupo le recordó las figuras de un viejo cuadro flamenco que vió en el recibimiento de Dominico Van Shaick, el cura del pueblo, importado de Holanda en los primeros tiempos de la colonización.

A Rip le sorprendió de singular manera que aquella gente, que sin duda se estaba divirtiendo, lo hiciese sin abandonar un momento la expresión de gravedad estereotipada en los rostros y guardando un misterioso silencio en sus movimientos. Nunca vió un juego de recreo más triste. Nada rompía el profundo silencio que reinaba, más que el ruido de los bolos que, al rodar, retumbaba por las montañas con el estruendo del trueno.

Cuando Rip se les acercó, abandonaron aquel esparcimiento y se le quedaron mirando con tan fija mirada como si fueran estatuas y en actitud tan falta de cortesía y tan adusta, que al pobre se le encogió el corazón dentro del pecho y le temblaron las piernas. Su compañero de ascenso empezó a vaciar el contenido del barril en botijos y le indicó por medio de signos que sirviera a los jugadores. Rip obedeció temblando de miedo. Los otros bebieron en silencio y luego reanudaron la partida de bolos.

Rip notó que, poco a poco, se desvanecían sus temores, y al ver que nadie se fijaba en él, hasta se atrevió a probar aquel brebaje, encontrándole un sabor muy parecido al de algunos vinos holandeses. Y como por naturaleza era un alma sedienta, pronto se dejó caer en la tentación de repetir el trago, y como éste le despertó la sed para otro, empinó el codo con tanta frecuencia, que no tardaron en embotársele los sentidos, hasta que por fin se le cerraron los párpados, se le cayó la cabeza y se quedó profundamente dormido.

Al despertar, se encontró en la verde loma desde donde había visto subir al desconocido por la barranca. Se restregó los ojos, y cuando pudo al fin abrirlos del todo, vió que era la mañana de un día espléndido. Los pájaros volaban gorjeando entre las ramas y el águila se cernía majestuosa, respirando el aire puro de las cumbres. «¿Es posible que haya dormido aquí toda la noche?» —pensó Rip. Y como no lo creía fué recordando lo ocurrido antes de dormirse: el hombre cargado con un barril, la quebrada, la gente jugando entre roquedales, la tan tétrica partida de bolos, el botijo... «Dios, aquel botijo! Aquel maldito botijo!» —pensó Rip—. «¿Qué excusas presentaré a mi mujer?»

Se volvió buscando la escopeta, pero donde dejó un arma limpia y cuidadosamente engrasada halló un trasto viejo con el cañón lleno de moho, el cierre desprendido y la culata carcomida. Creyó que aquellos tétricos montañeses le habían querido gastar una broma emborrachándole para cambiarle la escopeta. Lobo había desaparecido, pero se lo imaginó corriendo detrás de las ardillas o las perdices. Lo llamó silbando y gritando su nombre, pero en vano; los ecos repetían sus silbidos y sus gritos y ningún perro aparecía por ninguna parte.

Decidió volver al campo de juego, a ver si encontraba alguno de aquellos hombres, para reclamarles el arma y el perro. Al intentar levantarse, notó como si una fuerza se lo impidiese y se sintió materialmente empotrado en el suelo y atado por las hierbas y las raíces. «No es bueno para la salud dormir a la intemperie en la montaña —pensó Rip— y si de esta aventura salgo con un romadizo, habrá que oír a la señora Van Winkle». Con muchas penas y trabajos empezó a bajar por la roqueda, pero con gran sobresalto, al llegar al lugar en que se había unido al hombrecillo del barril, en vez del lecho seco de un torrente vió una caudalosa corriente que se precipitaba entre las peñas, produciendo un ruido atronador. Sin amilanarse ante aquel cambio inexplicable, subió por una de las laderas, zigzagueando para evitar las asperezas, agarrándose a las ramas de los abetos o a los sarmientos de las vides silvestres que se arrastraban libremente entre los árboles y le estorbaban el paso.

Llegó por fin donde la barranca se abría entre peñascos a un anfiteatro, pero no pudo encontrar el portillo que les diera acceso. Ante él se ofrecía un acantilado inaccesible por el que se precipitaba el torrente, con ensordecedor bramido, a una concavidad de aguas agitadas y profundas que parecían negras bajo la espesura de árboles y matorrales que bordeaba la sima. El desdichado Rip vióse obligado a reponer sus perdidas fuerzas y durante el descanso llamó a su perro con gritos y silbidos; pero sólo le contestó una bandada de cuervos que se desperezaban sobre un árbol seco que parecía colgado en un asoleado precipicio y que, seguros en la altura, parecían burlarse de las cuitas del pobre hombre. ¿Qué hacer? Las horas transcurrían y Rip empezaba a sentir la falta del desayuno. Le dolía perder el perro y su hermosa escopeta; temía encontrarse con su mujer; pero tampoco estaba dispuesto a dejarse morir de hambre entre las montañas. Sacudió la cabeza, se echó al hombro la vieja y enmohecida escopeta, y con la angustiosa inquietud que es de suponer, se volvió a casa.

Al acercarse al pueblo, le sorprendió no poco notar que entre la gente que encontraba no hubiese ningún conocido, cuando él creía ser amigo de todos los habitantes de la comarca. Además vestían de manera diferente a como estaba acostumbrado a verlos. También ellos le miraban con la misma expresión de sorpresa, y al fijar en él la vista se llevaban invariablemente la mano a la barba. Viendo que todos hacían lo propio, le pareció conveniente imitarlos, y entonces se fijó con el consiguiente sobresalto en que su barba le había crecido hasta la cintura.

Al entrar en las primeras calles del pueblo, toda una pandilla de chiquillos forasteros le siguió gritando y señalando a sus barbas blancas. Los perros, que tampoco lo conocían, salieron a ladrarle. Todo el pueblo estaba trasformado, era más grande y más poblado. Había muchas casas que veía por vez primera y algunos edificios que le eran familiares, habían desaparecido. Sobre las puertas leía nombres extraños, a las ventanas se asomaban caras desconocidas, y todo le parecía nuevo. Empezó a perder la cabeza, sospechando que él o el mundo que le rodeaba estaban embrujados. No podía dudar de que aquel era su pueblo: se lo probaban las montañas Kaatskill, que tenía a la vista, el argentado Hudson que corría a cierta distancia; cada cerro, cada cañada, que permanecían en su puesto de antes. Pero Rip estaba perplejo y pensaba: «¡Aquel botijo de anoche me ha trastornado la cabeza!»

No sin trabajo logró encontrar el camino de su casa y se acercó en silencio y con el corazón sobrecogido de temor, esperando oír de un momento a otro la chillona voz de la señora Van Winkle. Se encontró con una casa en ruinas. Tenía el techo hundido, las ventanas astilladas, la puerta desquiciada. Un perro trasijado que apenas se sostenía, se acercó a olerle. Se parecía a Lobo y Rip lo llamó por su nombre; pero el can arrufó, enseñó los colmillos y pasó de largo. Era un perro de mala casta sin duda. «¡Hasta mi perro me ha olvidado!» —suspiró el pobre Rip.

Entró en la casa, que, a decir verdad, la señora Van Winkle siempre tenía limpia y ordenada. No había nada y todo hablaba de abandono. Ante aquella desolación, todos sus temores de marido se desvanecieron, y llamó gritando a su mujer y a sus hijos; las desmanteladas habitaciones se llenaron de su voz y luego se sumieron en el mismo silencio.

Salió a la calle y fué a buscar el refugio del portal de la posada, pero también había desaparecido. En su lugar se levantaba una grande y desvencijada construcción de madera, con grandes ventanas resquebrajadas, algunas de las cuales aparecían remendadas con sombreros y sayas viejos, y sobre la puerta había un letrero que decía: «Hotel de la Unión, de Jonatán Doolittle». Cerca del gigantesco árbol que daba sombra a la pequeña y tranquila posada holandesa de antes, se erguía un mástil rematado en un objeto de color encarnado que parecía un gorro de dormir, del que colgaba una bandera donde se veía un extraño grupo de estrellas y de listas, todo lo cual era tan raro como incomprensible. Reconoció no obstante la rubicunda efigie del rey Jorge, bajo la cual tantas pipas había fumado en paz y tranquilidad, pero también estaba extrañamente transformada. Su casaca antes roja era azul ahora: empuñaba una espada en vez de un cetro; en la cabeza ostentaba un gorro frigio y debajo se leía en gruesos caracteres: GENERAL WASHINGTON.

En el portal se reunía como siempre un grupo de pueblerinos, pero Rip no conocía a nadie. Todos discutían acaloradamente y en una agitación que contrastaba con el pasmo flemático de antes. En vano trató de descubrir entre los reunidos al sesudo Nicolás Vedder, con sus anchos mofletes y su larga pipa, lanzando nubes de humo en vez de palabras vanas; o a Van Bummel, el maestro de escuela, leyendo en voz alta las noticias de un periódico atrasado. Pero si no vió a éstos, pronto le llamó la atención un hombre flaco y bilioso, con los bolsillos llenos de hojas de propaganda, que discutía con extraordinaria vehemencia sobre derechos de ciudadanía, elecciones, miembros del Congreso, libertad, héroes del noventa y seis y otras cosas que eran una perfecta jerigonza para el aturdido Van Winkle.

La llegada de éste con su larga barba blanca y aquella escopeta de museo, con aquel vestido de una moda ya olvidada y la multitud de curiosos, mujeres y chiquillos, que le seguían, atrajo toda la atención de los políticos reunidos en aquella taberna al aire libre. En seguida lo rodearon y lo examinaron de pies a cabeza con indescriptible curiosidad. El orador se le acercó y, apartándolo a un lado, le preguntó por qué partido votaba. Rip se limitó a mirarlo con la boca abierta como un idiota. Un mozo muy vivaracho y de corta estatura lo cogió por el brazo y estirándose sobre la punta de los pies, le preguntó al oído si era federal o demócrata. Rip se confesó incapaz de comprender aquella pregunta. Por fin un anciano que seguramente tenía gran importancia y que llevaba un gorro encarnado con la punta doblada, se abrió paso entre el grupo apartando a todo el mundo con los codos y, plantándose ante Van Winkle, con un brazo en jarras y apoyando el otro en el bastón, le miró profundamente a los ojos como si quisiera descubrir su alma, y con voz severa le preguntó «por qué se presentaba a las elecciones con una arma al hombro y acompañado de tal muchedumbre, y si se proponía armar un motín en el pueblo».

—¡Por Dios, señores! —gritó Rip desalentado—. Yo soy un hombre pacífico! hijo de este pueblo, y un súbdito leal del Rey, a quien Dios guarde!

Se elevó un clamor general de los congregados:

—¡Un conservador! ¡Un conservador! ¡Un refugiado! ¡Sacadlo a empujones! ¡Fuera! ¡Fuera!

No le costó poco trabajo al importante personaje del gorro frigio restablecer el orden, y con cara de feroz austeridad, conminó al desconocido delincuente a que confesase el objeto de su presencia y dijese a quien buscaba. El infeliz aseguró humildemente que no se proponía hacer daño a nadie y que sólo iba a ver a los vecinos que solían reunirse ante la taberna.

—A ver. ¿Quiénes son? Nómbrelos.

Rip reflexionó un momento y dijo:

—¿Dónde está Nicolás Vedder?

Hubo un momento de silencio, hasta que un viejo contestó con su voz delgada y en tono de plañido:

—¡Nicolás Vedder! ¡Pero si hace ya dieciocho años que ha muerto! En el cementerio había una losa que contaba toda su historia, pero se rompió y ha desaparecido.

—¿Dónde está Brom Dutcher?

—¡Ah! Ese se incorporó al ejército cuando empezó la guerra. Alguien dice que le mataron en el asalto de Stony Point, otros afirman que se ahogó en una inundación. Lo único que sé de él es que no volvió.

—¿Dónde está Van Bummel, el maestro?

—También fué a la guerra, ascendió a general y ahora está en el Congreso.

Rip se desanimó por completo al enterarse de los tristes cambios sufridos en el pueblo y en sus habitantes, que lo dejaban sólo en este mundo. Cada noticia

12

que le daban lo hería en lo más vivo poniéndole de manifiesto el tiempo transcurrido y unos hechos que no lograba entender: la guerra, el Congreso, Stony
Point... Le faltó valor para preguntar por otros amigos y en tono casi de desespe-
ración gritó:

—¿Pero ya nadie de los aquí presentes conoce a Rip Van Winkle?

—¡Oh! ¡Rip Van Winkle! —exclamaron dos o tres—. ¡Es verdad! Allí tenéis a
Rip Van Winkle apoyado en el tronco del árbol.

Rip miró y descubrió una contrafigura de aquel Rip que subió a la montaña,
aunque tan abandonado y tan andrajoso. Completamente confundido, el pobre
hombre dudó de sí mismo, no sabiendo ya si era él o era otro hombre. Y cuando
estaba más confuso y aturdido, el hombre del gorro frigio le preguntó quién era
y cómo se llamaba.

—¡Dios sabe! —exclamó el desdichado, a punto de volverse loco—. ¡Yo no
soy yo, sino otro, aunque antes era el mismo...! ¡No... soy otro, calzado con mis
botas, aunque ayer era el mismo; pero me dormí en la montaña y me han cambiado el arma y me lo han cambiado todo y a mí también me han cambiado y no
puedo decirle ni cómo me llamo ni quién soy!

Los que lo oyeron se miraron unos a otros haciendo gestos significativos y
llevándose el índice a la frente. Se habló de desarmarlo para impedir que come-
tiese algún disparate, y apenas oyó esto el personaje de importancia, se retiró del
grupo con tal precipitación, que puso de manifiesto su miedo de ser víctima de
alguna locura. En aquel momento se abrió paso entre la gente una mujer, deseo-
sa de satisfacer su curiosidad viendo de cerca al barbudo. Llevaba en brazos un
niño regordete que, al ver al desconocido de las barbas, se asustó y empezó a
llorar.

—Calla, Rip —le gritó ella—, calla; no seas tonto, que el viejo no te hará
nada.

El nombre del niño, el aspecto de la madre y el tono de su voz, despertaron
un tumulto de recuerdos en la cabeza del infeliz.

—¿Cómo te llamas, buena mujer? —preguntó.

—Judith Gardenier.

—¿Y cómo se llama tu padre?

—¡Ay, buen hombre! Se llamaba Rip Van Winkle, pero hace ya veinte años
que se marchó de casa con la escopeta, y nunca más hemos vuelto a saber de
él. El perro volvió solo, pero no sabemos si mi padre se mató o cayó en poder de
los indios. Yo era entonces muy pequeña.

Rip aun tenía una pregunta que hacer y dijo con voz que temblaba de miedo:

—¿Dónde está tu madre?

—¡Oh! También murió no hace mucho. Se le rompió una vena en un arreba-
to de ira.

En el rostro del desconocido se reflejó el alivio que sentía su alma. Sin poder
contenerse más, cogió a su hija y a su nieto en un abrazo y gritó:

—¡Yo soy tu padre! ¡Rip Van Winkle joven, antes; Rip Van Winkle viejo,
ahora! ¿Nadie conoce al pobre Rip Van Winkle?

Todos se quedaron atónitos, hasta que una anciana salió del grupo arrastran-
do los pies y poniendo una mano sobre los ojos a modo de visera, estuvo con-
templando un momento al desconocido y exclamó:

—¡No hay duda alguna! ¡Es Rip Van Winkle! ¡El mismo! ¡Bien venido seas al
pueblo, ciudadano! ¿Dónde has estado tanto tiempo?

La historia que Rip contó no fué larga, ya que los veinte años habían transcurrido para él en una noche. Todos los vecinos escucharon atentos, mirándose unos a otros de reojo, y el personaje de importancia que se había acercado, una vez pasada la alarma, se retorcía los labios y sacudía la cabeza; lo que imitaban todos los reunidos.

Se acordó no obstante pedir la opinión al viejo Pedro Vanderdonk, que se acercaba lentamente por la calle. Era descendiente del historiador del mismo nombre, que escribió acerca de los primeros acontecimientos de la provincia; era también el habitante más antiguo del pueblo y estaba versadísimo en los más extraordinarios sucesos y tradiciones de la comarca. Al momento reconoció a Rip y corroboró su historia de la manera más satisfactoria. Aseguró que era cierto, según testimonio de su antepasado el historiador, que en ciertos lugares de las montañas Kaatskill vivían seres extraños. Afirmábase que el gran Hendrick Hudson, el descubridor del río y de aquella región, pasaba en la montaña una velada cada veinte años con toda la tripulación de la «Medialuna», siéndole permitido de esta manera volver a visitar las tierras donde llevó a cabo su empresa para inspeccionar el río y la gran ciudad que llevan su nombre. Añadió el anciano que su padre los había visto una vez, con sus antiguas ropas holandesas, jugando a los bolos en un refugio de la montaña, y que él mismo oyó una tarde de verano el ruido de los bolos como el tronar lejano de una tempestad.

Para abreviar, diremos que la gente se diseminó y volvió al tema más interesante de las elecciones. La hija de Rip se lo llevó a vivir con ella. Tenía una casita muy limpia y cómoda y un marido muy amable y trabajador, en quien Rip reconoció a uno de los rapaces que en otros tiempos se le subían a la espalda. En cuanto al hijo de Rip, de quien se decía que siempre estaba de espaldas a un árbol, fué empleado en los trabajos de la granja; mas por una disposición hereditaria atendía a todos los asuntos menos a los suyos.

Rip volvió a sus viejos paseos y a sus costumbres y no tardó en encontrar a muchos de sus antiguos camaradas; pero notando que con el tiempo se habían hundido en sus vicios, prefirió buscar amistades en la nueva generación, entre la que pronto se conquistó las simpatías.

No teniendo nada que hacer en casa y llegado a esa edad en que un hombre puede justificar su holgazanería, volvió a sentarse en el banco del portal de la posada, donde se le respetaba como a uno de los patriarcas del pueblo y como se merecía un autorizado cronista de la época anterior a la guerra. Tardó bastante en ponerse al corriente de los temas de actualidad y en comprender los extraños sucesos acontecidos durante su sueño: Que se había ganado una guerra revolucionaria, que el país había sacudido el yugo de la vieja Inglaterra, que ya no era súbdito de su majestad Jorge III, sino ciudadano libre de los Estados Unidos. Rip no era político, y las transformaciones de los Estados y de los Imperios le impresionaban muy poco; sólo conocía una clase de despotismo bajo el cual había sufrido largo tiempo, y esto fué cuando su mujer mandaba. Afortunadamente, la época del terror se había terminado y, libre del yugo matrimonial, podía entrar y salir cuando le daba la gana sin temer la tiranía de la señora Van Winkle. No obstante, cuando alguien la nombraba, se encogía de hombros, movía la cabeza y hacía girar los ojos, lo que podía interpretarse como prueba de resignación ante la fatalidad, o de gozo por verse libre.

Contaba su historia a todos los forasteros que llegaban al hotel del señor Doolittle. Al principio podía observarse que cada vez que la contaba variaba algunos puntos, lo que sin duda era debido a que se había despertado recientemente. Por fin conformó su relato exactamente a los términos en que hemos expuesto la aventura, y todos los vecinos, hombres, mujeres y niños se lo aprendieron de memoria. Algunos ponían en duda la veracidad de los hechos e insistían en que Rip había perdido el juicio, y que aquello no era más que el tema de su locura. Pero los holandeses de la comarca creían aquella historia a pie juntillas, y aun hoy día nunca oyen retumbar un trueño por la sierra de Kaatskill sin decir que Hendrick Hudson y su tripulación estan jugando a los bolos, y no hay un marido calzonazos en toda la comarca que, cuando la vida le pesa demasiado, no desee echar un trago del brebaje soporífero del botijo de Rip Van Winkle».

(Trad. de Alfonso Nadal).

LÁMINAS

Texto y música de la Cantiga CIII de Alfonso X (Cod. T. J. 1)

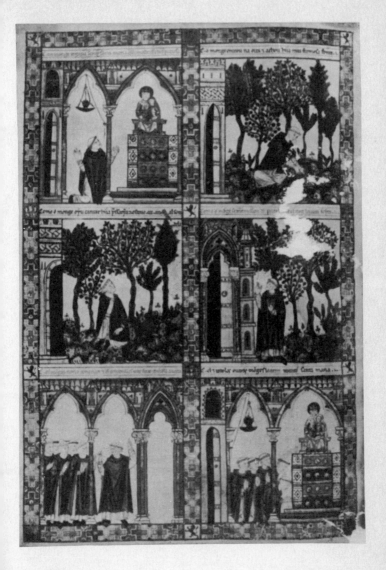

Página miniada que ilustra la Cantiga CIII en el Cod. escurialense

"*Como un monge rogaua sempre Santa María que lli mostrass' o ben do paraíso*". Pormenor de la página miniada del Cod. T. J. 1.

"Como õ monge entrou na orta e achou hũa mu: fremosa fonte".
Pormenor de la página miniada del Cod. T. J. 1.

"*Como õ monge oyu cantar hũa passarẏa e esteue ccc anos al sor*
Pormenor de la página miniada del Cod. T. J. 1.

"Como o monge se marauillou do portal que el non leixara feyto".
Pormenor de la página miniada del Cod. T. J. 1.

"Como él e tódolos outros monges loaron muito Santa Maria".
Pormenor de la página miniada del Cod. T. J. 1.

Labra barroca de la portalada del Monasterio de Armenteira (Galicia).
Dibujo de Castelao.

NOTAS BIBLIOGRAFICAS

INTRODUCCIÓN

(1) *Labitte*, «Oeuvres de Dante Alighieri. La Divine Comédie avant Dante», Paris, Charpentier, 1858.

Ozanam, «Dante et la philosophie catholique au treizième siècle», Paris, 1845, «Des sources poetiques de la Divine Comédie», «Oeuvres», T. V. Paris, Lecoffre, 1859.

Graf, «Mitti, Leggende e superstizione del medio evo», Torino, Loescher, 1893, que reune, con nuevos estudios, ampliada:
«La Leggenda del Paradiso Terrestre, lettura fatta nella R. Universitá di Torino addi. 11 novembre 1878». Torino, Loescher, 1878.

D'Ancona, «I Precursori di Dante», Firenze, Sansoni, 1874. «Studii di critica e storia letteraria», Bologna, Zanichelli, 1880.

Pitré, «La Tradizione popolare nella Divina Comedia», Palermo, 1900.

(2) *Menéndez Pelayo*, «Orígenes de la Novela», Madrid, 1905, en «Nueva Biblioteca de Autores Españoles».

(3) *Asín Palacios*, «La escatología musulmana en la «Divina Comedia», Madrid, Maestre, 1919.

El eco despertado por esta obra se tradujo en las recensiones de Mazzoni, Beck, Mulertt, Van Tieghem y Gaudefroy, etc. El autor hizo historia crítica de las polémicas en el Bol. de la Academia Española, recogida por Ottavi y publicada en la Rev. Litt. Comp. en 1924. Vid. tam.

González Palencia, «La Divina Comedia y el Islám», Rev. Occ. IX, 100-116.

(4) Sobre la cantiga CIII en relación con nuestro estudio:
«Cantigas de Santa María de Don Alfonso el Sabio. Las publica la Real Academia Española». 1889, Madrid. Vol. I, cap. III, 94, de la introducción del Marqués de *Valmar*, y notas de *Th. Braga, Monaci, D'Ancona* y *Mussafia* en la página XLIX.

Valera, «Disertaciones y Juicios Literarios», Madrid. A la pág. 366 «Las Cantigas del Rey Sabio», disertación leída el 12 de febrero de 1872 ante la Real Academia Española en Junta que presidió el Emperador del Brasil.

Hurtado-González Palencia, «Historia de la Literatura Española», 3.ª edición, 1892, pág. 86.

Aparte la bibliografía general sobre A. X señalada en Notas págs. 16 s. y en el capítulo sobre el tema del monje y el pajarillo:

Nunes. José Joaquim, «Uma lenda medieval» «O monge e o passarinho» en «Academia das Sciencias de Lisboa, Boletín da Segunda Classe», vol. XII y sep. (Coimbra, Imprensa da Universidade, 1919, 25 págs.

Filgueira Valverde, José, «A lenda de Armenteira», en «Nós», A. IV, números, 21, 22, 25 y 26 (1925-1926).

Millé y Giménez, «Valle Inclán y el milagro del monje de Heisterbach», en «Religión y Cultura» T. XXIII, núm. 68, pág. 235 (1933),

además de la que a continuación señalamos para cada una de las versiones y derivaciones estudiadas.

I

I VISIONES Y DESCRIPCIONES

(5) Sobre el concepto del «ejemplo» en la literatura clásica y en el medievo vid. *Goswin Frenken*, «Die exempla des Jacob von Vitry» in «Quellen und Untersuchungen zur lateinischen Philologie des Mittelalters», München, 1914, y obras citadas en la nota 35.

(6) *Prudencio*, «Cathemerinon» Himno V, «De Novo Lumine Paschalis Sabbati» y «Hamartigenia», verso «Praescius inde pater...» y sigs.
Sobre Prudencio vid.:
Puech, A., «Étude sur la poésie latine chrétienne au IVᵉ siècle», París, 1888.
Zaniol, A., «Aurelio Prudenzio Clemente, poeta cristiano», Venecia, 1890.
García Villada, «Historia Eclesiástica de España», t. I, 2.ª parte, cap. VII.

(7) *San Valerio*, «Dicta Beati Valerii ad Beatum Donadeum scripta», «De Máximo monacho, qui Valerio visionem propiam retulit de paradisi amoenitate, et de lamentis baratri» y «De coelesti Revelatione», «Facta Baldario...», Migne, Patr. Lat. LXXXVII, col. 431-432 y 435-36 respec.
Sobre San Valerio:
Bruyne, «L' héritage littéraire de l'abbé Saint Valère», Rev. Bénédictine, 1920.

(8) *Menéndez Pidal*, «España, eslabón entre cristiandad e Islam», en «Philologisch-Philosophische Studien Festschrift für Eduard Wechsler...» Jena und Leipzig, 1929.

(9) Sobre visiones medievales vid.:
Fritzsche, «Die lateinische Visionen des Mittelalters bis zur Mitte des 12. Jahrhunderts», en «Romanische Forschungen». Erlangen. Deichert, 1886-1887.
Huber, «Beitrag zur Visionsliteratur und Siebenschläferlegende des Mittelalters», «Beilage zum Jahresbericht des humanistischen Gymnasiums Metter für des Schuljahr 1902, 1903».
Sobre la visión de Tnúgdalo:
Mussafia, «Sulla vissione di Tundalo», Wien, 1871.
Wagner, «Visio Tnugdali lateinisch und altdeutsch», Erlangen, 1882. París, 1907.
«La visión de Tondale, textes...», p. p. *V. H. Friedel* y *K. Meyer*, París, 1907.

(10) *Asín Palacios*, «La escatología Musulmana en la Divina Comedia», página 183.

(11) *Migne*, «Patrol, lat.»: S. Agustín, XXXIII, 612. – XL, 895 y 920. S. Hieronym, XXVI, 33-35. – XXI, 712. – S. Ambros., XIV, 176, 564.

(12) Id. S. Gregor. Magn. LXXVI, 1275.

(13) Id. Beda, XCIII, 579.

(14) Id. Rab. Maur, CIX, 637.

(15) Id, S. Anselmus, CLVIII, 48.

(16) Id. vid. tamb. S. Petri Damiani opusculum de spiritualibus delicis, CXLIV, 715.

(17) Id. Smaragdo, abb. CII, 679.

(18) *D'Ancona*, «I Precursori di Dante». Firenze, Sansoni, 1874, pág. 29 sig.

(19) *Berceo*, «Milagros de Nuestra Señora», Madrid, La Lectura, 1922. Introducción.

(20) «Le Vergier de Paradis» Ms. 2718 Bibl. Royale, Paris. Publ. Jubinal, «Nouveau Recueil...»

(21) Sobre el Paraíso en los fabliaux vid. *Bedier*, «Les Fabliaux», pág. 369, y *Barbazán-Meon*, «Fabliaux et Contes», Paris, Warée, 1808, t. III, pág. 128.

(22) *D' Ancona*, «Precursori», 105.

(23) *Asín*, «Escatología».

(24) «Corte Imperial», edic. de la «Cámara do Porto», 1910.

(25) *Asín Palacios*, «La Escatología Musulmana en la Divina Comedia», Madrid, 1919.

(26) Alcorán, Azoras II, XLIII, XLIV y LII-LVI.

(27) Vid. pág. 36.—Viajes, grupo islámico.

(28) *Asín*, «Escatología», 29.

(29) Id., id. 27.

(30) Id. id. Redacción de la ascensión o «Mirach».

(31) Vid. pág. 128, sobre el goce de lo musical y la imaginación luminosa de la divinidad.

(32) *Asín*, «Escatología».

(33) Id. «El místico murciano Abenarabi» Madrid, 1925-26 y «Escat.», 61.

(34) Id. id., 137.

(35) Sobre la utilización del ejemplo en la didáctica medieval:

Hervieux, «Fabulistes Latins», 1896, t. IV.

Toulmin-Smith y *Meyer*, «Les Contes Moralisés de Nicole Bozon», Paris, Didot, 1889.

Mosher, «The exemplum in the early religious and didactic litterature of England», Columbia University Press, 1911.

Goswin Frenken, «Die Exempla des Jacob von Vitry», München, 1914. (Vide arriba nota 5).

(36) Sobre la predicación medieval:

Bourgain, «La Chaire française au XIIᵉ siècle», Paris, 1879.

Lecoy de la Marche, «La Chaire française au moyen âge, specialement au XIIIᵉ siècle», 2.ᵉ ed. Paris, 1886.

Owst, «Litterature and pulpit in medieval England», Cambridge University Press. 1933. Cap. IV.

II VIAJES AL PARAISO

(37) Sobre el mito de la Hesperia y de la Atlántida, bibliografía en:

Gattefosse y *Roux*, «Bibliographie de L' Atlantide et des questions connexes», Lyon, 1926.

Sobre la localización del Paraíso Terrestre:

«Festschrift der Jahrhundertfeier der K. Universität zu Breslau», Breslau, Marcus, 1811.

(38) *Graf, Arturo*, «La Leggenda del Paradiso Terrestre», lettura fatta nella R. Universitá di Torino addi 11 novembre 1878. Torino, Loescher, 1878.

Id. «Mitti, Leggende e Supersticioni del medio evo». Torino, Loescher, 1893. Vol. I y II.

(39) *Asín*. «Escat.», 263, sig.

(40) Vd. art. de *Durán y Samper* en «La Vanguardia» de Barcelona, de 25 de junio de 1935.

(41) *Graf,* op. cit.

Sobre la leyenda de Alejandro y el poema castellano.

Morel Fatio, «Recherches sur le texte et les sources du L. de A», in «Romania», 1875, IV, 7.

García Gómez, «Un texto árabe occidental de la Leyenda de Alejandro», Madrid, 1929.

(42) Id. I, 110.

(43) Sobre la leyenda del joven príncipe y su aberración del tiempo:

Schwarze, «Zeitschrift für deutsche Philologie», XIII, 338-51, (1882).

Mussafia, «Ueber die Quelle des altfranzösischen Dolopathos», Sitzungb. d. K. Akad. d. Wis. di Vienna. Vol. XLVIII, 14 sig. (1864).

Köhler, «Zur Legende vom italienischen jungen Herzog im Paradiese», Zeitschrift, fur... vol. XIV, 98.

(44) *Elster,* «Norks Literaturhistoire», Oslo, 1923-24.

(45) Vd. «Deriv. caballerescas» y leyendas de «Durmientes».

(46) Sobre las odiseas cit. y sus deriv. caballerescas:

«Popular studies in Mythology, Romance and Folklore», *Nutt,* London, 1904.

Thurneysen, «Program zur Feier des Geburtstags...», Halle, Kaarras, 1904.

(47) Sobre la leyenda de S. Brandán vid. *Fritzsche,* op. cit. y

Jubinal, «La Légende latine de Saint Brendaines», París, 1836.

Goeje, «La légende de Saint Brandan» en «Actes du VIII Congrés intern. des Orient.», págs. 43-76, Leyde, Brill, 1891.

Meyer-Nutt, «The voyage of Bran, son of Febal to the Land of the Living», London, Nutt, 1895.

Palgen, «Brandansage und Purgatorio», Heidelberg, Winter, 1934.

Wahlund, «Die altfranzösische Prosaübersetzung von Brendans Meerfahrt», Upsala, 1901 y

«Romania», XXXIV, 464 y CLXIV, 623.

(48) Utilizamos la transcripción de *Nunes,* «Chrestomatia arcaica», pág. 61 sig. Vid. tamb.:

Graf, op. cit., I, 114.

Denis, «Le monde enchanté», p. 283.

(49) *Menéndez Pelayo,* «Orígenes de la Novela», Introducción, pág. LXXXV.

(50) *Carré Aldao,* «A lenda de San Amaro o pelengrino», «Nós», núm. 19, 1925.

(51) *Bruce,* «The Evolution of Arthurian Romance from the Beginnings down to the Year 1300». Göttingen, Vandenhoek & Ruprecht, 1928.

Faral, «La légende arthurienne», «Etudes et documents», Paris, Champion, 1929.

Rodrígues Lapa, «Liçoes de Literatura Portuguesa. Época medieval», Lisboa, 1934.

(52) *Gaston Paris,* «Lais inedits de Tyolet, de Guingamor, de Doon, de Lecheor et de Tydorel», «Romania», VIII, 50 sig. (1879).

Weston, «Guingamor, Lanval, Tyolet, Le Bisclaveret, four lays rendered into English prose from the French of Marie de France and others», London, Nutt, 1900.

Hoepffner, «Marie de France et les lais anonymes», I, Guingamor, «Studi Medievali», IV, 1931.

(53) *Menéndez Pelayo*, «Orígenes de la Novela», Introducción, CLXVIII sig. y CXCIV.

Sobre las hadas de las fuentes, vid.:

López Cuevillas, «O culto das fontes no Noroeste Hispánico», «Trabalhos da Soc. Port. de Antr. e Etnogr.», vol. VII, 1935.

(54) *Bosena Nemçova*, «Slovenské Povesti», Praha, 1857.

(55) *Basset*, «Rev. des Trad. Pop». XXII, 400.

(56) *Charencey*, «De l' origine souterraine de l' espèce humaine, d' après diverses légendes américaines», Mélusine I, 225.

Sobre la vida subterránea en relación con el infierno y las visiones, vid.:

Delepierre, «L' Enfer», Londres, Trubner, 1876.

(57) Sobre la relación de estas leyendas con el culto de los árboles:

Mannhardt, «Baumkultus», Berlín, 1875 y «Wald-und Feldkulte», Berlín, 1865.

Frazer, «The Golden Bough», London, Macmillan, 1915.

(58) *García Villada*, «Historia Ecl.», I, 2.ª, pág. 96.

(59) Compárese esta condición con las que aparecen en otras derivaciones caballerescas, incluso de carácter novelesco.

(60) Sobre el Purgatorio de San Patricio, vid.

Wright, «St. Patrick's Purgatory...», London, Russell Smith, 1844.

Mall, «Zur Geschichte der Legende vom Purgatorium des heil. Patricius», R. F. 1891, VI.

Krapp, «The Legend of Saint Patrick's Purgatory...», Baltimore, Murphy, 1900.

Félice, «L' autre monde, Mythes et Légendes. Le Purgatoire de Saint Patrice», París, Champion, 1906.

Mörner, «Le Purgatoire de Saint Patrice», Leipzig, O. Harrasowitz, 1920.

Slover, «William of Malmesbury's 'Life of S. Patrick'». Mphil, 1926, XXIV, 5-20.

Van der Zandem, «Étude sur le Purgatoire de Saint Patrice accompagnée du texte latin d' Utrecht et du texto anglo-normand de Cambridge», Amsterdam. X. París, 1928.

«Visiones Georgii, Visiones quas in Purgatorio Sancti Patrici vidit Georgius miles de Hungaria». Ed. Hammerich, Kobenhavn, 1931.

«Patrol. lat.» CLXXX, 973, 977.

(61) *Foulet*, «Marie de France et la Légende du Purgatoire de Saint Patrice», R. F., 1908, XXII.

(62) *Solalinde*, «La primera versión española de 'El Purgatorio de San Patricio', y la difusión de esta leyenda en España», Homenaje a M. Pidal, 1925, II, 219-257.

(63) Id. id.

(64) *Miquel y Planas*, «Discurs llegits en la R. Ac. de Buenas Letras de Barcelona...», Barcelona, 1914, y «Llegendas de l' altra vida», Barcelona, 1914.

(65) «Viaje maravilloso y digno de notar que hizo el conde D. Ramón de Perellós a el Purgatorio de San Patricio que está en Irlanda, a donde halló a el Rey D. Juan de Aragón y otros conocidos suyos», por *Fr. Francisco de Ojeda*. Bibl. Nac., Fondos Osuna, Ms. 10825.

(66) «El Purgatorio de S. Patricio», traducción del lemosín por *Fr. Francisco Giménez*, Bibl. Nac., Fondos Osuna, Ms. 11087, fol. 97.

(67) *Feijóo*, «Theatro Crítico», VII, disc. VI.

(68) *Virgilio.* «Eneida», Lib. VI.

(69) Sobre el paraíso de la Reina Sibyla, vid. bibliografía en *Gaston Paris*, «Légendes du Moyen Age», París, Hachette, 1912.

(70) *Carnoy*, «La montagne noire», «Mélusine» I, 446 sig.

(71) *Bonilla y Sanmartín*, «Las leyendas de Wagner en la Literatura Española», Madrid, 1913. Vid. tambien:

Menéndez Pelayo, «Orígenes de la novela». Introducción, CLXXXV. Véanse también los trabajos del *P. ·Atanasio López* y de *Rodríguez Moñino* sobre Vasco Díaz Tanco de Fregenal, impresor de un libro sobre la Sibylla a comienzos del s. XVI, no mencionado en el acertado estudio de B. S. Vid. B. M. O, 1935, X, 223 y RFE, 1934, XXI, 419 y 1936, XXIII, 71.

(72) *Barto*, «The subterranean Grail Paradise of Cervantes», Publ. Mod. Lang. Ass. of America, XXXVIII, 2.

(73) *Graf*, op. cit.

(74) Sobre Tannhäuser vid.:

Cassel, «Aus Literatur und Symbolik», Leipzig, 1884.

Gaston Paris, «Légendes du Moyen Age», París, Hachette, 1912.

Desonary, «G. Meschino, Tannnhäuser e il Paradiso della Sibilla», Giorn. d' Italia, 7-VIII-1930.

(75) *Paris*, op. cit.

(76) *Nieremberg*, «Diferencia entre lo temporal y eterno», lib. IV, cap. VI.

(77) El rapto de Enoch aparece descrito en el «Libro de Henoch», del cual se conservan versiones etiópica y copta. Vid.:

Dillmann, «Das Buch Henoch übersetzt und erklärt», Leipzig, 1853 y

Schürer, «Geschichte des jüdischen Volkes in Zeitalter Jesu Christi», Leipzig, 1886.

(78) «Loor a Dios que ha transportado a su siervo, a Mahoma, durante la noche, del Templo sagrado, de la Meca, al templo lejano, de Jerusalén, cuyo recinto bendijimos, para hacerle ver nuestros milagros. Dios entiende, y ve todo». Alcorán, azora XVII, 1.

(79) *Asín*, «Escat.», 41 sig.

(80) Id. id. 53 y *Chauvin*, «Bibliographie des ouvrages arabes ou relatifs aux arabes», Liège, 1892-1913.

(81) *Asín*, «Escat.», 61 sig.

(82) Id. id., 71 sig.

(83) Con estos viajes se relacionan en lo cristiano las narraciones de viajes instantáneos a Roma, como el del Arzobispo Manrique en Compostela y, en Normandía, «L' étrange voyage du chanoine de Cambremer (Bayeux)» vid. *Herval, René*, «Légendes de Normandie», Rouen, Defontaine (1933).

(84) *Gaston Paris*, «Litt. Franç. au Moyen Age». L. II, Litt. Didactique.

(85) Sobre la influencia de Dante en España:

Boza Masvidal, «El Dante: Su influencia en la literatura castellana», Habana, 1920.

González de Amezúa, «Fases y caracteres de la influencia del Dante en España», Madrid, Reus, 1922.

Farinelli, «Dante in Spagna, Francia, Inghilterra, Germania», Torino, Bocca, 1922.

Lollis, C. de, «Dante e la Spagna», en «Dante», Milano, Treves. 1921.

Sobre Padilla:

Foulche-Delbosc, «Nueva Biblioteca de Autores Españoles», XIX.

(86) Sobre Rocaberti:

Masso-Torrents, «Bibliogr. del antics poetes catalans», An. de I. E. C., 1913-14.

(87) Fué compuesto para la reina Doña Leonor y representado por primera vez en 1518. Vid. *Braancamp Freire*, «Gil Vicente». R. Hist. 1917, VI-VII y *Bell*, «Gil Vicente», Coimbra, Univ., 1915.

(88) El viaje es realizado por el Alma en la nave del Deleite y llevando como piloto al Demonio. En su conversión el Alma tomará la embarcación de la penitencia dirigida por Cristo. El origen de esta alegoría ha de buscarse en las «Barcas» de Gil Vicente.

(89) Fué impresa en 1682. El autor es un jesuíta emigrado a Lisboa. La alegoría representa el viaje de dos hermanos: uno desde Egipto a Jerusalén (el Cielo) y otro a Babilonia (el infierno).

(90) La obra de Bunyan tiene dos partes, la primera, impresa por primera vez en 1678, lleva el título: «Pilgrim's Progress from this world to that which is to come: delivered under the Similitude of a Dream wherein is discovered the manner of his setting out, his dangerous journey and safe arrival at the desired country», y la segunda parte: «...wherein is set forth the manner of the setting out of Christian's wife and children, their dangerous journey and safe arrival at the desired country», siendo impresa en 1684.

(91) Bibl. Nac., M. Gayangos, 679, gral. 17.941.

(92) *Luzel*, «Légendes chrétiennes de la Basse Bretagne», II, 222-40.

(93) Rev. des Trad. pop. XXII, 277 (1907).

(94) *Le Braz*, op. cit. y «La Légende de la mort en Basse Bretagne», París, Champion, 1893, y *Antti Aarne*, «Verzeichnis» n.º 460, 800-809.

III SUPERVIVENCIA

(95) *Risco*, «Da Mitoloxia popular galega. Os mouros encantados». «Nós», números 43 y 45, 1927.

(96) Seminario de Estudos Galegos, «Catálogo dos Castros Galegos», fascículos I-VI (1927, 1933).

(97) *Mendes Correa*. «Le serpent, totem das la Lusitanie protohistorique», Anais da Fac. de Sc. do Porto, XV, Porto, 1928.

(98) *Bona*, «Vita Ven. Gratianni Punzoni», cap. VIII.

(99) Vid. viajes, nota 1 y

Brueyre, «Contes Populaires de la Grande Bretagne», pág. 191 sig.

(100) Gen. V, 23, 24.

(101) Pauli ad Hebr., XI, 5.

(102) Vid. Viajes, nota 77.

(103) Reyes, IV, 2.º, 11.

(104) Texto de la Vulgata. Vd. tamb. S. Tomás «Summa» 1.ª p. Q. 102 a 2.ª ad 3um.

(105) Malaquías, IV, 5, 6.

(106) Ecles. XLVIII, I, 12.

(107) Apoc. XI, 3, 12.

Sobre la Asunción vid.:

Mattiussi, Guidone, «Utrum corporea Virginis Assumptio ad fidei catholicae depositum spectet», Aquipendii. Ex Officina Libraria «Lemuriana», 1922.

(108) Gen. V, 27. Sobre Mathusalem vid.:

Berenger-Ferand, «Mathusalem et Diogène», La Tradition, X, 30.

(109) Libro de Job, XLII, 16.

(110) Vid. Viajes a un paraíso subterráneo.

(111) «Cuentos checos», Jasón, Madrid, pág. 153.

(112) Vid. Apéndices.

(113) *Bonnell*, «Cain' s jaw-bone», Publ. de Mod. Lang. Ass. of Am. XXXIX 1. (1924).

(114) *Asín*, «Escat.», 271.

(115) Alcorán, Azora XX, 97.

(116) Sobre la leyenda de Ahasverus

Grasse, «Die Sage vom ewigen Juden», Stuttgart, 1845.

Schoebel, «La légende du Juif Errant», 1877.

Neubauer, «Die Sage vom ewigen Juden», Leipzig, 1884.

Morpurgo, «L'Ebreo errante in Italia», Florencia, 1890.

Gaston Paris, «Légendes du Moyen Age», París, 1912.

Killen, «L' évolution de la légende du «Juif Errant.» R. L. Comp., 1925.

Zirus, «Ahasverus, der ewige Jude», Berlín, 1930.

Gielen, «L'évolution de la légende du Juif Errant», Neophilologus, XVII, 1931-33.

Glaesener, «Le type d'Ahasvérus aux XVIIIᵉ et XIXᵉ siécles», R. L. Comp., XI, 3.

Gielen, J., «De Wandelende Jood in Volkskunde en Letterkunde», Amsterdam, De Spiegel, 1931.

(117) *Fleury*, «Littérature orale de la Basse Normandie», París, Maisonneuve, 1885.

(118) *Asín*, «Escat.», 271.

(119) *Supero*, «Les Vaisseaux Fantastics», Melusine II, 134, 153, 207, 256.

(120) *Menéndez Pidal*, «Flor nueva de romances viejos», Madrid, 1928, página 245.

(121) *Fleury*, op. cit.

(122) En el Ayuntamiento de Puenteareas, cerca del balneario de Mondaríz. El poeta gallego Ramón Cabanillas ha utilizado líricamente este tema.

(123) *Basset*, en Rev. des Trad. Pop., XXII, 211.

(124) Vid. el poema de Maragall «El comte Arnau», en «Poesies», vol. I de «Obres Completes», Barcelona, 1929.

(125) Vid. Supervivencia individual: a) Glorificada. Pág. 42.

(126) Vid. *Graf*, «Mitti», 69 s.

(127) Vid. «Viajes al Paraíso» y *Graf*, op. cit., 85.

(128) Vid. Bibl. del ciclo art. en I, cap. II, nota 51 y

Brueyre, op. cit. y *Menéndez Pelayo*, Ant. p. lir., III, XL.

(129) *Brueyre*, op. cit,, 192 y

Rückert, «Chants populaires de l'Allemagne».

(130) *Dunlop-Liebrecht*, «Geschichte der Prosadichtungen», 535 (1851) y *Brueyre*, op. cit.. ib.

(131) *Bell*, «A Literatura Portuguesa», 461.

(132) *Washburn Hopkins*, «Fountain of Youth», Journ. of the Am., Or. Soc., 1905.

Gould, «Curious myths of the Middle ages», Londres, 1866-68.

(133) *Herrera*, «Década primera», Madrid, 1726.

(134) Vid. III parte, cap. IV, «El Bosque».

(135) Sobre los orígenes de la leyenda de «Fausto» vid.

Faligan, «Histoire de la légende de Faust», Paris, Hachette, 1887.

Bianqui, «Faust à travers quatre siècles», Paris, Droz, 1935.

(136) Puede verse una adaptación de los textos originales de la leyenda de Fausto en

Saintyves, «La leyenda del Doctor Fausto», Aguilar, Madrid.

(137) *Sebillot*, «Le Folklore de France», París, Guimoto, 1906.

(138) «Cuentos checos», cit. Nota preliminar.

(139) *Dunlop-Liebrecht*, cit.

(140) *Louey Chisholm*, «Os catro cisnes brancos», tr. Fernández Barreiro, «Céltiga», Ferrol, núm. 2, 1922.

Sobre el «Caballero del Cisne».

Gaston Paris, en «Romania», XVII (1888), 526 ss. XIX (1890), 315 ss.

Bonilla y Sanmartín, «Las leyendas de Wágner», pág. 10 ss.

Vid. tam. III cap. III, «El ave», en este trabajo.

IV LEYENDAS DE DURMIENTES.

(141) *Graf*, «Mitti», I, 113 s.

Pitre, «La Tradizione Popolare nella Divina Commedia», Palermo, 1900.

Asín, «Escat.», 276 s.

(142) Sobre la Bella Durmiente del Bosque, vid. la monografía de *Vogt* en «Beitraege zur Volkskunde, Festschrift Karl Vienhold», Breslau, Koebner, 1896.

(143) «Harivansa», trad. Langlois, vol. I, 486.

(144) *Kalidasa*, «El reconocimiento de Sakuntala», acto VII.

(145) Sobre Epiménides, vid.:

Delmoulin, «Epiménide de Crète», en Bibl. de la Fac. de Phil. et Lett. de l' Un. de Liège, fasc. XII, Bruxelles, 1901.

(146) *Asín*, «Escat.», 280 s.

(147) *Ehrmann*, «Aus Palästina und Babilon», Viena, 1880, 19-20.

Guidi, «Testi orientali inediti sopra y Sette Dormienti di Efeso», Atti della R. Accad. dei Lincei, 1884.

Nöldeke, en «Götting. Gelehrte Anzeigen», 1886, núm. 11, cit. por *Asín*, «Escatología», 281.

Graf, op. cit., 180, notas.

(148) *Dillmann*, op. cit. y «Chrestomathia Oethiopica», Leipzig, 1866.

(149) *Basset*, «La Légende des Sept Dormants», Mélusine III, 176.

(150) *Gaster*, «Literatura populară română», Bucuresci, 1883, 3.ª parte, y sobre ella, *Nyrop*, en «Romania», 1885, 149 s.

(151) Aparte de las obras arriba citadas de *Guidi*, *Nöldeke* y *Basset* y de las de *Asín* y *Huber*, citadas anteriormente, vid. *Krusch* en «Analecta Bollandiana», XII, 371 s. (1893).

De Goeje, «Di Legende der Zevenslapers van Efeze», Amsterdam, 1900.

(152) Vid. *Russel*, testos siriacos citados y *Koch*, «Die Siebenschläferlegende», Leipzig, 1883.

(153) *Huber*, op. cit.

(154) Patrol. lat. Gregorii Episcopi Turonensis miraculorum lib. I, «De Gloria Martyrum», cap. XCV, tomo LXXI, col. 787; «Septem Dormientium historia», LXXI, 1105.

Vid. tamb.: «Les livres des miracles et autres opuscules de Grégoire de Tours», publ. M. H. Bordier, 1857-65.

(155) «Willelm Malmesburiensis Monachi», «Gestaregum anglorum», Lig. II. Patrol. Lat. CLXXIX, col. 1205.

(156) *Gaston Paris*, «La Litt. franç. au Moyen Age», París, Hachette, 1909, capítulo V.

(157) *Jacobo de Voragine*, «La Légende Dorée», Trad. Teodor de Wyzawa, París, 1913, pág. 366 y sig.

Vid. también:

Leite de Vasconcelos, en Rev. Lusit., VIII, 232, notas.

Baring Gould, «Curious Myths...», cit.

(158) Moreto «Obras», ref. F. Guerra en Bibl. Aut. Esp., Ribadeneira, XXXIX y Alonso Cortés «Clás. castellanos», 1916.

(159) Vid. arts. de Luzel, Rénan y Barthélemy en «Mélusine», I, 9 y XI, 1, y Barthélemy en «Revue Céltique», III, 489, 490.

Lemen, «Monographie de la Cathédrale de Quimper», Quimper, 1877.

(160) Alcoran, A. II, 261, Trad. Asín.

(161) *Asín*, «Escat.», 278 s.

(162) Id. id., 280 s.

(163) Op. cit.

(164) Sobre relaciones de estos temas con lo oriental, vid.:

Cosquin, «Quelques observations sur les 'Incidents communs aux contes orientaux'». Londres, 1892.

Schermann, «Materialen zur Geschichte der Indischen Visionslitteratur», Leipzig, Twietmeyer, 1892.

Cosquin, «Les contes indiens et l' occident», París, 1922.

(165) *Luzel*, op. cit. y Viajes, nota 53. Como posible precedente de estos temas de correspondencia con el Cielo en lo rabínico, vid.:

Macler, «Correspondance épistolaire avec le ciel. Lettres adressées par les Juifs d'Hébron et des environs aux patriarches», Rev. des Trad. Pop. XX, 65.

(166) *Graf*, «Mitti», I, 90.

(167) Id. id.

(168) Vid. Derivaciones del monje y el pajarillo, Bretaña. Pág. 102.

(169) Vid. Bibl. Viajes, nota 6 y *Scarlatti*, «Ab hic et ab hoc».

(170) Versiones, núm. IX y apéndice correspondiente.

(171) *Nunes, José Joaquim*, «Uma lenda medieval. O monje e o passa-rinho».

(172) *Dumezil*, «Le festin d'immortalité: étude de mythologie comparée indo-européenne», Ann. du Musée Guimet, XXXIV, París, Geunther.

(173) Vid. Durmientes d) ciclo crist. y e) ciclo islámico, deriv.

Absjörsen, trad. Dasent, y Col *Ralston*, cit. por *Brueyre*, ops. cits.

(174) *Asín*, «Escat.», 265.

(175) *Nunes*, op. cit.

(176) Sobre «El Burlador de Sevilla», vid.:

Said Armesto, «La leyenda de Don Juan», Madrid, 1908.

Gendarme de Bevotte, «La légende de Don Juan», París, 1911.

Farinelli, «Don Giovanni», Torino, 1896.

(177) Vid. Viajes al Paraíso.

(178) Id. id.

(179) Vid. Apéndices, pág. 171, y notas 48 y 56.

(180) Vid. pág. 27 y nota 51.

(181) Vid. *Brueyre*, op. cit. y *Dunlop-Liebrecht*, «Geschichte der Prosadichtungen...», 583 donde cita a *Scott* ap. a la balada «Thomas the Rymer», P. I.

(182) *Brueyre*, 192 y *Kennedy*, abajo citada.

(183) Vid. pág. 32 y notas 68 s.

(184) Vid. pág. 34 y nota 75.

(185) *Graf*, op. cit. I, 90, y 180, nota 10.

Comparetti, «Novelline popolari italiane», Torino, 1875, pág. 212 s.

(186) *Zapf*, «Der Sagenkreis des Fichtelgebirges», p. 67.

(187) Vid. Apéndices, C) 2, pág. 173.

II

I LOS PRECEDENTES DEL EJEMPLO Y SU TRANSMISIÓN

(188) Supervivencia, nota 22.

(189) Vd. *Frenken*, op. cit. y Difusión núm. 3, *(Jacobo de Vitry)*.

(190) Sobre el problema de la difusión de los temas narrativos, aparte de las obras de *Coquin, Dumezil, Gaston Paris, Bedier,* etc. cits., vid.:

Lang, «Mythes, cultes et religion», trad. de Mavillier, París, 1897.

Cosquin, «Les contes populaires européens et leur origine», «L'origine des contes populaires européens et les théories de M. Lang», París, 1891.

«Études folkloriques...», París, Champion, 1922.

Günter, «Legenden-Studien», Colonia, Bachem, 1906.

Handbücher zur Volkskunde, Leipzig, Heims, 1908-10, tomos I y II redactados por *Wehrham* y *Thimme*.

Van Gennep, La formation des légendes». París, 1910.

Thomson, «The transmision of Folk Tales».

Para la clasificación de temas narrativos aparte del inventario amplísimo de *Antti Aarne*, «Verzeichnis der Märchentypen», véase:

Christensen, «Motif et thème. Plan d'un dictionnaire des motifs des contes populaires, de légendes et de fables», Helsinki, Academia Scientiarum Fennica, 1925.

Delehaye, «Les Légendes Hagiographiques», Bruselas, Soc. des Bollandistes, 1927.

Haïm Harari, «Littérature et Tradition», I Problèmes généraux, Leroux, París.

(191) *Asín*, op. cit., 280 s.

(192) Sobre el influjo artístico de los peregrinos armenios, vid. los estudios de *Porter*. Sobre su presencia en el camino francés trabaja *Carro García*.

(193) Estudiada entre las leyendas de viajes.

(194) *Nunes*, «O monje e o passarinho», cit.

(195) *Asín*, op. cit., 281.

(196) *Hertz*, «Deutsche Sagen im Elsass», 263 y *Frenken*, «Die Exempla...», 108.

(197) Vid. Apéndices, Versiones, 1.

(198) *Migne*, Patrol. Lat. CLXXXV bis col. 1830 s.

(199) *Pitra*, «Documents sur un voyage de S. Bernard en Flandres et sur le

culte de Notre Dame d'Afflighem», **Rev. Cath.** de l'Un. de Louvain, T. III, p. 400, 457 (1848), y Patr. lat. CLXXXV bis, col. **1798 s.**

(200) *Migne*, Patr. Lat. loc. cit.

(201) *Migne*, Patr. Lat. CLXXXV bis, col. 1830 s.

(202) *Migne*, Patr. Lat. CLXXXV bis, CLXXXIII, p. 252, **núm. 877.**

Sobre los sermones de S. Bernardo vid.: «Romania», XVI, 604 y XXV, 393, y «Journal des Savants», marzo 1900.

(203) *Migne*, Patr. Lat. CLXVI.

(204) Vid. arriba nota 198.

(205) Id. id.

(206) Chr. O. S. B. «Afflighem».

(207) *Dunlop-Liebrecht*, «Geschichte der Prosadichtungen», Berlín 1851, pág. 543.

(208) *Calatayud*, «Misiones y Sermones», Madrid, 1754, t. II.

(209) *Caravantes*, «Práctica de misiones...», León, Ruiz de Valdivieso, MDLXXIV, lib. III, S. XII, pág. 459, y «Pláticas dominicales...» II, Madrid, Lazo 1704, pág. 192.

(210) *Constans*, «Chrestomathie de l'Ancien Français», París, Welther, 1906, pág. 148. También incluyen este fragmento: *Lecoy de la Marche*, «L'esprit de nos aïeux», p. 53-55 y *Aubertin y Cledat* en sus compilaciones.

(211) Vid. *Hebert*, «The Monk and the Bird», «Romania», XXXVIII, página 427 s., 1909.

(212) Sobre la versión germánica vid. *F. H. von der Hagen*, «Gesammt-abenteur», III, 613 (1850).

Sobre Mauricio de Sully:

Meyer, Paul, «Les Manuscrits des Sermons Français de Maurice de Sully», «Romania», V, p. 366 y 467 (1876) y XXIII, p. 177, 190, 499, 506 (1894).

«Trois nouveaux manuscrits des sermons français de Maurice de Sully», «Romania», XXVIII, p. 245 s. (1898).

Sobre predicación medieval en Francia: *Lecoy de la Marche*, «La Chaire française au moyen age» y *Bourgoin*, «La chaire française au douzième siècle».

(213) Sobre Jacobo de Vitry:

«Histoire Littéraire de la France», de los Maurinos, París, 1733... XVIII, 209. *Wright*, «Latin stories», London, 1842, ed. Percy Society.

Crane, «The Exempla... from the Sermones Vulgares of Jacques de Vitry», Londres, 1890 (Publ. of the Folk-lore Society, t. XXVI, y «Modern Philology», IX, 227.

Greven, «Sammlung mitellateinischer Texte», h. von A. Hilkar, t. IX (1914). *Frenken*, «Die Exempla des Jacob von Vitry», arrib. cit. El texto de nuestro ejemplo núm. 19, fol. 40 v, pág. 108 y nota.

(214) Sobre Odo de Cheriton:

Meyer, «Notice d'un Ms. de la Bibliotèque Phillipps contenant une ancienne version française des Fables d'Eude de Cherrington», «Romania», XIV, 381.

Hervieux, «Fabulistes Latins», IV, 295 (1896).

Woigt, «Kleinere lateiniscbe Denkmäler der Thiersage aus dem zwölften bis-zum vierzehnten Jahrhundert», Strasburgo y Londres, 1878.

(215) Vid. arriba Sully. Versiones, núm. II.

(216) El códice de la versión anónima, tan cercana a lo que sería el ejemplo de los sermones latinos de Sully, en Brit. Museum, Eg. 1117, l. 186 v.º. Para el

contenido del volumen vid. *Ward*, Cat. of romances, vol. II. El ejemplo viene reproducido por:

Herbert, «The Monk and the Bird» cit.

Sobre la versión métrica inglesa: *Horstmann*, «Altennlische Legenden», Neue Folge, Heilbronn, p. XXVI (1881).

Vid. también *Horstmann*, «Herrigg's Archiv», LVII, 277 (1877).

(217) Vid. nota anterior.

(218) Vid. arriba Versión Afflighemense, y Localizaciones, Alemania.

(219) Vid. «Estudio histórico, crítico y filológico sobre las cantigas del rey Don Alfonso el Sabio», *Marqués de Valmar*, ed. Real Academia Española, Madrid, 1897, cap. III.

(220) Vid arriba Versión V, nota 216.

(221) Sobre la Fuente de la Vida, vid.:

Sebillot, «Le folklore de la France», II.

Plancouart, «Le culte des fontaines en Seine-et-Oise», Versailles.

López Cuevillas, «O culto das fontes», citado en la nota 53.

Calhiat, «Les Fontaines Sacrées du Caorsin», «La Tradition», X, 147.

Lewis, «The origin of the weaving songs and the theme of the Girl at the fountain», Publ. Mod. Lang. Ass. America, XXXVII, 2.

(222) Vid. pág. 63, Durmientes, y notas 171 s.

(223) Obras de S. Bernardo en Patr. Lat. arriba cit. col. 1011, 1012.

San Bernardo, que consagró para la Virgen el título, lleno de sabor trovadoresco, de «Notre-Dame», gustó de estas comparaciones. Aparte de la citada en el texto (vid. Patrol. Lat., vol. cit., 1011, 1012) podríamos espigar entre el riquísimo acervo de sus calificativos mariales el «Fons bonorum omnium», el «Fons gratiae et justitiae» y otros, relacionados con la tesis del famoso sermón III «In vigilia Nativitatis Domini», «Nihil nos Deus habere voluit, quod per Mariae manus non transiret».

(224) *Alain de Lille*, Patr. Lat. CCX, col. 538.

(225) *Rutebeuf*, op. III, p. 314-316.

(226) *Adam de la Halle*, ed. Berger, p. 501.

(227) *Watriquet de Cuvin*, «Dits», p. 63.

(228) *Christine de Pisan*, «Les XV Joyes de N. D.», Oeuvres, III, 13.

En la literatura mediolatina son frecuentísimos estos dictados, que desde el púlpito invaden la poesía románica: «Fons consolationis» (San Anselmo), «Fons dulcis et amoenus» (Adamus Persens), «Fons Fontis viventis», (Petrus Damiani), «Fons hortorum» (San Ruperto), «Fons purus dulcoris» (Petrus Cellens)... e incluso el «Fons Pietatis», en el Abad Franco de Afflighem, que antes citábamos.

(229) Sobre los códices escurialenses vid.:

Zarco Cuevas, «Cat. de los ms. catalanes ,valencianos, gallegos y portugueses de la Bibl. de El Escorial», Madrid, Tip. Arch. 1932.

Sobre las miniaturas, los trabajos de *Domínguez Bordona* acerca de la iluminación de códices en España.

(230) Vid. Ap. I. Versión Afflighemense.

(231) Sobre Milagros de Santa María, vid. Bibl. cit. por *Valmar* y *Meyer*, «Notices et Extraits», t. 34, 2, p. 33 s.

Levi, «I 'Miracoli della Virgini' nell'Arte del Medio Evo», Roma 1918.

Mussafia, «Studien zu den mittelalterlichen Marienlegenden», en «Sitzungsberichte der K. K. Akademie zu Wien», 1887-1898.

Crane, «Liber de Miraculis Sanctae Dei genitricis Mariæ». Ithaca-Londres. 1925.

Edición de *Gautier de Concy* de Poquet, París, 1858 y estudio de

Ducrot Granderye, «Etudes sur les Miracles de N. D. de Gautier de Coincy», Annales Academiae Scientiarum Fennicae», B. XXV, 2. Helsinki, 1932.

Edición de la col. de *Adgar:*

Neuhaus, «Adgar's Marien Legenden» (Altfranzoesische Bibliotek), t. IX, 1886.

Ed. de la 2.ª col. anglonormanda:

Kjellmann, «La deuxième collection anglo-normande des miracles de la Sainte Vierge et son original latin, avec les miracles correspondants des ms. 375 et 818 de la Bibl. Nat.». (París Upsal, 1922).

Italo Siciliano, «François Villon et les thèmes poétiques du moyen âge», París, Colin, 1934.

(232) Sobre bibl. del amor cortés y su relación con el culto marial, vid.:

Finke, «Die Frau im Mittelalter», trad. Rev. de Occidente.

Rodríguez Lapa, «Lições de Literatura Portuguesa», I, pág. 1-21.

Wechssler, «Das Kulturproblem des Minnesangs», Halle, Max. Niemeyer, 1909.

(233) Sobre el autor de la «Salve Regina»:

Oviedo Arce, «El autor de la Salve Regina», en «Crón. del Sexto Congreso Catól.», Santiago, Seminario, 1903.

Sobre Pedro Compostelano:

Blanco Soto, «Petri Compostellani De Consolatione rationis Libri duo» Münster (Druck der Aschendorffschen Buchdruckerei), 1912, N.º 4 del vol. VIII de «Beitrage Zur Geschichte der Philosophie des Mittelalters».

(234) *Cotarelo Valledor,* «Una cantiga célebre del Rey Sabio», Madrid, 1904.

(235) *Filgueira Valverde,* «Cancioneiriño de Compostela», Santiago, Nós, 1932, II, pág. 7 s.

(236) Sobre bibl. de Alfonso X, vid.:

Zarco Cuevas, op. cit.

Sánchez-Pérez, «Una bibliografía alfonsina», 1923.

Bell, «Portuguese Bibliography», Oxford, 1922, p. 140.

Sobre las cantigas y la escat. medieval:

Callcott, «The Supernatural in Early Spanish Literature», N. York, Instituto de las Españas, 1923.

Sobre asuntos de las cantigas de Santa María

Guiette, «La légende de la Sacristine», París, Champion, 1927.

Aguado Bleye, «Santa María de Salas, estudio sobre algunas cantigas de Alfonso el Sabio», Bilbao, 1916.

Magne, «Cantigas de Santa María», Excerptos annotados, Rev. de lingua portuguesa, Río de Janeiro, 1926, VIII.

Rey, «Indice de nombre propios y de asuntos importantes de las Cantigas de Santa María de Alfonso X», Bol. Ac. Esp., 1927, XIV, 327-356.

Sobre las cantigas localizadas en Monserrat: «Analecta Montserratensia»; 1922, t. V y recensión de *Bohigas,* en Rev. Fil. Esp., XII, 304-5 (1925).

Aparte de la edición completa y monumental de la Academia Española ya mencionada, debe verse:

Rodrígues Lapa, «Textos de Literatura Portuguesa», I, «Afonso X, o Sabio, Cantigas de Santa María», Lisboa, Imprensa Nac. 1903, conteniendo cuidadosa transcripción de 34 cantigas.

(237) Sobre N. Bozon:

«Les contes moralisés de Nicole Bozon, frère mineur» p. p. L-T. *Smith* y *P. Meyer*, París, 1889, pág. 112,267.

(238) Sobre Johannes Pauli:

Oesterley, «Schimpf und Ernst» (Bibl. des litterar. Vereins in Tübingen 851. Stuttgart, 1866, núm. 562).

(239) Sobre el «Libro de los quentos», vid. Ed. G. T. Northup, Chicago, 1908, *Hervieux*, «Les fabulistes latins», IV, 106.

(240) *Banks*, «The alfabet of tales of Etienne de .Besançon», London, 1904. 1905.

(241) Sobre el libro de los Enxemplos, vid.:

Morel-Fatio, «Romania», VII, 481 (1873); *Puymaigre*, «Les vieux auteurs castillans», I, 107-116 (1890) y *Díaz Jiménez*, «Clemente Sánchez de Vercial» en Rev. Fil. 1920, VII, 358.

(242) «Speculum Exemplorum omnibus | Christicolis salubrites in | spiciendum: ut | exem | plis discant di | sciplinam». expl.: «In imperiali oppido Hagenan, per industriam Henricii Grau inibi incolam: Impensis circunspecti viri Joannis Rynman de Oringau. Anno salutis nre. MCCCCCXIX die mensis Februarii» (Ex. LPV, dist. IX).

(243) «Magnun speculum exemplorum ex plusquam octoginta autoritativus. Ab anonimo quodam, qui circiter annum Dominum 1480 vixise deprehenditur. R. P. Joannis Majoris... Ex officina Baltasaris Bellery Typogr. Iurati sub circino Aureo. Anno 1608». Pág. 112 Ex. XIV.

III LOCALIZACIONES Y DERIVACIONES

(244) *Proudens van Duyse*, «Vaderlandsche Poezy», Gante, 1840, vol. I, 35 s. Vid. *Micheels*, «Proudens van Duyse», Gante, 1882.

(245) *Sebillot*, «Les Templiers» Lafolye, Vannes, y «Le folklore de la France», cit.

(246) *Carnoy*, «Littérature orale de la Picardie», XIII, 145.

(247) Compárese, entre otras, con las tradiciones de Leyre y Vilar de Frades.

(248) *Le Braz*, «La Légende de la mort» cit. pág. 381.

(249) Viajes al Cielo, deriv. folklóricas, pág. 37.

(250) *Lecoeur*, «Esquisses du Bocage normand» I, 254-258.

(251) Id. id.

(252) Id. id., pág. 258.

(253) Vid. III, Cap. I. La relatividad del tiempo.

(254) *Grivel*, «Chroniques du Livradois, p. 361-365.

(255) Vid. Leyendas de Durmientes, Abreviación del tiempo por sueño, página 49 y notas correspondientes.

(256) Vid. Derivaciones caballerescas del Viaje al Paraíso. Leyenda de Guin. gamor y afines.

(257) *Hertz*, op. cit.

(258) *Balsa de la Vega*, «La leyenda de Armenteira», Ilustración Esp. y Am., 30 de marzo de 1909.

Carré Aldao, «El monje y el pajarillo», Almanaque «El Ideal Gallego», 1924.

Filgueira Valverde, «Cantigas del Rey Sabio localizadas en Galicia, S. Ero de Armenteira», Nós, Año VI, núm 21 s., 1925.

(259) Incluímos íntegramente esta versión en los apéndices.

14

(260) *Baring Gould*, «Curious Myths of the Middle ages» cit. y Cap. anterior, *Herbert y Horstmann*, cit. en la nota 216.

(261) *Kennedy*, «Fire Side Stories of Ireland» y *Brueyre*, «Contes pop, de la Grande Bretagne», cits.

(262) *Graf*, op. cit., pág. 113 s.

(263) Sobre la leyenda del monje Félix:

Von der Hagen, «Gesammtabenteuer», Stoccarda y Tubinga, 1850, núm. XC vol. III, pág. CXXVII, 611 s.

Gering, «Islendzk Aeventyri», Halle a S. 1882-84, vol. II p. 120-2.

May, «Das mittelhochdeutsche Gedicht von Mönch Felix», Berliner Disertation 1903, Acta Germanica 1903.

Köhler, «Germania», II, 432, y «Zeitschrift für Deutsche Philologie», XIV, y «Kleinere Schriften zur erzählenden Dichtung des Mittelalters», ed. Bolte, II, Berlín, 1900, 239, 240.

Klapper, «Exempla aus Handschriften des Mittelalters», Heidelberg, 1911, núms. 27 y 28.

(264) *Schell*, «Studien zu der Sage von Mönch zu Heisterbach», Der Niederrhein, I, Kempen, 1911, 26-27.

(265) *Brueyre*, op. cit.

(266) Vid. nota 263.

(267) *Knoop*, «Ostmaerkirsche Sagen», 1909, núm. 22, y «Sagen und Erzählungen aus der Provinz Posen», Posen, Jolowicz, 1893.

(268) Vid. Apéndices y *Schäfer*, en «Der deutsche Spielmann», ed. Dr. Ernst Weber, Munich, 1925, p. 56 s.

(269) «The Poetical Works of H. Longfellow», London, 1891, p. 169-172. La trad. que damos fué publicada en «El Porvenir» de Santiago en 1874.

IV LOCALIZACIONES Y DERIVACIONES PENINSULARES

(270) «Comienza el Libro Foral en orden XIII y primeramente la fundación, instituto y abades de este monasterio de Nuestra Señora de Armenteira».

Recogió este manuscrito el Sr. González Fragas, Abogado de Cambados. Hoy obra en poder del «S. de E. G.».

(271) *Manrique*, «Anales Cistercienses», pág. 448 del vol. II.

(272) Sobre el P. Cardillo:

Montalvo, «Chronico», P. I, lib, II, cap. XXXII.

Henriquez, «Fénix Cisterciense».

Nicolás Antonio, B. H. N., II, pág. 221 (Ed. Madrid, 1783).

Vergara y Martín, «Ensayo de una colección bibliográfica-biográfica de noticias referentes a la provincia de Segovia». Guadalajara, 1903.

(273) Sobre Fr. Malaquías de Asso:

Henriquez, «Menologium Cisterciense», lib. 2, dist. 26, cap. 6.

Nicolás Antonio, B. H. N., I, pág. 90.

Carrillo, «Hist. de S. Valer.», pág. 380 (cit. de Latassa).

Alvarez y Baena, «Hijos ilustres de Madrid», 1789, I, 393.

Muñiz, «Bibl. Cister.», pág. 35 (Ed. de 1793).

Latassa, «Bibl. Nueva de los escritores aragoneses», Pamplona, 1793, t. II, página 59.

Murguía, «Diccionario de Escritores Gallegos», Vigo, Compañel, 1862, Art. Anónimo, pág. 76.

(274) Donación de Alfonso VI a la iglesia de Santiago de la mitad del monasterio de Piloño y del de Brandaríz. Año 1100. En las confirmaciones «Erus Pelaiz, clericus» (Vid. *López Ferreiro*, «Historia de la Iglesia de Santiago», t. III, Apéndice núm. XIV). En la ratificación del mismo documento hecha por Doña Elvira en el momento de su muerte, «Erus Pelaici, notarius» (id. Ap. XV).

(275) Acta de sumisión de los Sacerdotes y Caballeros de Beancos, Trasancos, Labecengos y Arros. Entre los clérigos figura «Ero de Santiago de Laco». «Historia Compostelana», lib. I, cap. XXXV, año 1110).

(276) Privilegio de D. Diego Gelmírez a la iglesia de Piadela. año 1161. «López Ferreiro, op. cit., Ap. XVI.

(277) Id. id.

(278) Tumbo de Samos. Escrit. XXII cit. por *Flórez*, E. S., t. XXII, pág. 71.

(279) Archivo Arzobispal de Santiago, «Docs. Varios», T. I, fols. 19 a 47. Docs. del Monasterio de San Juan de Poyo. Inéditos. Copias de letra del s. XVI.

(280) Tumbo A de la Catedral de Compostela y *López Ferreiro*, op. y lugar citados, Ap. XIX.

(281) El Conde D. Ramón dona a !a iglesia de Santiago el monasterio de San Mamed de Piñeiro. Op. y loc. cit., Ap. XXIV.

(282) La infanta D·ª Urraca dona a la Basilica de Santiago el monasterio de San Andrés de Trobe y todas sus pertenencias «inter Uliam et Tamar». Año 1107. (Op. cit., A. XXV).

(283) Donación hecha por Alfonso VII al monasterio de Moraime. Archivo del Seminario Conciliar de Santiago y op. cit., Ap, XXXVI.

(284) Vid *López Ferreiro*, op. cit. y «Galicia en los primeros siglos de la Reconquista» en «Galicia Histórica».

(285) *López Ferreiro*, HIS, IV, 269.

(286) El privilegio otorgado por Alfonso VII a D. Ero .abad de Armenteira en 20 de enero de 1155 figura entre los fondos del monasterio, que guarda el Archivo H. Nac.. Fué citado por *López Ferreiro*, HIS., t. IV, pág. 260.

La inscripción se halla repartida en los machones del arco triunfal. Dice:

ABBAS: DOMINVS ERUS
FECIT: IN MEMORIAE S MARIE   Ep.

FVNDATA: EST: ECCLESIA...
ERA M: CC: V̄: QT XVI: K: IVILI   Ev.

Murguía la transcribió: «Fundata est ecclesia æra millessima ducentessima septima et abatis (?) D. Petrus fecit in memoriam B. Maria» («Galicia», pág. 656) siguiendo a *Fernández Sánchez* y *Freire Barreiro* («Santiago, Jerusalem, Roma. Diario de una peregrinación». Santiago, 1880, págs 313 y 314 del t. I, con la variante de «Dominus» por «Divus» que ellos leyeran.

Vid. tamb, *González Davila*, T. E. II, pág. 10.

(287) Vid. *Balsa de la Vega*, cit. nota 258, Localizaciones. La referencia a Oseira procede de Dozón y figura entre los materiales de folklore oral recogidos por el Seminario de Estudos Galegos en la tierra de Deza.

(288) Ha sido publicada en «Galicia» de Vigo, 1925, ilustrando una transcripción de la cantiga CIII debida al Sr. Sánchez Cantón.

(289) «Reflexiones cathólicas v devotas instrucciones para desengañar al pe-

cador y dirigirle por el feliz camino de la salvación, por el... P. D. P. Colmenero», Salamanca, Villagordo, 1748, págs. 193 s.

(290) Vid. Versiones, 1 y *Gil González Davila*. T. E., II, loc. cit.

(291) Vid. *Fernández Sánchez*, cit. nota 286, *Balsa de la Vega* y *Carré Aldao*, citados nota 258.

(292) *Rivera y Vázquez*, «Guía de Galicia», Madrid, Fortanet, 1884, p. 291.

(293) *López Otero*, «Pontevedra», Granada, Sabater, 1900, págs. 168 y sig. *Filgueira Valverde*, cit. nota 4 y «Guía de Pontevedra», Pontevedra, Antúnez, 1931, pág. 57.

(294) *Martínez Padín*, «Historia Política, Religiosa y Descriptiva de Galicia», Madrid, Vicente, 1849, págs. 219, 220-1.. Debo al Dr. Cotarelo Valledor la copia del artículo, sin firmar, publicado por el mismo M. P. en «El Avisador Santiagués», núms. 2 y 3, 23 y 29 de marzo de 1846, en la sección «La Armonía» que dirigió con el mismo título de un periódico que el año anterior se publicaba en la imprenta de Núñez Espinosa donde también salía «El Avisador Santiagués Periódico de recreo y utilidad universal», que alcanzó por lo menos nueve números entre el 16 de marzo de 1846 y el 16 de junio del mismo año.

(295) «Aromas de Leyenda. Versos en loor de un Santo Ermitaño», Madrid, Villavicencia, 1907. La tercera ed., Madrid, Tip. Europea, 1920.

(296) Aprovecharemos la ocasión para insistir en la rectificación de los datos que se vienen dando sobre el lugar de nacimiento de Valle Inclán, que tuvo lugar en Vilanova, provincia de Pontevedra y no en la Puebla del Caramiñal, provincia de la Coruña. Vilanova está en la costa S. de la Ría de Arosa y la Puebla en la costa N. El dato no es indiferente a la geografía literaria de Galicia, pues se ha pretendido buscar características opuestas a los escritores nacidos en una u otra orilla. Quizás con referencia a esto haya lanzado Don Ramón la anécdota de su nacimiento en un barco que hacía la travesía entre ambas localidades.

Sobre Valle Inclán véanse, aparte de las introducciones a sus poesías en las antologías de *Gerardo Diego* y *Federico de Onís*:

Casares, Julio, «Crítica Profana», Madrid, 1916.

Owen, «Sobre el arte de Don Ramón del Valle Inclán», in Hisp. California, 1923, VI, 69.

Madariaga, Salvador de, «Semblanzas Literarias Contemporáneas», Barcelona, Cervantes, 1924.

Alonso, Amado, «Estructura de las Sonatas de Valle Inclán», Verbum, 1928, 7-42.

(297) *Castelao*, «Cousas», ha utilizado el tema del robo al monasterio de Armenteira en la prosa «A Aldea Esquencida»; *Cabanillas* recuerda las leyendas de ermitaños en su poema «O bendito San Amaro» y utiliza el ejemplo de San Ero con tono picaresco.

(298) *Yepes*, CH. O. S. B., III, fol. 74 a 85.

(299) *Garibay*, «Compendio Historial», lib. 22.

(300) *Arbiol*, «Desengaños místicos a las almas detenidas o desengañadas en el camino de la perfección». Madrid, Muñoz, 1733. Lib. III, cap. VII, pág. 381.. La primera edición es de 1705. Vid. Ap. B) 3.

(301) *Calatayud*, «Misiones y Sermones», t. II.

(302) *Xavier Vallejos*, «San Virila», «El Debate», 10 diciembre 1922. Vide también «Guía Turística de Navarra», Pamplona, Aramburo, 1929, págs. 131 s.

(303) *Nieremberg*, «Diferencia entre lo temporal y lo eterno», lib. IV, capítulo I, par. I.

(304) *Caravantes,* op. y loc. cit.

(305) *Nieves Avendaño,* «Pláticas doctrinales y discursos morales», Valencia, Valle, 1729, IV, pág. 505 ss.

(306) *Barón y Arín,* «Luz de la Fe y de la Ley», Madrid, 1794, LXV, IV, 333.

(307) *Vázquez del Valle,* «Año Christiano», 1748. Pág. 475.

(308) *Scaramelli,* «Directorio Ascético», t. IV, Madrid, del Amo, 1901, página 49.

(309) «El Mensajero Seráfico», 1 octubre 1917, p. 441.

(310) «El Eco Franciscano», 15 noviembre 1923.

(311) Sobre Vilar de Frades:

Esteves Pereira y *G. Rodríguez,* «Portugal», Lisboa, 1915, p. 599.

Pinho Leal, «Portugal Antigo e Moderno», Lisboa, 1886, vol. XI, pág. 1225.

(312) *Bluteau,* «Vocabulario Portuguez e Latino», Lisboa, Sylva, 1720, t. VII, 493.

(313) El *P. Santa María* vivió entre 1653 y 1713. Debo esta versión al fallecido erudito portugués *P. Antunes Vieira.*

(314) *Fr. Leão de Santo Tomás,* «Benedictina Lusitana», 1644, pág. 403.

(315) *Pinho Leal,* arriba citado.

(316) *P. Mateus Ribeiro,* «Alivio de Tristes e Consolação do Queixoso». 1734, pág. 380. Vid. *Bell,* «A Literatura Portuguesa» cit., pág. 348.

(317) *Saraiva Sousa,* «Báculo Pastoral», ed. 1682, pág. 381 s.

(318) *P. Manuel Bernardes,* «Varios Tratados», 1737, II, págs. 4, 5.

«Pão partido en pequeninos...», 1757, I, 6.

«Sermões», 1762, II, 241.

El trozo aparece incluído entre otras antologías en:

Caldas Aulete, «Selecta Nacional», 1.ª parte, pág. 144 ss.

Gomes Pereira e *Casanova Pinto,* «Selecta Portuguesa», págs. 16 ss.

(Vid. *Nunes,* op. cit., pág. 10, notas 1 y 2).

(319) Debo esta nota al Prof. *Nunes.* Sobre la autora vid *Bell,* pág. 342.

(320) *Correia de Oliveira,* «Alivio de tristes», pág. 59. João *Ribeiro* en recensión al citado estudio de *Nunes* hizo notar que título y tema del ejemplo provienen de Fr. Mateus *Ribeiro.*

(321) *Eugenio de Castro,* «Salomé e outros poemas», 1911, págs. 91-97.

(322) *Lópes Vieira,* «O monje e o passarinho. Entre los apéndices incluimos este poema que nos fué remitido por *Nunes.*

(223) *Lino da Assumpçao,* «Historias de Frades», pág. 104.

(324) *Nunes,* «O monje e o passarinho», cit. El autor antes de morir me remitió el ejemplar de su uso con correcciones, la recensión de Ribeiro, el original de su poema de igual título y algunas notas que hemos citado ya.

III

I RELATIVIDAD DE LA NOCIÓN TEMPORAL

(325) Sobre la teoría psicológica del tiempo:
Bos, «Contribution à la theorie psychologique du temps», Rev. Phil., II. 594, 1900.
Bourdon, «Perception du temps», Rev. Phil., I, 449, 1907.
Dwelshauvers, «Traité de Psychologie», París, Payot, 1928, pág. 437 ss.
Guyau, «L' idée de Temps», 1890, pág. 35.
Nys, «La notion de temps d' aprés les principes de saint Thomas», citado por Dwelshauvers.
Rageot, «Problème expérimental du temps», R. Ph. II, 23 ss. 1908, y los manuales de Psicología de *Ebbinghaus, Lindworsky, Wundt* y *La Vaisiere.*
(326) Nota al texto cit. de S. Pedro en la ed. de Duhamel, Lovaina, 1740.
(327) Platón, «Timeo», 33 sig. Vid.
Taylor, «A commentary on Plato' s Timaeus».
(328) *Plotino,* «Eneadas» y
Bréhier, «La Philosophie de Plotin» Paris, Boivin.
(329) San Agustín. Vid. sobre su mentalidad en relación con el problema:
Gilson, «Introduction à la Philosophie de Saint Augustin». (París, Vrin, 1929,
Chaix-Roux, «La perception du temps chez Saint Augustin» en «Saint Augustín», cuaderno de la «Nouvelle Journée», XVII, págs. 17 ss,
Guitton, «Le temps et l' Éternité chez Plotin et Saint Augustín», París, Boivin, 1933.
(330) *Guitton,* op. cit., pág. 175.
(331) *Guitton,* op. cit., pág. 192 ss.
(332) Confes., X, 38, y *Guitton* 188, nota.
(333) *Brett,* «A story of Psychology», p. 344.
(334) *Fr. Juan de los Angeles,* «Lucha espiritual y amorosa entre Dios y el alma», IIª, cap. XVI.
(335) Confes., IX, 24.
(336) «De liber. arb.», III, cap. final.
(337) Valmar en su anotación a algunos asuntos de las cantigas ha anotado este paralelismo entre las palabras del Petrarca y el ejemplo que comentamos.

II EL GOCE DE LO MUSICAL

(338) Vid. Apéndices B. 7. P. *Bernardes.*
(339) *P. Granada,* «Guía de Pecadores», IX.
(340) *P. Nieremberg,* «Diferencia entre lo temporal y eterno», Lib. IV, capítulo V.
(341) «Bhagavad-Gita», Canto XIX.
(342) *Asín,* op. cit., 34, 207 ss. y *Spies,* «La doctrina iránica de la Luz en el Islam». Inv. y Progr., Madrid, oct. 1935, IX, 10.
(343) Ps. XXXV, 10.

(344) Asín, op. cit., 210-211.

(345) *San Agustín.* — Sol. 31; Confes. 6, 10, 5.
Santo Tomás, loc. cit. (Cap. I.°) y *Asín,* loc. cit.

(346) *Feijóo,* «Theatro Crítico», t. I. disc. XIV y
«Cartas eruditas», t. IV, cap. I.°,

Y sobre las ideas desarrolladas por Feijóo en torno a lo musical: *Montero Díaz,* «Las ideas estéticas del P. Feijóo», Bol. Univ. Santiago, A. IV, núm. 15, página 3.

(347) Libro de la Sabiduría.

(348) Libro de Job.

(349) Apocalipsis de S. Juan, V, 11 y 12; XIV, 2 y 3; XIX, 1 y 14; VIII, 7.

(350) Aristóteles, «Política», VII, 5. Vid. tam. «Poética», cap. I.

(351) Platón, vid. tam. «República» lib. III, «Leyes», lib. II y VII.
Plutarco, «De música», ed. de Weil y Reinach, 1900.

(352) *Guitton,* ya citado, págs, 109 y 110.

(353) Confess., X, 6 y Sol. 31.

(354) De civit. Dei, Lib. XXII, cap. XXX.

(355) Medit. cap. XXV.

(356) Serm. II, de la Anunciación.

(357) *Fr. Luis de León,* Prólogo de los Nombres de Cristo.

(358) In Ps. 7.

(359) *Maritain, J.,* «Quién pone puertas al canto?», «Cruz y Raya», 25, 1935.

(360) *Combarieu,* «Historire de la Musique», I, pág. 19 y sobre el ritmo y lo religioso el vol. II del libro de *Matila C. Ghyk,* «Le nombre d'or», «Les Rythmes».

(361) *Maritain,* id., pág. 46 ss.

III EL AVE

(362) *Asín,* «Escatología», 4 s.

(363) Vid. Durmientes, nota 157.

Sobre la representación alada de los ángeles vid.: *Menasci,* «Gli angeli nell'arte», Florencia, 1902.

(364) Cuento de *Flaxland,* en «Alsatia», 1858-61, pág. 264.

(365) Vid. Viajes al Paraíso, ciclo céltico, y «Cuentos populares malayos», ed. Rev. de Occidente.

(366) *Basset,* «Contes et Légends de l'Extrème Orient», Rev. des Trad. Pop., XX, 410, XXII, 124.

(367) Vid. «Li Romans de Dolopathos», p. 334 cit.

(368) Sobre metamórfosis de hombres en pájaros, vid.:
Sebillot, op. cit., III, 206.
Luzel, «Légendes Chrétiennes», II, 303.
Cerquand, «Légendes du pays basque», IV, 114.
Meyrac, «Trad. des Ardennes», p. 480 y
Mac Culloch, «Guernsey Folklore», p. 365.

(369) Sobre metamórfosis voluntaria vid.:
Sebillot, «Petite Légende Doréé», 115-121.
Sobre hechiceros en forma de pájaros vid.:
Colson, en «Wallonia», T. IX, p. 202-204.

El tema del alma en forma de pájaro en Galicia, ha sido aprovechado por el Dr. *Cotarelo* en su obra dramática «Sinxebra».

(370) Sobre el alma en forma de pájaro vid.:
Frenken, op. cit., p. 108 y
Sauvé, en «Rev. Céltique», V, 190.
Sebillot, «Coutumes de la Haute Bretagne», p. 157.
Le Braz, «La Légende de la Mort», II, 86.
Herpin, «Rev. des Trad. Pop.». XIV, 579.
(371) Sobre interpretación folklórica del canto de los pájaros
Sebillot, III, 211.
(372) Del cuento de Grimm hay trad. castellana en la ed. de la col. Rackham, por María Luz Morales.
(373) Vid. Viajes, ciclo irlandés.
(374) Sobre el Lay de l'oiselet, vid.:
Barbazán-Meon, «Fabliaux», III, 114.
Gaston Paris, «Légends du Moyen Age», París, Hachette, 1912.
(375) *Barrés,* «Mes Cahiers», IV, 51-52.
(376) Sobre pájaros colaboradores vid.:
Stoeber, «Rev. des Trad. Pop.», III, 298.
Carnoy, «Contes Français», p. 91.
Cosquin, «Contes populaires de Lorraine», París, Vieweg, p. 186.
Antti Aarne, «Verzeichnis», núms. 550 y 553.
(377) Sobre pájaros salvajes hijos de magos,
Sebillot, op. cit.
Luzel, en Rev. de France, 1874, p. 197, 199.
Webster, «Basque Legends», p. 121.
Cosquin, «Contes», I, 9-10.
Carnoy, «Contes Français», 120.
(378) Sobre pájaros conjurados por santos
Sebillot, III, 214.
En general sobre el papel de los pájaros en la narrativa popular y particularmente sobre el alma en forma de pájaro, vid.:
Achim von Arnim, «Märchen in den Kronen wächtern».
Bureau, «Légendes Chretiennes sur les oiseaux», Mélusine 1, 554.
Sebillot, «Le Folklore de la France», III, 206-216; 249-254.

IV EL BOSQUE

(379) *Filgueira Valverde,* «A paisaxe no Cancioeiro da Vaticana», Coruña, Lar, 1927.
(380) *Filgueira Valverde,* «A festa dos Maios», Coruña, Lar, 1927.
(381) Sobre los ideales medievales en torno al paisaje, vid.:
Ruskin, «Los pintores modernos», trad. de Carmen de Burgos, ed. Prometeo.
Isaza Calderón, «El retorno a la Naturaleza», Madrid, Bolaños, 1934.
(382) Vid. Transmisión, nota 223 ss.
(383) Génesis, II, 9.
(384) Redacción B. del Isrá, vid. *Asín,* op. cit.
(385) *Asín,* «Escat.», p. 15, 16 y 30.
(386) *Asín,* «Escat.», 196 sr
(387) «Col. Grimm», ed. cit.
(388) «Cuentos malayos», ed. cit.
(389) Vid. Viajes al Paraíso.

(390) Vid. *Asín*, «Escat.», 265.

(391) Col. Rackham cit.

(392) *Dante*, canto XXVIII del Purgatorio.

(393) *Sebillot*, op. cit. I, 259 s.

(394) Sobre la yerba del olvido en las selvas:

Sebillot, op. cit. I, 258.

Noelas, «Légendes foréziennes», 299.

Perron, «Proverbes de la Franche-Comté», 22 y

Mélusine, I, col. 18, 172.

(395) En general sobre el papel de los árboles en las narraciones populares, aparte de las obras ya citadas de *Frazer* y *Mannhardt*, vid.:

Harou, Alfred, «Le culte des arbres», Rev. des Trad. Pop., XX.

Sebillot, «Le Folklore de la France», II, 367 s. y

Wood-Martín, «Traces of the Elder Faiths of Ireland», London, Longmans, 1902.

(396) *Rómulo Gallegos*, «Canaima», Barcelona, Araluce, 1935, pág. 281.

ONOMÁSTICO

15

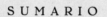

SUMARIO

III. ELEMENTOS DE LA LEYENDA DEL MONJE Y EL PAJARILLO

APÉNDICES

EXTRAMUROS

TITULOS PUBLICADOS

EN PREPARACION